김교수의

특허 출원 따라하기

김정수

지식인

Profile

김정수

현, 배재대학교 외식조리학과 교수
대덕대학교 호텔외식조리과 교수
The Ritz-Carlton Seoul Hotel 조리장
세종대학교 일반대학원 조리외식경영학과 박사
한국산업인력공단 심사위원
대한민국 조리기능장

김교수의
특허출원 따라하기

2021년 03월 20일 초판 1쇄 인쇄
2021년 03월 25일 초판 1쇄 발행

지은이 | 김정수
펴낸이 | 김종욱 · 명사동
펴낸곳 | 지식인
등 록 | 제301-2013-134호
주 소 | 서울시 도봉구 도봉로 180길 20 투웨니퍼스트 102동 602호
전 화 | 02)2266-8606 (대)
팩 스 | 02)2266-8607
E-mail | jisikin2013@naver.com
홈페이지 | www.jisikinbook.co.kr

ISBN 979-11-90815-77-2 (93590)

값 22,000원

김교수의

특허출원 따라하기

PROLOGUE

음식 특허, 요리 특허란 무엇인가?

발명과 특허는 학생들이 손쉬운 온라인 특허출원 방법을 습득하여 발명과 특허를 생활화하도록 함을 목표로 한다. 특히 외식조리 자료를 활용하는 방법을 강의해 학생 스스로가 자발적으로 학습하는 방법을 체득함으로써 자신의 문제 해결능력을 제고시켜 창의적 사고를 하는 데에 그 목적을 두고 있다.

음식 특허는 일반특허와 마찬가지 과정을 거쳐서 특허출원 절차가 진행되게 된다. 특허출원을 통해서 보호받을 수 있는 권리와 그에 대한 혜택은 어마어마할 수 있다. 특허 하나로 엄청난 돈을 벌수도 있고, 혹은 엄청난 사업의 기회를 잡을 수도 있지만 그만큼 특허를 받는다는 것이 쉬운 일은 아니다. 조리도구 특허는 짚불구이 삼겹살 불판을 비롯해 3,000여 가지 이상이 특허를 가지고 있으나 조리법과 관련된 특허는 아직 미비한 실정이다.

음식제조법, 요리제조법, 식품제조법 또한 특허를 통해서 그 권리를 보호받을 수 있다는 사실은 은근히 많은 분들이 간과하고 있는 것 같다. 애써 개발한 조리 레시피가 남들에 의해 이용되어서 남들은 성공하고 본인은 정작 개발한 조리 레시피에 대한 권리를 주장하지 못한다면, 참으로 안타까운 일이다.

특허는 기업의 경쟁력 및 성과와 연결되는 중요한 지적 자산으로서 그 가치를 인정받고 있다. 하지만, 수많은 등록 특허 중에서도 실제 기업의 이윤 창출에 기여하는 특허들은 제한적인 것이 현실이다. 또한 가치가 낮은 특허들이라도 특허권을 유지하기 위해서는 매년 막대한 비용을 지불해야 한다. 문제는 특허의 등록, 유지 관련 비용이 대기업보다는 오히려 기술경쟁력이 필요한 중소기업에게 큰 부담으로 작용할 수 있다는 점이다. 따라서 외식산업 분야에서는 기술개발 단계에서부터 가치가 높은 특허를 효과적으로 창출할 수 있는 전략적 접근이 요구되고 있다.

특허에 관련한 법적인 보호를 위해서는 명확한 기술적인 명시가 되어야 하고, 그에 따른 청구사항 작성이나 문서작성 등이 매우 복잡하고 전문적 지식을 요구한다. 어설프게 만들어낸 특허는 특허를 보호하는 청구사항이 본래의 의도와 매우 동떨어져 무용지물이 될 수도 있기 때문이다. 때문에 특허출원에 대해서 전문가와 충분히 깊이 있게 의견을 검토해 보는 것이 중요하다.

이 책은 외식조리 전공 학부생 및 외식조리 산업계 종사자에 있어서 지식재산권에 대한 학술적 수준을 제고하고, 나아가 우수하고 성공적인 외식기업가 인력 양성에 필요한 도움을 제공하고자 하는 데에 그 배경이 있다. 식품 관련 스타트업 기업, 취업 시 스펙이 필요하다면, 이번 기회에 1인 1개 이상 직접 자신만의 특허출원을 시도해보는 좋은 기회가 되었으면 한다.

CONTENTS

프롤로그

CHAPTER 01 현 음식 특허출원 동향 ······ 011
- 현 음식 특허출원의 동향 ······ 013
- 연도별 식품 및 조리법 관련 특허출원 동향('16년~'20년 9월) ······ 013
- 연도별 식품 및 조리법 관련 등록 동향 ······ 014
- 개인, 중소, 대기업, 공공기관 … 다양한 먹거리 특허출원인 ······ 026

CHAPTER 02 김교수의 특허출원 절차 따라하기 ······ 027
- 유사 특허출원 검색하기 ······ 029
- 김교수의 특허출원 방법 요약정리 ······ 032

CHAPTER 03 전자출원 매뉴얼 ······ 035
- 시작하기 ······ 037
  1) 사용 환경 ······ 037
  2) 도움말 및 기술지원 ······ 038
- 사용자 등록 ······ 038
  1) 특허고객번호 부여신청 ······ 038
- 인증서 등록 ······ 042
  1) 인증서 등록방법 ······ 042
- 전자출원 SW 설치 ······ 044
  1) 전자출원 SW 다운로드 및 설치 ······ 044
- 서식/명세서 작성 ······ 046
  1) 서식 작성 ······ 046
  2) 명세서 작성 ······ 056
- 온라인 제출 ······ 063
  1) 온라인 제출 ······ 063
  2) 제출결과 확인 ······ 064
- 제출결과 조회 ······ 066
  1) 제출결과 조회 시작하기 ······ 066
  2) 제출결과 조회하기 ······ 067

CHAPTER 04 특 허 ··· 075
❙ 특허의 이해 ··· 077
1) 특허제도의 기원 ··· 077
2) 특허제도의 개요 ··· 078
3) 특허출원 관련 안내 ··· 079
4) 발명과 고안 ··· 079
5) 출원서류의 구성 ··· 080
6) 특허출원 및 심사 절차의 흐름도 ··· 081
7) 주요 절차의 설명 ··· 082
8) 특허심사 주요제도의 안내 ··· 084
9) 처리기간 ··· 086
❙ 국제기구 및 국제조약 ··· 086
1) 세계지식재산기구 ··· 086
2) 파리협약 ··· 087
3) 특허협력조약 ··· 087
4) 특허법조약 및 특허실체법조약 ··· 088
❙ PCT 국제출원 ··· 089
1) PCT 국제출원의 개요 ··· 089
2) PCT 국제출원의 절차 ··· 089
3) PCT 국제출원에 필요한 서류 ··· 090
❙ 실용신안의 이해 ··· 091
1) 현행 실용신안제도 ··· 091
2) 실체심사 관련 규정을 특허법과 일치시켜 산업재산권제도의 조화를 도모 ··· 093
3) 특허제도와 현행 실용신안제도(심사 後 등록제도)의 주요내용 비교 ··· 094
4) 실용신안 선등록제도 ··· 095
5) 특허제도와 실용신안 선등록제도의 주요내용 비교 ··· 096
❙ 특허심사 3.0 ··· 097
1) 특허심사 3.0이란? ··· 097
2) 심사단계별 주요제도 ··· 097
❙ 예비심사 ··· 098
1) 예비심사의 개요 ··· 098
2) 예비심사의 절차 ··· 098
❙ 일괄심사 ··· 100
1) 일괄심사란? ··· 100
2) 일괄심사의 효과 ··· 101
3) 일괄심사의 대상출원 ··· 102
4) 일괄심사의 절차 ··· 102
5) 일괄심사의 신청대상 ··· 103
6) 일괄심사의 설명회 ··· 104
7) 일괄심사의 처리 ··· 105
❙ 보정안 리뷰 ··· 106
1) 보정안 리뷰제도란? ··· 106

2) 보정안 리뷰제도의 효과 ··· 106
3) 보정안 리뷰대상의 출원 ··· 106
4) 보정안 리뷰의 절차 ··· 106
▌재심사 면담 ··· 108
1) 재심사 면담의 개요 ··· 108
2) 재심사 면담의 신청대상 ··· 108
3) 재심사 면담 신청 및 결정 절차 ··· 109
4) 재심사 면담 신청의 수락 ··· 110
5) 재심사 면담 신청의 반려 ··· 110
6) 면담의 연기 또는 취소 ··· 111
7) 재심사 면담 진행의 절차 ··· 111
8) 재심사 면담 후 절차 ··· 112
9) 심사관의 절차 ··· 112
▌특허출원 및 심사 ··· 113
1) 선행기술조사 ··· 113
2) 특허출원 및 심사 절차의 개요 ··· 115
3) 심사청구제도 및 관련제도 ··· 124
▌특허요건 ··· 127
1) 발명의 성립성 ··· 128
2) 산업상 이용가능성 ··· 130
3) 실제적 요건 ··· 131
4) 특허여부의 결정 ··· 133
5) 특허청구의 범위 ··· 133

CHAPTER 05 **저작권** ··· 135
1) 저작권이란? ··· 137
2) 저작인격권 ··· 137
3) 저작재산권 ··· 137

CHAPTER 06 **발 명** ··· 139
▌발명의 특성 ··· 141
▌재미있는 발명이야기 ··· 141
▌일반적 발명의 기법 ··· 144
▌직무발명제도 ··· 145
1) 직무발명이란? ··· 145
2) 종업원의 의무와 권리 ··· 146
3) 사용자의 의무와 권리 ··· 147
4) 직무발명의 보상 ··· 148
5) 사례분석 ··· 148

CHAPTER 07 **지식재산권** ······ 157
▌지식재산권 ······ 159
▌산업재산권 ······ 160
1) 산업재산권 ······ 161
2) 산업재산권을 보호하는 이유 ······ 163
3) 독점권으로서의 산업재산권 ······ 164
▌신지식재산권 ······ 164
1) 신지식재산권 ······ 164
2) 신지식재산권의 유형 ······ 165

CHAPTER 08 **특허 사례** ······ 169
▌특허등록 사례('피자치즈 탕수육' 제조 방법) ······ 171
▌특허거절 사례('자하젓 파스타' 제조 방법) ······ 187
▌특허소멸 사례('아귀탕수육' 소멸사유 – 등록료 불납) ······ 202
▌특허취하 사례 ······ 211
▌청구항의 거절사례 ······ 219
▌청구항의 해결사례 ······ 242

CHAPTER 09 **특허 명세서의 이해와 작성** ······ 251
▌특허출원 명세서는 어떻게 작성해야 하는가? ······ 253
▌특허출원의 서류 ······ 256
1) 명세서의 작성 설명 ······ 257
2) 명세서 작성법 ······ 259

CHAPTER 10 **특허 명세서의 의의 및 역할** ······ 265
▌특허권의 내용 ······ 267
1) 특허권의 발생 및 유지 ······ 267
2) 특허권의 존속기간 ······ 267
3) 특허권의 소멸 ······ 267
4) 특허권의 효력 ······ 268
5) 실시권 제도 ······ 268
6) 특허청구 범위의 의미 ······ 270
7) 특허침해의 유형 ······ 271

CHAPTER 11 **특허심판 및 소송제도** ······ 273
▌특허심판의 개요 ······ 275
▌특허심판의 종류 및 절차 ······ 275
▌특허침해에 대한 이해 및 사례 ······ 275

▎특허침해에 대한 대응전략 ······ 276
▎우선권제도 ······ 277
▎특허출원 전에는 아이디어를 절대로 공개하지 말자 ······ 277
▎경쟁사의 원천특허 극복하기에 주목하자(신규성) ······ 279

CHAPTER 12 **상표전쟁 사례** ······ 283
▎동양제과와 롯데제과('초코파이' 사례) ······ 285
▎명인제약과 애경그룹('이가탄' 사례) ······ 285
1) 상표전쟁의 시대, 꼭 알아야 하는 상표상식 ······ 286
2) 식별력이 없는 상표의 사례 ······ 292
▎남의 상표를 사용하고 싶다면? ······ 293
▎내 상표등록, 이렇게 하자 ······ 294
▎우선심사를 활용하자 ······ 294
▎침해 경고장을 받은 경우 살펴볼 것들 ······ 295
▎누군가 내 상표를 사용할 경우의 대응방법 ······ 296

CHAPTER 13 **창의적인 특허만이 살아남는 시대** ······ 299
▎등록된 특허를 인수하기 전 살펴야 할 것들 ······ 301
▎해외 특허출원의 중요성 ······ 301
▎아이디어를 자신의 것으로 만들자 ······ 302
▎다이슨만의 창의적인 특허 적용사례 ······ 303
▎아이디어를 만드는 전략 ······ 304
1) 빅히트 아이디어 ······ 304
▎창의적인 생각을 한 환경의 필요 ······ 305
▎연구원의 창의력을 극대화하자 ······ 306
▎아이디어의 보안 ······ 306
▎아이디어맨들은 잘하는 것에 집중하자 ······ 307
▎REAMS 아이디어 도출방법 ······ 309
▎특허 달인의 공통점(반짝이는 아이디어) ······ 311
▎좋은 아이디어 획득방법 ······ 312
▎특허를 만드는 아이디어 메모 ······ 313
▎음식 레시피도 특허받을 수 있다 ······ 314
▎창조적 생각이 경쟁력의 원천이다 ······ 315
▎아이디어맨의 핵심서치 ······ 317
▎초보 아이디어, 특허가 된다 ······ 318

CHAPTER 01

현 음식 특허출원 동향

김교수의
특허출원 따라하기

현 음식 특허출원의 동향

최근 TV 프로그램 '백종원의 골목식당'에서 소개된 '덮죽'의 메뉴 표절이 논란이 되면서, 자신이 개발한 음식 조리법(레시피)도 특허로 보호받을 수 있는지 관심이 높아지고 있다. 결론부터 말하면, 음식 레시피도 기존에 없던 음식을 개발했거나 알려진 음식이라도 새로운 조리법으로 독창성이 인정되는 경우 특허를 받을 수 있다. 또 이미 공개되었더라도 1년의 시간이 흐르지 않았다면 특허출원이 가능하다. 대전의 빵지순례로 유명한 한 '튀김소보로빵' 역시 특허 등록을 받았다.

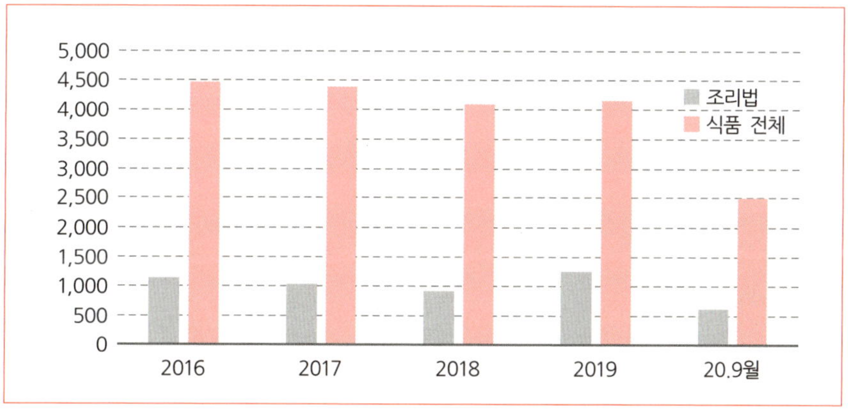

연도별 식품 및 조리법 관련 특허출원 동향('16년~'20년 9월)

식품 관련 특허출원은 식품장치, 조리법(레시피), 식품 조성물에 관한 출원을 모두 포함한다. 비빔밥, 죽, 삼계탕, 소스 등 음식 조리법 관련의 특허가 매년 1,000여건 가량 출원되고 있다. 최근 4년간('16년~'19년) 전체 식품 관련 특허출원(연평균 4,200건 정도)의 24.8% 정도를 차지한다.

특허청에 따르면, 음식 조리법으로 등록된 특허는 '16년(287건), '17년(396건), '18년

(394건), '19년(237건), '20년 9월(136건)으로 파악되었다.

특허청 신경아 식품생물자원심사과장은 "독창적인 음식 조리법은 얼마든지 특허등록이 가능하고 법의 보호를 받을 수 있다."라며 "특허출원 전에 방송 또는 블로그 등에서 공개가 되었다고 하더라도 1년 이내에 '공지예외주장출원'*을 하는 경우 본인이 공개한 내용으로 특허가 거절되지 않는다."고 설명했다.

***공지예외주장출원**

발명자가 발명의 내용을 공개하고 1년 이내 출원한 경우 공지된 내용으로 거절하지 않는 제도이다. 공지(Publicly known)는 비밀, 노하우(Know-how) 등이 의지와 노력만 있으면 누구든지 접근할 수 있는 상태에 두어지는 상황을 말한다. 노하우 등이 공지되었을 경우 누구든지 대가없이 무료로 당해 기술, 노하우 등을 사용할 수 있게 된다. 「특허법」은 공지 예외의 경우를 본인의 의사에 의한 공지와 본인의 의사에 의하지 않은 공지로 나누어 규정하고 있으며, 공지된 후 12개월 내에 출원하는 경우 신규성을 상실하지 않는 것으로 보고 있다.(「특허법」 제30조)

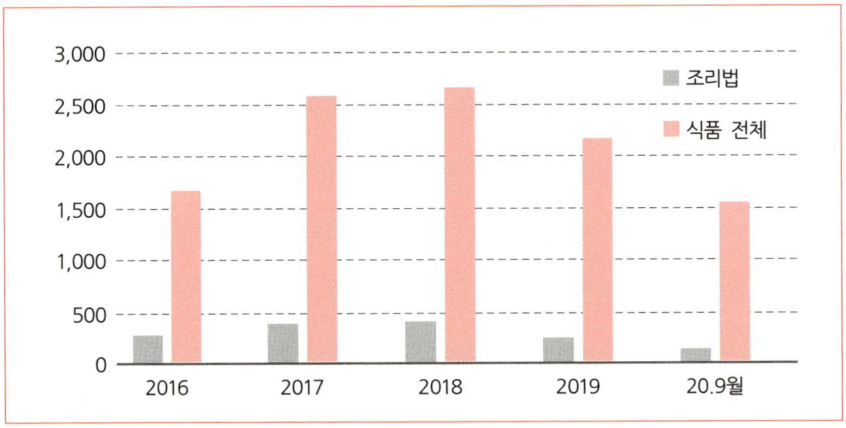

▎연도별 식품 및 조리법 관련 등록 동향

식품 관련 특허출원은 식품장치, 조리법(레시피), 식품 조성물에 관한 출원을 모두 포함한다.

그렇다면 어떤 조리법의 특허가 있을까? 기존과 다른 형태의 음식으로 특허 등록된 대표적인 사례가 대전의 빵지 순례로 유명한 한 '튀김소보로빵'과 빵 대신 쌀을 이용한 '김치 라이스버거 제조법' 등이다.

또한 기존에 알려진 음식이더라도 조리법의 독창성을 인정받아 등록된 사례들도 있다. 가령, ▲나물의 색이 변하지 않도록 조리한 곤드레 나물을 이용한 컵밥, ▲흑미를 첨가하여 식감과 영양가를 높인 흑미 피자도우, ▲시간이 지나도 굳지 않는 떡 조리법 등이 대표적이다.

2012년에 등록된 '튀김 소보로빵의 제조 방법' 특허는 소보로, 즉 고물의 제조 과정에 일반적으로 추가되는 재료인 버터를 제거하여 소보로가 기름지지 않고 바삭바삭하게 튀겨지도록 하면서, 내부에 팥 앙금을 넣어 소보로빵과 도넛과 앙금을 한꺼번에 먹는 듯한 다양한 식감을 제공한다.

(19) 대한민국특허청(KR)
(12) 등록특허공보(B1)

(45) 공고일자 : 2012년01월11일
(11) 등록번호 : 10-1104547
(24) 등록일자 : 2012년01월03일

(51) Int. Cl.
A21D 8/06 (2006.01) *A21D 8/04* (2006.01)
A23L 1/01 (2006.01) *A23L 1/20* (2006.01)
(21) 출원번호 : 10-2011-0093698
(22) 출원일자 : 2011년09월16일
심사청구일자 : 2011년09월16일
(56) 선행기술조사문헌
JP2003230352 A
KR1020040036694 A

(73) 특허권자 : 임영진
대전광역시 중구 대종로601번길 40(선화동)
(72) 발명자 : 임영진
대전광역시 중구 대종로601번길 40(선화동)
(74) 대리인 : 변창규, 강경찬

전체 청구항수 : 총4항 심사관 : 성영환

(54) 발명의 명칭 : 튀김 소보로빵의 제조 방법

(57) 요 약
본 발명은 튀김 소보로빵의 제조 방법에 관한 것이다.
본 발명의 튀김 소보로빵의 제조 방법은, 강력분 밀가루 1,000 중량부와, 설탕 200~300 중량부와, 소금 10~20 중량부와, 버터 140~160 중량부와, 이스트 20~30 중량부와, 팽창제 4~6 중량부와, 달걀 180~220 중량부와, 우유 180~220 중량부와, 물 140~160 중량부와, 사워종 140~160 중량부를 혼합하여 반죽하여 반죽물을 제조하는 반죽물 제조단계와; 아몬드 70~90 중량부와, 박력분 밀가루 500~700 중량부와, 베이킹파우더 10~15 중량부와, 설탕 270~330 중량부와, 달걀 140~180 중량부를 혼합하여 반죽하여 고물을 제조하는 고물제조단계와; 상기 반죽물을 발효시키는 1차 발효단계와; 상기 발효된 반죽물에 고물을 첨가한 뒤 발효시키는 2차 발효단계와; 2차 발효단계를 거친 반죽물을 튀기는 튀김단계를 포함하여 구성된다.
본 발명에 의해, 소보로, 즉 고물의 제조과정에 있어서 일반적으로 첨가되는 재료인 버터를 제거함으로써 소로보빵을 기름에 튀겨낸 후 소보로가 기름지지 않고 바삭바삭하게 튀겨져 취식자로 하여금 양질의 식감을 제공하고, 일반적인 소보로와는 달리 내부에 팥앙금을 넣어 소보로빵과 도넛과 앙금빵을 한꺼번에 먹는 듯한 다양한 식감을 동시에 제공하게 되며, 팥앙금을 제조함에 있어서 일반적인 팥앙금을 제조하면서 남게 되는 팥껍질 등의 이물질을 밀가루와 혼합하여 반죽한 다음 여기에 일반적인 팥앙금을 첨가한 다음 튀겨내고, 이를 빵 반죽물의 앙금으로 첨가함으로써 빵 내부를 씹는 과정에서 바삭바삭한 팥앙금의 식감을 제공하여 취식자로 하여금 새로운 느낌을 제공하게 된다.

〈대표도 – 도 1〉

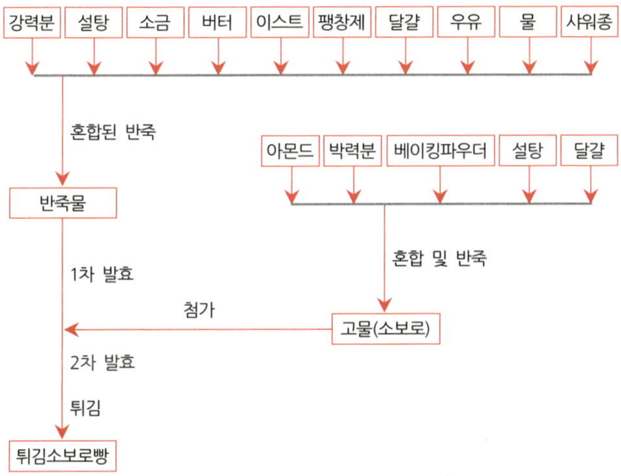

롯데리아가 2008년에 등록한 '김치라이스 버거 제조 방법Process method for kimchi rice burger' 특허는 쌀을 이용한 김치라이스 번스Buns로 기존의 햄버거빵을 대신하고, 김치 패티Patty와 주사위 꼴로 썰은 김치가 혼합된 김치소스를 내용물로 한 새로운 형태 및 개념의 김치라이스 버거를 제안했다.

(19) 대한민국특허청(KR)

(12) 공개특허공보(A)

(51) 。Int. Cl.[7]
A23L 1/10

(11) 공개번호 : 특2003-0000741
(43) 공개일자 : 2003년01월06일

(21) 출원번호	10-2001-0036838
(22) 출원일자	2001년06월27일
(71) 출원인	주식회사 롯데리아 서울 용산구 갈월동 98-6
(72) 발명자	구본규 서울특별시 강서구 방화2동 852 중앙아파트 1208동 802호 김인철 경기도 김포시 사우동 신안아파트 106동 1505호 유재명 서울특별시 관악구 봉천4동 1583-2호 유재선 서울특별시 은평구 불광2동 105-33 채수유 서울특별시 강서구 화곡1동 936-2 이윤수 경기도 부천시 원미구 중동13-4블록 그린타운 1335-1904 권익부 서울특별시 동작구 신대방동 395-67 롯데관악타워 2404호
(74) 대리인	허상훈

심사청구 : 없음

(54) 발명의 명칭 : 김치라이스 버거 제조 방법

〈요약〉

본 발명은 김치라이스 버거 제조 방법에 관한 것으로서, 쌀을 이용한 김치라이스 번스(Buns)로 기존의 햄버거빵을 대신하고, 김치 패티(Patty)와 주사위 꼴로 썰은 김치가 들어간 김치소스를 내용물로 한 새로운 형태 및 개념의 김치라이스 버거를 제공함으로써, 조상 대대로 전래되어 내려온 김치와 쌀을 이용함에 따라 한국인의 입맛에 맞출 수 있고, 또한 우리 농산물의 사용량을 늘릴 수 있는 부대효과를 기대할 수 있으며, 더 나아가 기존 햄버거와 차별화를 도모하면서 우리의 맛을 찾고 세계화하는 데에 큰 효과를 도모할 수 있도록 한 것이다.

이 가운데 제천시가 2018년 등록한 '곤드레 나물을 이용한 컵밥의 제조 방법METHOD FOR PREPARATING CUPBOB WITH GONDRE HERB' 특허는 상온에서 40~50시간 말린 곤드레 나물을 센 불과 약한 불로 반복하여 가열한 후, 삶아진 곤드레 나물을 10~15℃의 물로 3~5회 반복하여 씻고, 볶아진 곤드레 나물과 들기름, 미리 취사된 밥을 1:2~2.5의 비율로 혼합하여 곤드레 비빔밥을 제조하는 방법을 제공한다.

(19) 대한민국특허청(KR)
(12) 공개특허공보(A)

(11) 공개번호 : 10-2017-0111403
(43) 공개일자 : 2017년10월12일

(51) 국제특허분류(Int. Cl.)
A23L 7/10 (2016.01) *A23L 11/20* (2016.01)
A23L 19/00 (2016.01) *A23L 23/00* (2016.01)
(52) CPC특허분류
A23L 7/10 (2016.08)
A23L 11/20 (2016.08)
(21) 출원번호 : 10-2016-0036798
(22) 출원일자 : 2016년03월28일
심사청구일자 : 2016년03월28일

(71) 출원인 : 제천시
충청북도 제천시 내토로 295(천남동, 제천시청)
(72) 발명자
박옥자
충청북도 제천시 내토로 472
윤현숙
경상북도 예천군 예천읍 충효로 282-6
차은심
충청남도 당진시 운곡로 197-8, 104동 401호 (채운동 신당진이안아파트)
(74) 대리인 : 특허법인 명장

전체 청구항수 : 총5항

(54) 발명의 명칭 : 곤드레 나물을 이용한 컵밥의 제조 방법

(57) 요 약

본 발명(Disclosure)은 곤드레 나물을 이용한 컵밥의 제조 방법에 관한 것으로서, 상온에서 40~50시간 말린 곤드레 나물을 10~20℃의 물에 10~12시간 동안 담가 곤드레 나물을 불리는 제 1단계; 상기 제 1단계에 의해 불린 곤드레 나물을 흐르는 물에 5~10회 반복하여 씻는 제 2단계; 상기 제 2단계를 통해 준비된 곤드레 나물을 물에 담가 30~40분간 삶되, 초기 15~20분까지는 상대적으로 센 불로 가열하고, 그 이후의 15~20분은 상대적으로 약한 불로 가열하여 삶는 제 3단계; 상기 제 3단계에 의해 삶아진 곤드레 나물을 10~15℃의 물로 3~5회 반복하여 씻은 후 물기를 짜는 제 4단계; 상기 제 4단계에 의해 준비된 곤드레 나물과 들기름을 1:0.5~0.7의 비율로 섞어 볶는 제 5단계; 상기 제 5단계에 의해 볶아진 곤드레 나물과 미리 취사된 밥을 1:2~2.5의 비율로 혼합하여 곤드레 비빔밥을 제조하는 제6단계를 포함하는 곤드레 나물을 이용한 컵밥의 제조 방법을 제 1발명으로 제공한다.

〈대표도 – 도 1〉

곤드레 나물 불림 단계
S11
곤드레 나물 세척 단계
S12
곤드레 나물 삶는 단계
S13
곤드레 나물 탈수 단계
S14
곤드레 나물 볶음 단계
S15
곤드레 나물밥 제조 단계
S16
소스 적층 단계
S17

흑미를 첨가하여 식감과 영양가를 높인 '흑미 피자도우'

(19) 대한민국특허청(KR)
(12) 등록특허공보(B1)

(45) 공고일자 : 2018년04월25일
(11) 등록번호 : 10-1852045
(24) 등록일자 : 2018년04월19일

(51) 국제특허분류(Int. Cl.)
A21D 13/41 (2017.01) *A21D 10/02* (2006.01)
A21D 13/047 (2017.01) *A21D 8/04* (2017.01)
(52) CPC특허분류
A21D 13/41 (2017.01)
A21D 10/02 (2013.01)
(21) 출원번호 : 10-2017-0043462
(22) 출원일자 : 2017년04월04일
심사청구일자 : 2017년04월04일
(56) 선행기술조사문헌
KR1020160113946 A*
KR101048923 B1*
KR101707996 B1
KR1020120012682 A
*는 심사관에 의해 인용된 문헌

(73) 특허권자 : 도우팩토리(주)
경기도 광주시 오포읍 대명대길18-7
(72) 발명자 : 김선일
경기도 광주시 오포읍 새말길 280-50, 113동 303호(루반타운)
(74) 대리인 : 양태윤

전체 청구항수 : 총2항 심사관 : 강복희

(54) 발명의 명칭 : 흑미 피자도우 및 그의 제조 방법

(57) 요 약
본 발명은 밀가루 외에 2차 분쇄 및 2차 숙성된 흑미분말을 혼합하여 구성함으로써 식감을 향상시키고 영양가를 높일 수 있는 흑미 피자도우 및 그의 제조 방법에 관한 것으로, 흑미를 불림통에 넣고 정제수를 이용하여 세척하는 단계, 세척된 상기 흑미를 1배로 그리고 정제수를 1 내지 1.2배로 하여 상기 흑미를 침지시키고 16 내지 18시 〈이하 생략〉

〈대표도 – 도 1〉

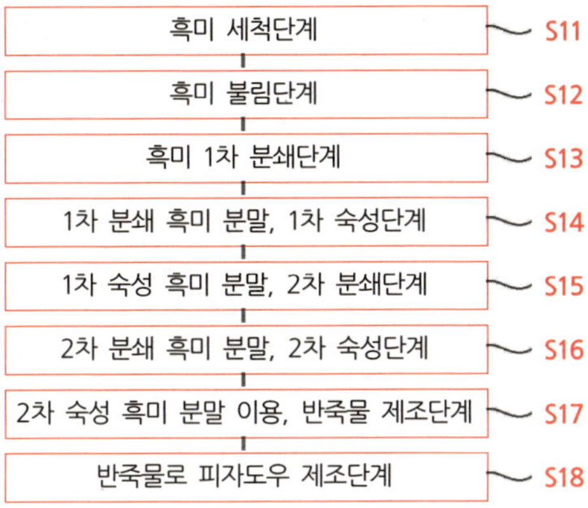
흑미 세척단계
S11
흑미 불림단계
S12
흑미 1차 분쇄단계
S13
1차 분쇄 흑미 분말, 1차 숙성단계
S14
1차 숙성 흑미 분말, 2차 분쇄단계
S15
2차 분쇄 흑미 분말, 2차 숙성단계
S16
2차 숙성 흑미 분말 이용, 반죽물 제조단계
S17
반죽물로 피자도우 제조단계
S18

2018년에 등록된 '굳지 않는 바람떡 또는 꿀떡 제조 방법' 특허는 물을 머금은 멥쌀을 4차례 분쇄한 후, 고온과 영하의 온도에서 증자하고 식히는 과정을 거쳐, 공기를 첨가하면서 펀칭한 후 바람떡이나 꿀떡을 제조하는 방법을 제안한다.

(19) 대한민국특허청(KR) (12) 등록특허공보(B1)	(45) 공고일자 : 2018년11월23일 (11) 등록번호 : 10-1920686 (24) 등록일자 : 2018년11월15일
(51) 국제특허분류(Int. Cl.) *A23L 7/10* (2016.01) *A23L 3/36* (2006.01) *A23L 5/10* (2016.01) (52) CPC특허분류 *A23L 7/10* (2016.08) *A23L 3/36* (2013.01) (21) 출원번호 : 10-2017-0064291 (22) 출원일자 : 2017년05월24일 심사청구일자 : 2017년05월24일 (56) 선행기술조사문헌 KR101577632 B1* KR1020130003704 A* *는 심사관에 의해 인용된 문헌	(73) 특허권자 : 농업회사법인 유한회사 거상 전라북도 부안군 상서면 유정길18-41 (72) 발명자 : 김재영 전라북도 전주시 덕진구 견훤로 174 (74) 대리인 : 이문철
전체 청구항수 : 총3항	심사관 : 김태산

(54) 발명의 명칭 : 굳지 않는 바람떡 또는 꿀떡 제조 방법

(57) 요 약

본 발명은 굳지 않는 바람떡 또는 꿀떡 제조 방법으로서, (a) 멥쌀을 수침한 후 물을 제거하는 단계; (b) 상기 (a)단계 이후 상기 멥쌀을 분쇄기에 투입하는 단계; (c) 상기 (b)단계에서 분쇄된 상기 멥쌀을 증자하는 단계; (d) 상기 (c)단계에서 증자된 상기 멥쌀을 식히는 단계; (e) 상기 (d)단계 이후 상기 멥쌀을 펀칭한 후 바람떡 또는 꿀떡을 제조하는 단계를 포함하는 바람떡 또는 꿀떡 제조 방법에 있어서, 상기 (c)단계에서 증자시간은 30 내지 40분인 바람떡 또는 꿀떡 제조 방법에 관한 것이다.

〈대표도 – 도 1〉

▌개인, 중소, 대기업, 공공기관 … 다양한 먹거리 특허출원인

조리법 관련 출원인의 유형을 살펴보면, 일생상활에서 친숙한 소재인 만큼 개인출원이 60.5%로 가장 높고, 그 다음으로 중소기업이 25.9%, 대학과 공공기관이 9.8% 순이었다.

음식 조리법 관련 출원인의 유형을 살펴보면, 일생상활에서 친숙한 소재인 만큼 ▲개인출원이 60.5%로 가장 높고, ▲그 다음으로 중소기업이 25.9%, ▲대학과 공공기관 등이 9.8% 순이었다.

그동안 다출원 출원인을 살펴보면, 국민생활에 중요한 먹거리와 관련된 것인 만큼 농촌진흥청과 한국식품연구원 등 정부 연구기관은 물론 CJ제일제당(주) 등 대기업도 특허출원에 관심이 많았다.

앞으로는 기업이나 기관보다는 개개인의 생활 속 특허출원이 많이 이루어져야, 외식조리 관련 종사자들도 자기만의 창의적인 아이디어로 산출된 사업을 보호받을 수 있고, 상도덕의 어긋난 사람들로부터 나만의 지식재산권을 지킬 수 있는 유일한 방법이다.

CHAPTER 02

김교수의 특허출원 절차 따라하기

김교수의
특허출원 따라하기

▍유사 특허출원 검색하기

※준비물 : 자필사인 스캔(핸드폰 촬영), 재학증명서 스캔, 공인인증서

특허 검색(http://www.kipris.or.kr)

- 검색창에 키프리스 검색
- 키프리스 검색창(중앙)에서 예) 닭가슴살
- 왼쪽 디자인 클릭(출원, 등록, 거절, 취하) : '거절', '취하'는 누구나 사용 가능함
- 가장 최근에 작성된 파일 위주로 선행기술 조사를 해야만 전자문서 작성기 버전이 맞기 때문에 오류가 생길 확률이 줄어듬
- 공개전문(출원), 공고전문(등록) 공고전문 클릭하면 pdf 파일로 저장(명세서 작성 시 유용)
- 네이버에 별pdf 리더기 다운로드 후 텍스트 모양을 눌러서 내용복사

특허출원 특허로(http://www.patent.go.kr)

- 출원신청(중앙) go 클릭
- 문서작성 소프트웨어 설치 클릭(필요한 파일 : 서식 작성기, 특허문서 작성기 : K-editor, 첨부서류 입력기)
- 통합설치 다운로드 클릭 후 설치

  ※출원인 코드 : 전자출원 따라하기(http://wiztown.tistory.com/92)

  - 출원인 코드 부여신청을 클릭한 후 회원 가입하듯이 양식을 작성하여 출원인 코드를 부여받는다.
  - 서명란은 자필사인을 스캔(핸드폰 촬영)하여 넣는다.
  - 출원코드 부여 후 로그인 옆에 인증서 등록을 눌러서 인증서 등록을 신청한다.

설치 완료 후

전자문서 작성(바탕화면 아이콘 클릭)

- 신규 특허문서 선택창 : 특허/실용신안문서 – 특허출원서 – 확인 – 식별항목 선택 초기상태로 확인한다.
- 명세서~도면까지 키프리스에서 선행기술로 찾은 자료를 가지고 작성(내용 수정) : 내용은 거의 비슷하며, 청구항의 내용을 수정하도록 한다.
- 다 되면 검색하고 맞춤법 검사(도움말 바로 밑)를 클릭-xml 변환(맞춤법 검사 옆) : 입력하는 도중 xml 변환을 눌러 수시로 검사해야 나중에 오류를 잡기가 쉽다.

  ※도중에 에러가 나면 1544-8080으로 전화해서 문의한다.
- 마지막으로 hlz 파일로 저장하고 나온다.

서식 작성기 작성(바탕화면 아이콘 클릭)

- 서식 탐색기(왼쪽) – 국내출원 서식 – 특허출원서를 클릭한다.
- 구분항목 – 특허출원 – 서식을 작성하면 특허출원서가 자동으로 뜬다.

  요약서, 명세서(도면)/별지파일 전자문서 파일은 *.hlz 파일을 불러온다.

  ※입력항목은 체크를 안 해도 된다.

  ※심사청구를 하겠습니까?('예' : 돈을 많이 내야 한다, '아니요' : 당장은 심사 청구를 하지 않는다)
- 출원인코드 : ○○대학교
- 발명자 : 학생과 교수님 이름을 입력하고, 출원인 코드를 입력
- 기타사항 : 심사청구, 심사 유예신청, 조기 공개신청, 공지 예외적용 등 아무것도 신청을 하지 않는다.
- '저장'은 수시로 눌러주며, 오류 검색을 해야 한다.
- 전자문서 제출 – 제출문서 생성 – 다음단계 – 서명 : ○○대학교만 서명, 공인인증서 필요 – 다음단계 – 중복 제출여부 확인 – 온라인 제출 – 결재 – 완료한다.

수수료 결재 전 준비사항

- 선행기술 조사를 통해 가장 유사한 특허를 찾은 다음 청구항을 수정하여 준비한다.
- 특허로 전자문서 작성 S/W를 이용하여 특허 명세서 내용을 작성하고, *.hlz 파일 준비한다.
- 서식 작성기에서 *.hlz 파일을 이용하여 작성한 후 결재는 센터에서 한다.

▶ 요약

키프리스 선행기술 조사 > 선행기술 조사를 바탕으로 전자문서 작성기에 작성 > 오류검사 후 XML 변환한다. 서식 작성기를 통해 XML 파일을 불러온 후 특허출원을 한다.

▶ 재학증명서 jpg파일을 att파일로 바꾸는 법

첨부서류 입력기 > 제일 첫 메뉴에서 오른쪽 위 '출원서류' > 재학증명서를 누른 후 확인 > 왼쪽 위에 이미지 파일을 찾아 불러오기 > 왼쪽 상단 메뉴에 저장버튼을 눌러서 att파일로 저장한다.

▶ 특허 관련 교육사이트

IP아카데미 – http://general.ipacademy.net/ 회원가입 후 – 특허실무 과정 – 실전! 특허 명세서 작성(4시간) 강의 안에 자세히 설명되어 있다. 디자인 과정 – 실전! 전자출원 따라하기(4시간) 강의안에 자세히 설명되어 있다.(강의를 듣고 나면 수료증도 나온다)

그 외 문의사항은 특허청 고객센터 Tel. 1588-8080에 전화해서 문의하면 된다.

김교수의 특허출원 방법 요약정리

전자문서 작성한 파일 찾기

내컴퓨터 → C 드라이브 → KIPONET → K Editor → Data → Hlt(수정가능 파일)
Hlz(특허등록 파일)

전자문서 작성 방법

특허 수업자료 → 전자문서 작성기(K-EDITOR) → 특허출원서 → 확인 → 작성

전자문서 작성기 카테고리별 설명

- 발명의 명칭 : 특허명칭을 적는 곳은 대괄호 안에 영문명 꼭 작성해야 함 { }
- 기술 분야 : 어떤 기술이 들어갔는지 소개(명칭만 Ctrl+F 찾기 후 바꾸기를 이용하여 변환)
- 발명의 배경이 되는 기술 : 해당 특허에서 주가 되는 재료의 효능을 찾아서 입력
- 발명의 내용 : 작성하지 않아도 문제가 되지 않음
- 해결하고자 하는 과제 : 발명하게 된 목적(명칭만 Ctrl+F 찾기 후 바꾸기를 이용하여 변환)
- 과제의 해결수단 : 해당 특허에서 주가 되는 메뉴의 제조 방법 작성(주가 되는 청구항 입력)
- 발명의 효과 : 개선방안을 작성(명칭만 Ctrl+F 찾기 후 바꾸기를 이용하여 변환)
- 도면의 간단한 설명 : 사진에 대한 설명(명칭만 Ctrl+F 찾기 후 바꾸기를 이용하여 변환)
- 발명을 실시하기 위한 구체적인 내용 : 작성한 청구항에 대한 세부적인 설명(청구항+부연 설명)
- 부호의 설명 : 도면의 간단한 설명과 같음(명칭만 Ctrl+F 찾기 후 바꾸기를 이용하여 변환)
- 청구항 : 해당 메뉴의 제조 방법을 작성하면 된다.(청구항 추가시키는 방법은 청

구항 제목을 복사하여 붙여 넣은 뒤 카테고리창에 마우스 오른쪽 클릭하고 구조창 새로고침 클릭)

- 요약 : 특허에 대한 간단한 설명(명칭만 Ctrl+F 찾아서 바꾸기 하면 됨)
- 대표도 : 도면에 있는 사진 중 대표가 되는 사진 입력
- 도면 : 만든 음식사진을 입력

서식 작성기로 특허 등록하는 방법

▲특허수업 자료 → ▲서식 작성기(KEAPS) → ▲처음에 뜨는 창은 닫기 → ▲왼쪽 메뉴에서 → ▲국내출원 서식 → ▲특허출원서 → ▲특허출원 → ▲서식 작성 → ▲Hlz파일 불러오고 입력 → ▲심사청구 No → ▲출원인 오른쪽 입력 누르기 → ▲출원인코드와 이름 입력 후 입력버튼 누르기 → ▲아래 출원인 정보에 추가되었으면 닫기 누르기 → ▲발명자 오른쪽 입력 누르기 → ▲출원인과 동일 누르기 → ▲발명자 정보에 추가되었으면 닫기 누르기 → ▲감면 후 수수료 11,400원 확인하고 → ▲위쪽 메뉴 가운데 전자문서 제출 누르기 → ▲BIB 파일로 저장하라고 하면 명칭 그대로 입력 후 저장 → ▲제출문서 생성 누르기 → ▲파일이 잘 변환되었나를 확인 후 창 닫기 → ▲다음단계 누르기 → ▲김○○ 누르고 서명 → ▲누른 후 공인인증서 로그인 → ▲다음단계 → ▲중복제출 확인 누르기 → ▲공인인증서 로그인 → ▲중복제출 확인 후 다음단계 누르기 → ▲온라인 제출 누르기 → ▲결재(완료)

김교수의

특허출원 따라하기

CHAPTER 03

전자출원 매뉴얼

김교수의
특허출원 따라하기

▌시작하기

1) 사용 환경

전자출원을 위해서는 최소 아래와 같은 환경에서 설치 및 작동을 해야 한다.

가. 하드웨어

(1) PC의 사양

- CPU : 펜티엄 100 이상(펜티엄Ⅲ 700 이상 권장)
- 메모리 : 128M 이상
- Hard Disk : 4G 이상(10G 이상 권장)
- Monitor : 컬러 모니터
- 그래픽카드 : 화면 해상도 1,024×768 이상, 256 컬러 이상

(2) 사용 환경에 대한 안내

- JAVA JRE 버전 : 1.7.0_u65 이상
- 운영체제 : Windows xp, Windows vista, Windows 7, Windows 8, Windows 10
- 브라우저 버전 : IE8 이상~IE11
- Edge, Chrome 브라우저는 지원되지 않음

(3) 설치 프로그램 안내

- 자바실행 환경 : 1.7.0_u65 이상
- 전자서명 : CQWebForKEAPS
- 로그인 인증 : CQWebForKIPO
- 키보드 보안 : nProtect_KeyCrypt_65_Setup
- 개인 방화벽 : Netizen

2) 도움말 및 기술지원

전자 출원과 관련된 문의사항은 특허고객상담센터(1544-8080)로 문의하기 바란다.

▍사용자 등록

1) 특허고객번호 부여신청

가. 시작하기

(1) 개요

- 특허 등의 절차를 밟고자 하는 개인 및 법인(이하 출원인)은 특허고객번호를 사전에 부여받아야 하며, 특허청은 특허고객번호를 기초로 출원인에 기본정보를 관리하며, 제출된 출원서 및 중간서류를 관리한다.
- 온라인으로 특허고객번호 부여신청을 할 경우, 미리 사용할 인감 또는 서명의 이미지 파일(JPG 포멧)을 준비해야 한다.

나. 화면설명

(1) 특허로 > 사용자 등록/변경 > 특허고객번호 부여신청

❶ 특허고객번호 부여신청 1단계

특허고객번호 부여신청 시 필요한 설치파일 확인 및 다운로드 화면 확인한다.

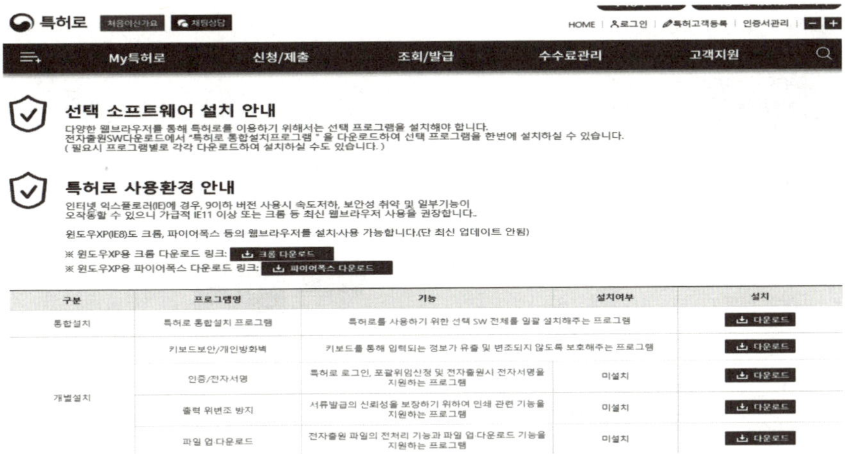

〈출원인코드 부여신청 1단계 화면〉

❷ 특허고객번호 부여신청 2단계

특허고객번호 부여신청 시 필요한 파일 및 첨부서류를 확인한다.

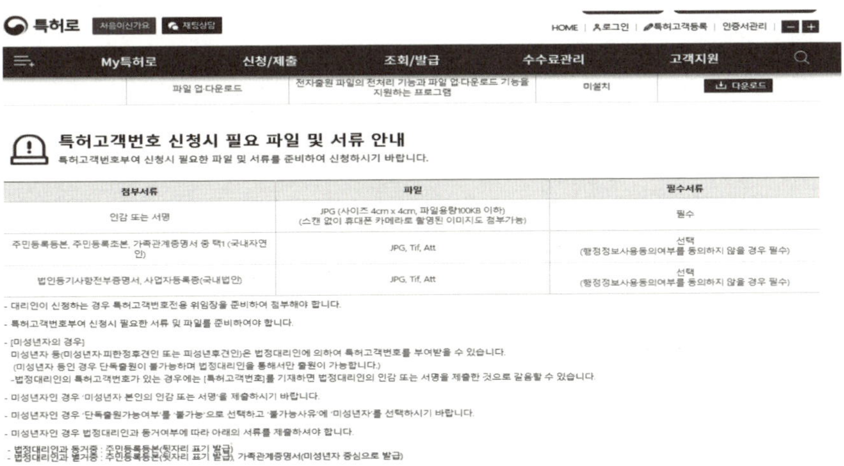

〈출원인코드 부여신청 2단계 화면〉

❸ 특허고객번호 부여신청 3단계

출원인 구분선택 및 실명을 확인한다.

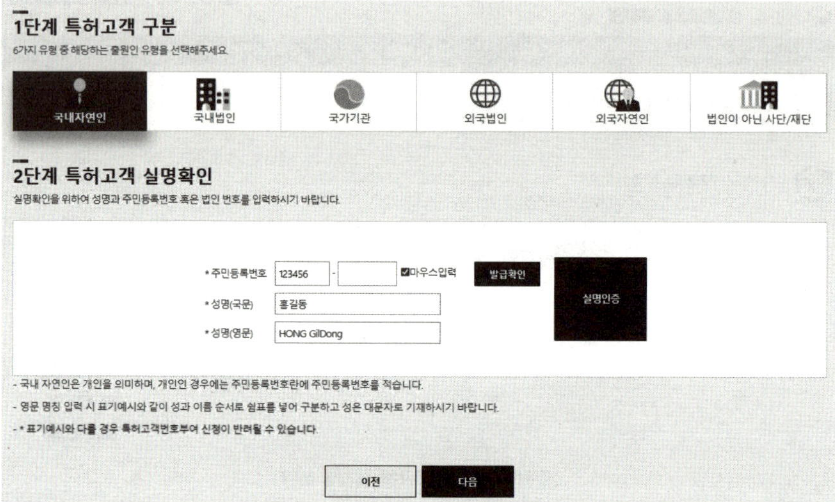

〈출원인코드 부여신청 3단계 화면〉

❹ 특허고객번호 부여신청 4단계

특허고객번호 부여신청을 한다.

〈출원인코드 부여신청 4단계 입력화면〉

다. 주의사항

- 필수입력사항(*)은 반드시 입력해야 한다.
- 외국사건의 특허고객번호 부여를 받을 시에는 제출한 원문을 전문 번역하여 첨부해야 한다.
- 입력하신 휴대폰 번호 및 이메일 주소는 민원처리과정 통지서비스에 활용된다. (단, 본인의 휴대폰 번호가 아닌 경우 삭제될 수 있다)
- 통지서비스는 개인 출원인에 대해서만 제공된다.
- 보안기능 강화를 위해 특허고객번호부여 신청 시 인감(서명)이미지 미리보기 기능이 지원되지 않는다.
- 인감도장이미지 첨부(서명이미지 첨부) 버튼을 클릭하여 이미지 첨부 후 특허고객번호부여 신청을 진행해야 한다.
- 도로명 주소의 관련 문의는 도로명 사이트(http://www.juso.go.kr) 또는 콜센터 1588-0061에서 확인할 수 있다.

인증서 등록

1) 인증서 등록방법

가. 시작하기

(1) 특허로 > 사용자 등록/변경 > 인증서 사용등록

- 특허 등의 절차를 밟고자 하는 개인 및 법인(이하 출원인)은 특허고객번호를 사전에 부여받아야 하며, 인증서 등록을 통해 특허 등의 절차를 진행할 수 있다.
- 인증서를 등록하기 위해 「전자서명법」 제4조의 규정에 의해 지정된 공인인증기관인 한국정보인증(주), 한국증권전산(주), 금융결제원, 한국무역정보통신(주), 한국전자인증(주)에서 발급한 공인인증서를 준비한다.

나. 화면 설명

(1) 인증서 등록 1단계

- 발급받은 특허 고객번호 조회 및 확인

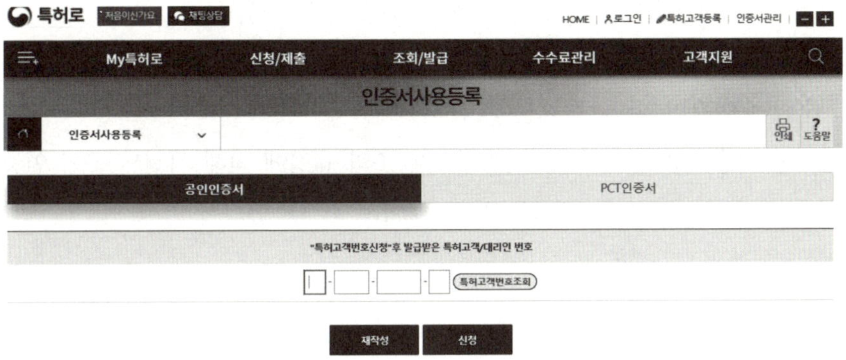

〈인증서 등록 시 출원인코드 입력화면〉

(2) 인증서 등록 2단계

- 인증서 등록

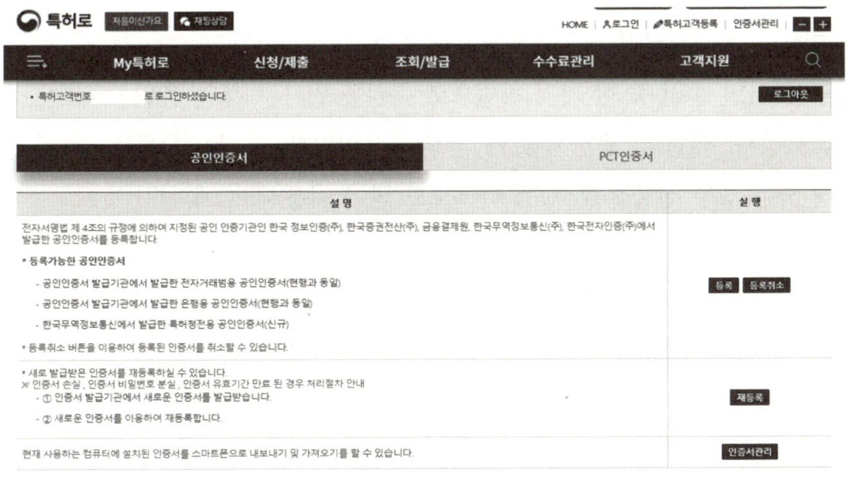

〈인증서 등록화면〉

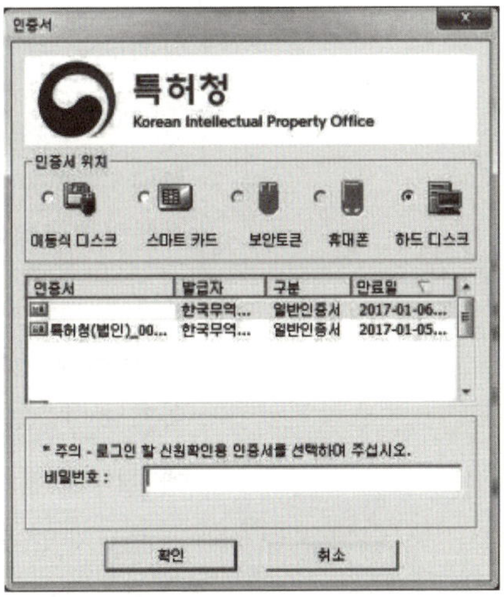

〈인증서 선택 및 비밀번호 입력〉

다. 주의사항

(1) 등록 가능한 공인인증서

- 공인인증서 발급기관에서 발급한 전자거래범용 공인인증서
- 공인인증서 발급기관에서 발급한 은행용 공인인증서
- 한국무역정보통신에서 발급한 특허청 전용 공인인증서

(2) 출원인/대리인 확인 절차를 거친 후

- 인가된 사용자에 대해「전자서명법」제4조의 규정에 의해 지정된 공인 인증기관에서 발급한 인증서를 '등록' 및 '등록취소' 할 수 있다.

❙ 전자출원 SW 설치

1) 전자출원 SW 다운로드 및 설치

가. 다운로드 및 설치하기

(1) 다운로드 경로 및 설치프로그램

- 다운로드 경로 : 특허로 > 출원신청 > 국내출원 > 전자출원 SW 설치
- 온라인 출원, FD 출원, 서면 출원 중 한 가지 방법으로 출원을 원하는 경우, 출원 관련 서류(출원서, 보정서, 의견서, 중간서류)와 첨부서류(위임장, 증명서류)를 작성하고, 변환을 원하는 경우 전자출원 SW를 다운로드 받아 사용자 PC에 설치한다.
- 전자출원을 위한 기본 프로그램만이 필요한 경우 '초보자용 통합설치본'을, 전자출원 SW가 모두 필요한 경우 '전문가용 통합설치본'을 다운로드 받아 사용자 PC에 설치한다.
  - 초보자용 통합설치본 : 통합서식 작성기PKeaps, 통합명세서 작성기NKEditor, 통지서 열람기

– 전문가용 통합설치본 : 서식 작성기NKeaps, 첨부서류 입력기, 통합명세서 작성기NKEditor, 통지서 열람기, 서열목록 작성기, MM서식 작성기, DM서식 작성기

- 이외에 개별 프로그램이 필요한 경우 '개별설치본'을 다운로드 받아 사용자 PC에 설치한다.

통합설치

구분	제공내역	다운로드
전문가용	전자출원에 필요한 전용 SW를 일괄(통합) 설치합니다. 통합 설치 프로그램을 설치하신 경우에는 아래 프로그램을 개별적으로 설치하실 필요가 없습니다. **※ 설치SW : 서식작성기(NKEAPS), 통합명세서작성기, 첨부서류입력기, 통지서열람기, 서열목록작성기**	다운로드
초보자용	전자출원을 위한 기본 프로그램만을 제공하는 SW 설치 프로그램입니다. **※ 설치SW : 통합서식작성기(PKEAPS), 통합명세서작성기, 통지서열람기**	다운로드

개별설치

구분	제공내역	다운로드
서식작성기 (NKEAPS)	특허, 실용신안, 디자인, 상표 등의 출원서 및 중간절차서(의견서 등) 및 등록과 심판절차 등에 필요한 서식을 작성하고 특허청에 제출하는 전자출원SW입니다. **※ 사용가능한 특수문자 리스트** 상세보기	다운로드 사용설명서
통합서식작성기 (PKEAPS)	서식작성기(NKEAPS)에서 제공하는 기능 및 국제상표출원(MM) 서식 작성, 국제디자인출원(DM) 서식 작성, 첨부서류입력기의 기능을 일괄 제공합니다.	다운로드 사용설명서
통합명세서작성기 (NK-Editor)	명세서, PCT명세서를 작성할 수 있는 특허문서 작성 전용 워드 프로세스형 SW입니다.	다운로드 사용설명서
통지서 열람기	특허청에서 온라인으로 발송한 통지서 및 증명서류를 열람하고 인쇄할 수 있는 전자출원SW입니다.	다운로드 사용설명서
첨부서류입력기	출원서, 보정서 등 서식 제출시 위임장, 증명서 등을 스캔 및 변환하여 서식에 손쉽게 첨부가 가능하도록 도와주는 전자출원SW입니다.	다운로드 사용설명서
서열목록작성기 (KOPATENTIN)	생명공학 관련 특허출원시 서열목록을 작성하도록 지원하는 전자출원SW입니다.	다운로드 사용설명서

<전자출원 SW 다운로드 페이지>

▎서식/명세서 작성

1) 서식 작성

가. 서식 작성하기

❶ 다운로드 경로 및 설치 프로그램

1. 특허 · 실용신안 · 디자인상표 등의 출원서 및 중간 절차(의견서 등) 및 등록과 심판 절차 등에 필요한 서식을 작성할 수 있는 전용 프로그램이다.
2. 작성된 서식을 온라인으로 출원하거나 인쇄하여 특허청에 서면으로 제출할 수도 있으며, 파일 형태로도 출원이 가능하므로 한 가지 방법을 선택하여 출원하면 된다.

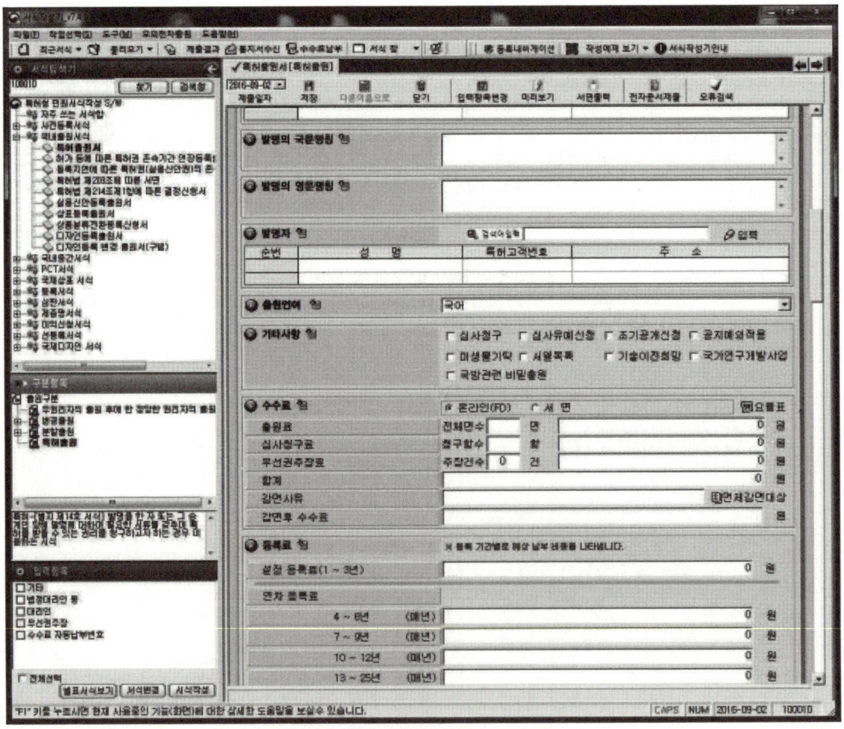

〈서식 작성기 화면 – NKEAPS〉

❷ 시작하기

1. '시작' 버튼을 눌러 실행한다. 
2. 좌측에 보이는 '시작' 버튼을 누르면 팝업메뉴가 나타나고, 상단에 '모든 프로그램'이라는 항목이 보인다. 마우스 포인터를 '모든 프로그램' 항목으로 가져가 누르면 다시 여러 프로그램들이 나타나는데, 여기서 특허청 전자출원소프트웨어를 선택하고 '서식 작성기'를 선택한다.

〈서식 작성기 실행경로〉

3. 선택한 특허청 전자문서 작성 S/W를 마우스의 왼쪽 버튼을 눌러 실행하면, 다음과 같은 초기화면이 나타난다.

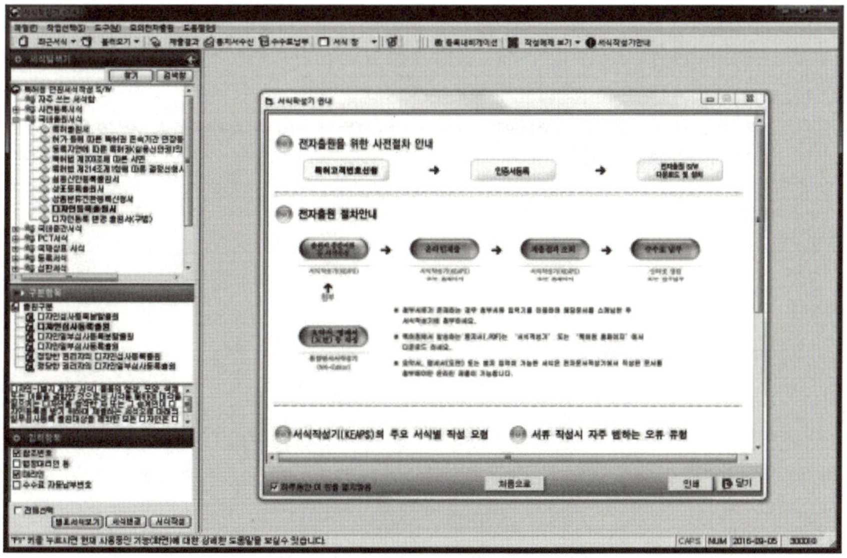

〈서식 작성기 초기화면〉

❸ 종료하기

1. 특허청 전자문서 작성 S/W를 종료하려면, 다음의 방법 중 하나를 선택하여 실행하면 된다.
2. 파일 메뉴의 '종료'를 선택하거나 단축키(CTRL+Q)를 누른다.

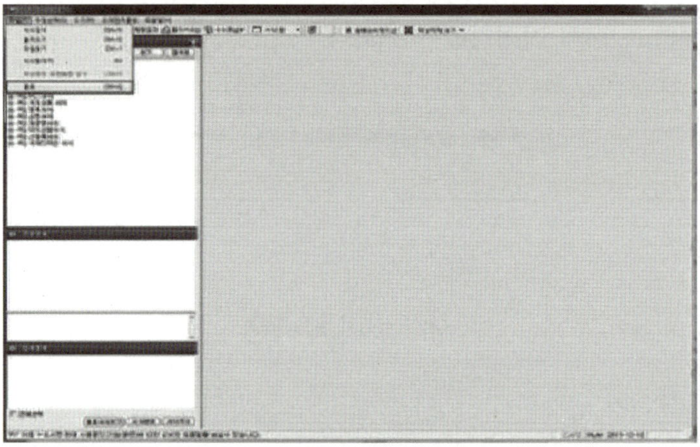

<서식 작성기 종료메뉴>

3. 또는 프로그램창 오른쪽 위에 있는 '창 닫기' 버튼을 마우스로 누른다.

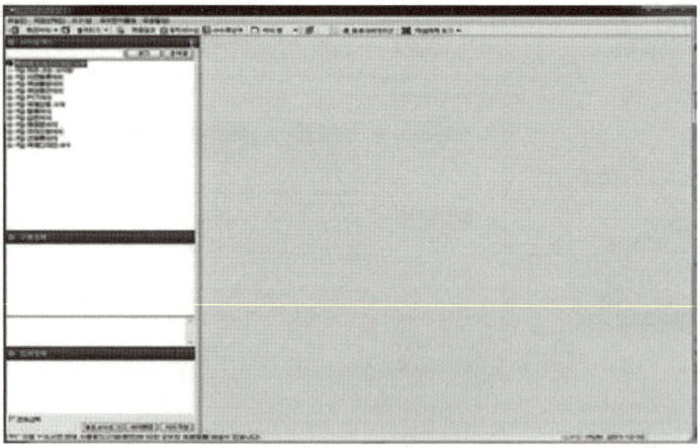

<서식 작성기 종료>

❹ 서식 작성

1. 서식을 작성하기 위한 가장 기초적인 단계로서 서식 탐색창에서 작성하고자 하는 '서식'을 찾는다.
2. 서식을 선택하게 되면 서식 탐색창 하단에 입력 항목을 추가적으로 넣을 수 있다.
3. 만약 모든 입력 항목 지정하기를 원하면, 좌측 하단에 있는 '전체선택' 체크버튼을 클릭하고, 선택이 끝났으면 '서식작성 버튼'을 클릭한다.

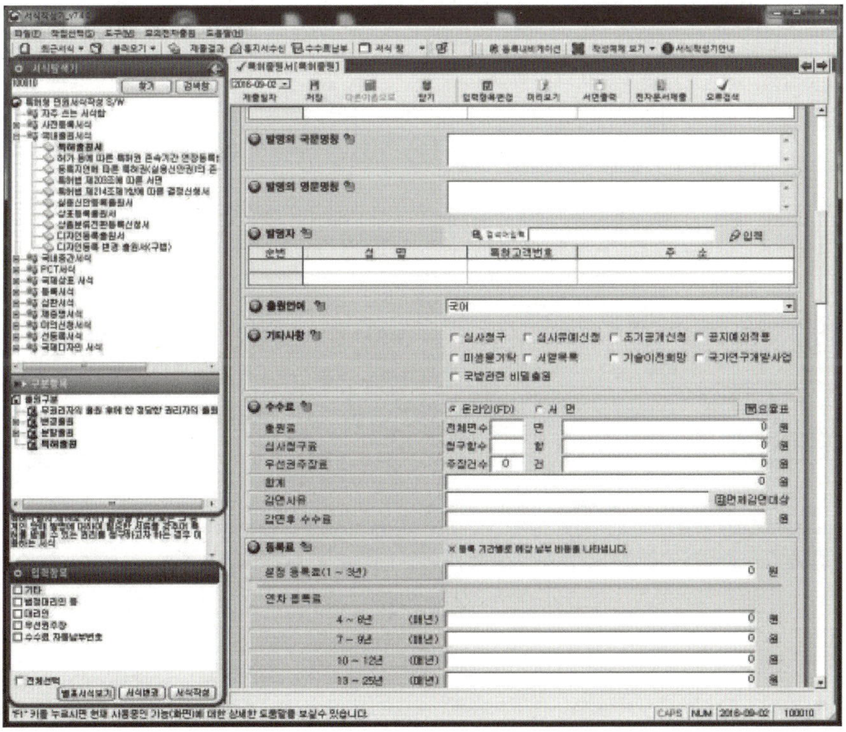

〈서식 탐색창〉

4. 새 서식을 생성한 후 입력하려는 항목을 선택하고 각 항목에 내용을 입력한다.

〈서식 입력〉

❺ 전자문서 제출

1. 전자문서 제출 : 작성된 서식을 온라인으로 특허청에 제출하고자 하는 경우, 상단메뉴 중 '전자문서 제출'을 누른다.
2. 이때 작성된 서식에 오류가 존재하면 다음과 같이 메시지가 나타나게 된다.

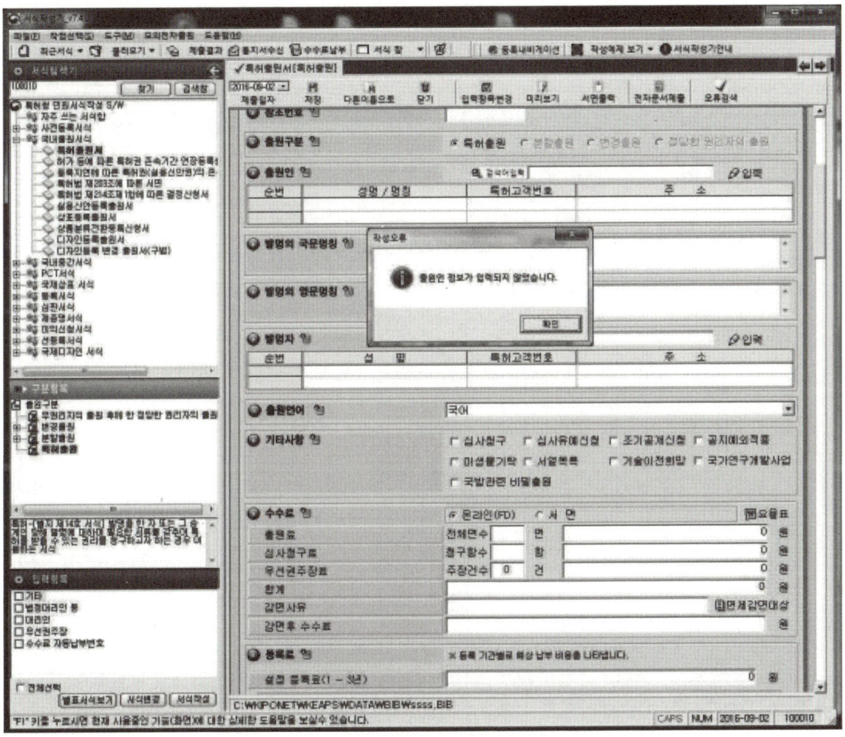

<전자문서 제출 버튼>

3. 작성상의 오류 수정이 완료된 후에는 다시 전자문서 제출을 수행한다. 작성상의 오류가 존재하지 않으면 변환대상 파일을 특허청 표준문서XML로 변환하는 단계가 나타나게 된다. 이 단계에서는 작성한 출원서 정보를 확인할 수 있다.
4. 내용에 이상이 없다면 '제출문서 생성' 버튼을 누른다.

❻ 온라인 제출 마법사

1. 온라인 제출 마법사 2단계인 각 출원인/대리인에 대해 '전자서명'을 수행하기 위한 단계가 나타난다.
2. 중앙에 있는 서명 버튼을 누르면, 비밀번호란에 해당 인증서의 비밀번호를 입력하고, 확인을 누르면 '전자서명'이 완료된다. 완료가 되면 서명정보가 오른쪽으로 이동하게 된다.

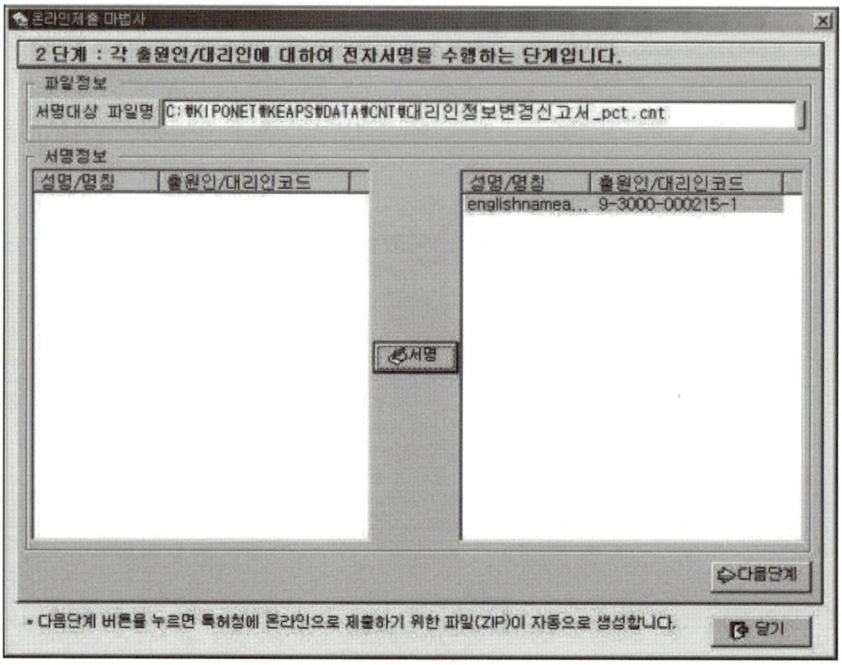

〈전자서명 화면〉

3. 다음 단계 버튼을 누르게 되면 제출파일(zip)이 자동으로 생성되고, 온라인 제출 파일을 제출하는 창이 열린다.

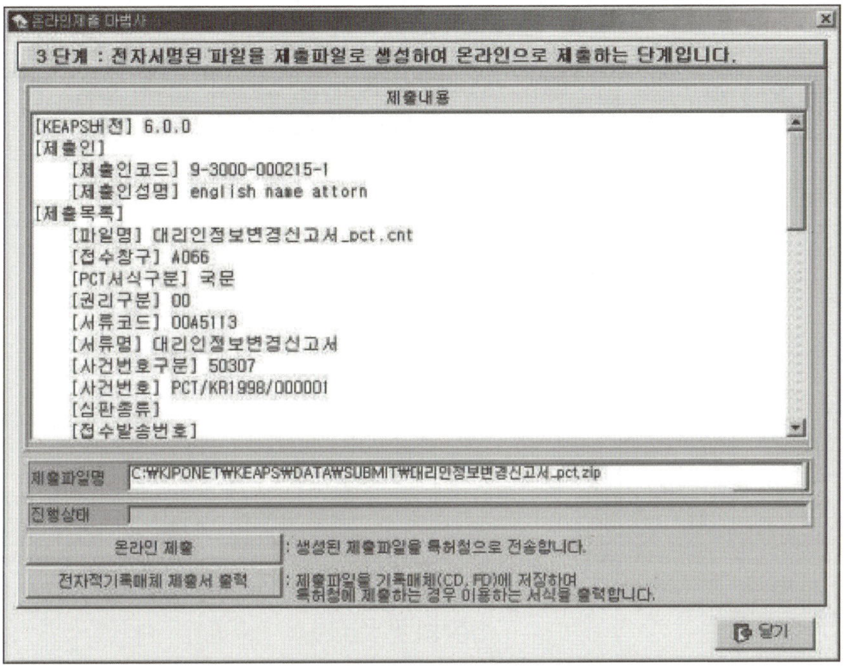

<온라인 제출 단계>

4. 인터넷 사용이 가능한 사용자는 '온라인 제출' 버튼을 클릭하여 생성된 제출파일을 특허청으로 바로 전송할 수 있다.
5. '온라인 제출' 버튼을 클릭한 경우 '온라인 제출' 확인창이 열린다.

<온라인 제출 확인창>

6. '아니오'를 누르면 온라인 제출이 취소된다.
7. '예'를 누르면 해당 제출 파일을 특허청으로 전송하고, 전송처리 결과창이 열린다.

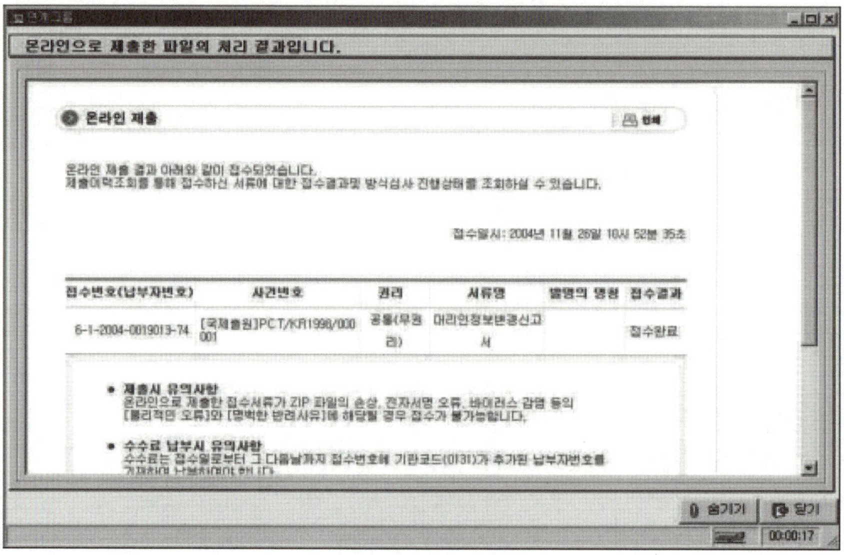

〈전송처리 결과창〉

❼ 전자적 기록매체 제출

1. 제출 파일을 기록매체(CD, FD)에 저장하여 특허청에 제출하는 경우 이용하는 서식을 출력한다.

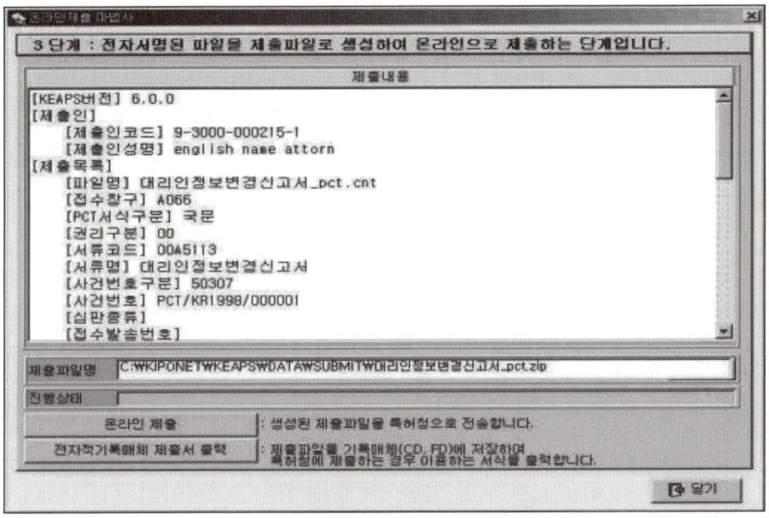

<전송처리 결과 창>

2. 전자기록매체 제출서 출력 버튼을 클릭하면 '전자적 기록매체 제출서 출력' 확인창이 열린다.

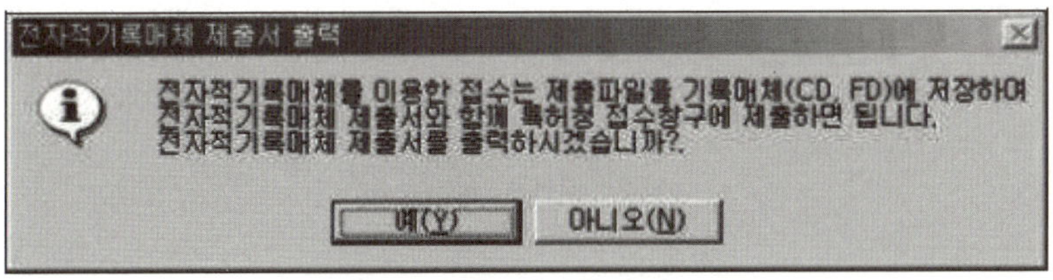

<전자적 기록매체 출력 메시지>

3. '예'를 클릭하면 해당 서지정보가 출력된다.
4. '아니오'를 클릭하면 해당 출력이 취소된다.

2) 명세서 작성

가. 명세서 작성하기

❶ 통합명세서 작성기의 개요

1. 특허청에 제출하는 특허 · 실용신안등록을 위한 출원의 명세서나 디자인 도면, 보정서, 의견서, 중간절차서 등을 작성하는데 사용하는 전용 워드프로세서이다.
2. 일반 워드프로세서의 기본 기능을 대부분 수용하고 있으며, 특히 현재 대부분의 출원인이 사용하고 있는 '한글과컴퓨터' 제품과 유사한 사용자 인터페이스를 채택하고 있다.

❷ 시작하기

1. '시작' 버튼을 눌러 실행한다. 
2. 좌측에 보이는 '시작' 버튼을 누르면 팝업메뉴가 나타나고, 상단에 모든 프로그램이라는 항목이 보인다. 마우스 포인터를 '모든 프로그램' 항목으로 가져가 누르면 다시 여러 프로그램들이 나타나는데, 여기서 특허청전자출원소프트웨어를 선택하고 통합명세서 작성기를 선택한다.

<명세서 작성과 시작 메뉴>

3. 선택한 특허청 전자문서 작성 S/W를 마우스의 왼쪽 버튼을 눌러 실행하면, 다음과 같은 초기화면이 나타난다.

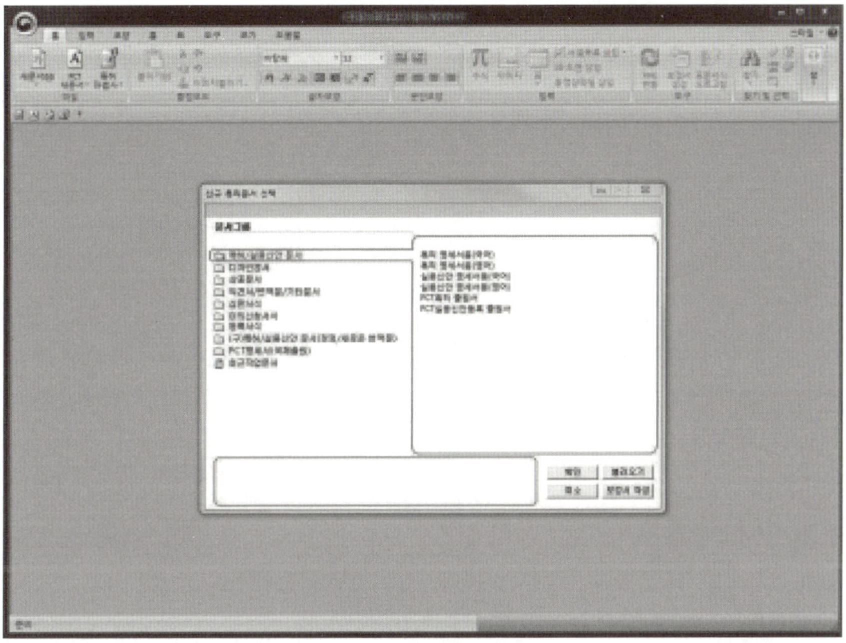

<명세서 작성과 초기화면>

❸ 종료하기

1. 특허청 전자문서 작성 S/W를 종료하려면, 다음의 방법 중 하나를 선택하여 실행하면 된다.
2. 파일 메뉴의 '종료'를 선택하거나 '단축키(ALT+X)'를 누른다.

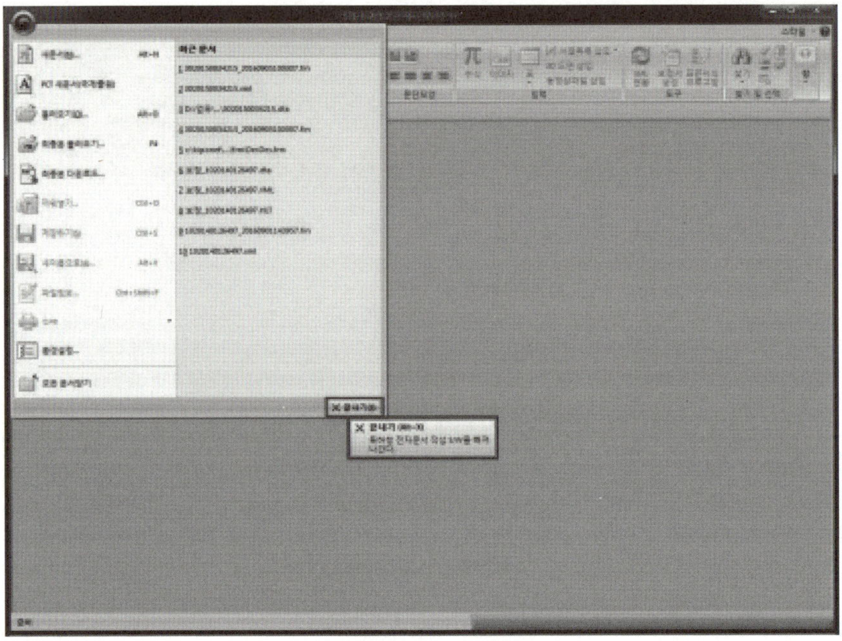

<명세서 작성기 종료 버튼>

❹ 명세서 작성

1. 새문서 : Alt+N
2. 특허청 전자문서 작성 S/W로 문서를 작성하기 위한 가장 기초적인 단계로서, 먼저 메뉴에서 '새문서'를 실행하거나 홈에서 '새문서'를 나타내는 아이콘(위에 나타낸 그림 참조)을 실행한다.
3. 실행하면 다음과 같은 문서의 양식을 선택할 수 있는 대화상자가 나타난다.

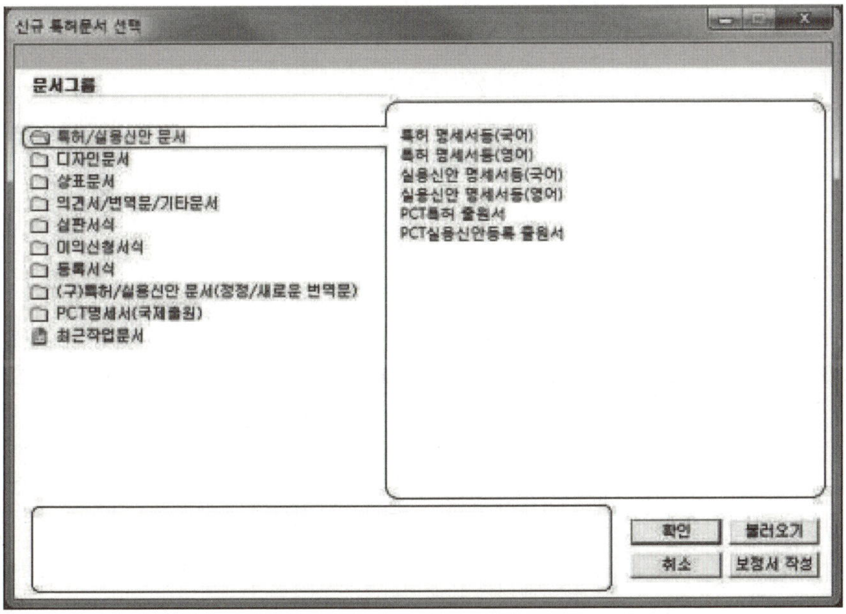

<명세서 작성기 양식 선택>

4. 특허, 실용신안, PCT 특허, PCT 실용, 입체디자인, 평면디자인, 디자인보정서, 의견서 중에서 작성할 문서 양식을 선택한다. 정해진 양식이 필요 없는 일반 문서를 작성하려면 빈문서를 선택한다.
5. 특허/PCT 특허는 특허선택 사항의 도면 포함을 선택할 수 있지만, 실용신안/PCT 실용신안은 '도면포함'이 필수기재 사항으로 이미 설정된다.
6. 입체/평면 디자인은 필요에 따라 디자인 선택사항의 '다디자인등록출원'과 '도면

벌수'를 지정할 수 있다.

7. 디자인보정서는 출원한 디자인도면의 수정 작업이 필요할 때 선택하여 사용한다.
8. 의견서는 의견서 별지내용을 작성하고자 할 때 선택하여 사용한다.
9. 빈문서는 특허청에 제출할 문서가 아닌 일반적 용도의 문서를 작성하고자 할 때 선택한다.

❺ 내용 입력

1. 새문서를 생성한 후 문서창의 빈곳을 마우스로 누르면, 문서 내용을 입력할 수 있다.
2. 문서창을 보면 커서가 깜빡거리고 있는 것을 발견할 수 있다. 키보드에 있는 화살표 방향키를 사용하여 커서를 내용을 입력할 곳으로 이동한다. 마우스를 사용하여 커서를 이동하려면 마우스를 움직여 마우스 포인터를 원하는 위치로 옮긴 다음 마우스 왼쪽버튼을 누른다.

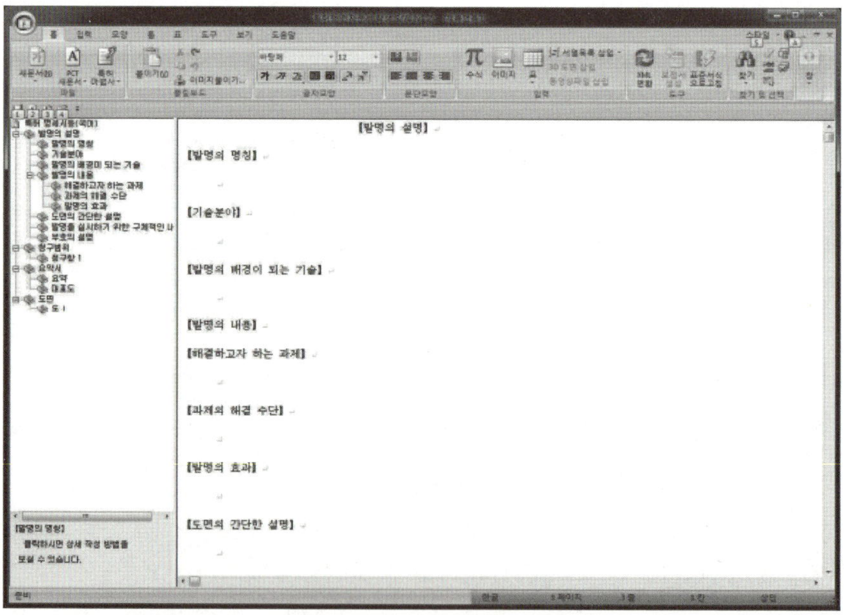

<명세서 작성기 내용 입력창>

❻ XML 문서 만들기

1. XML 변환 : Alt+C
2. 특허청에 제출하고자 하는 명세서 등의 문서작성이 완료된 후에는, 메뉴에서 도구 > XML 변환을 선택하거나 도구상자에서 XML 변환 아이콘을 선택하면 작성된 문서를 특허청 표준문서 포맷(XML)으로 변환할 수 있다.
3. 이때 작성된 문서에 오류가 존재하면, 다음과 같이 메시지창에 해당 오류가 나타난다.

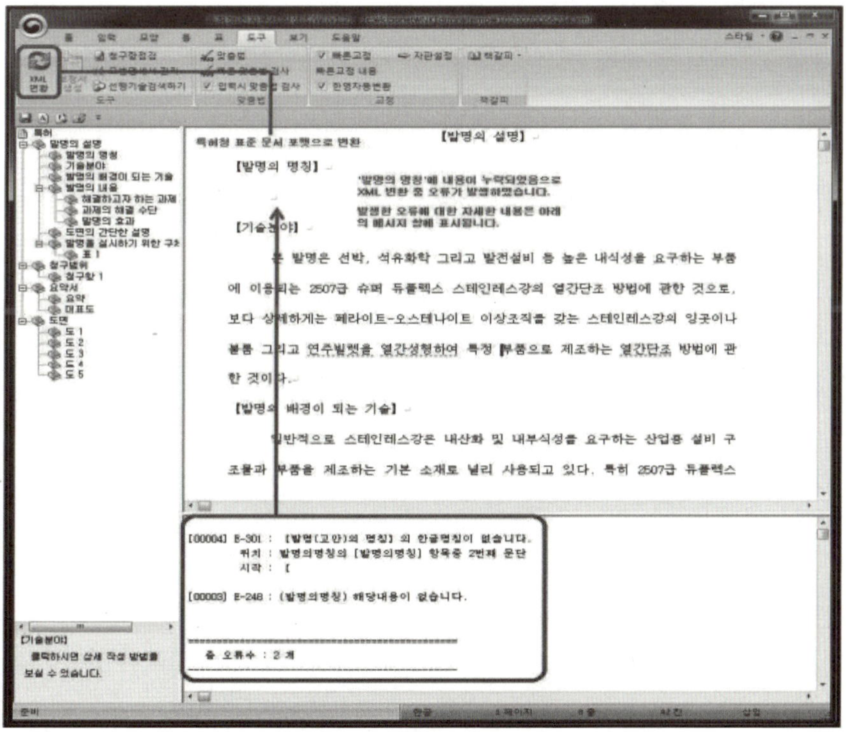

〈명세서 작성기 XML 변환 버튼〉

4. 작성상의 오류 수정이 완료된 후에는 다시 XML 변환을 수행한다. 작성상의 오류가 존재하지 않으면, 특허청 제출용 명세서의 파일 포맷인 *.HLZ 형식으로 저장할 수 있는 대화상자가 나타나게 된다. 원하는 파일명을 입력하고 '확인' 버튼을 누르게 되면 특허청 제출용 파일인 *.HLZ 파일이 저장된다.

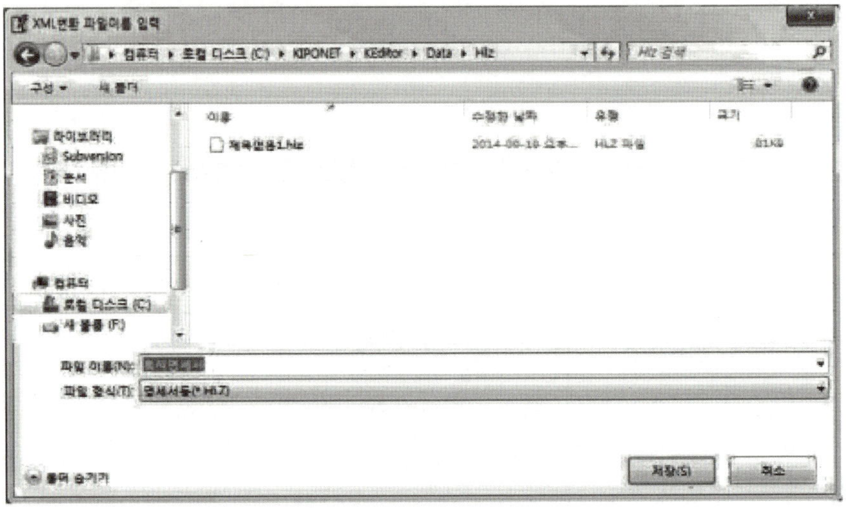

〈명세서 작성기 XML 변환 파일명 입력〉

❙ 온라인 제출

1) 온라인 제출

가. 온라인 제출하기

❶ 온라인 제출(통합서식 작성기)

1. 통합서식 작성기에서 서식을 작성한 뒤 온라인 제출 버튼을 클릭한다.(서식 작성기도 동일)

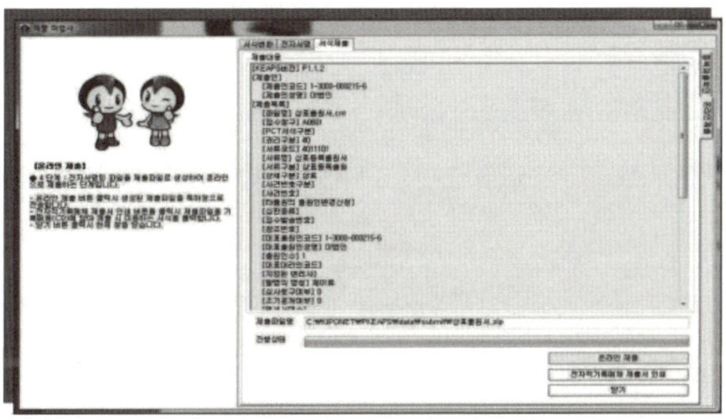

〈통합서식 작성기 온라인 제출〉

2. 바이러스가 없고 전자서명이 바른 정상파일의 경우 접수 처리가 완료되면 결과 화면이 나온다.

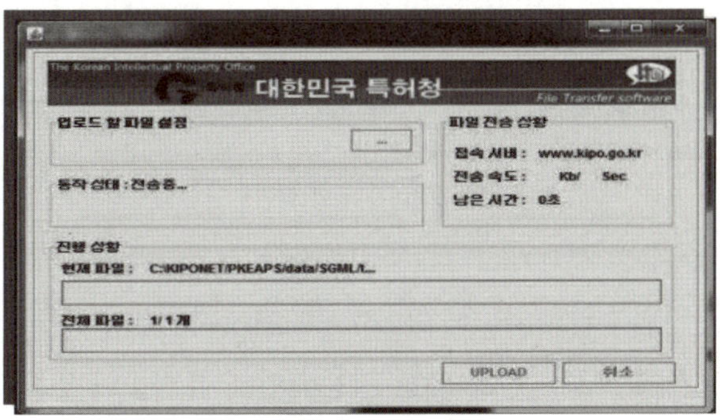

〈파일 업로드창〉

2) 제출결과 확인

가. 제출결과

❶ 결과조회

1. 접수 일시, 접수 번호(납부자번호), 사건 번호, 권리, 서류명, 발명의 명칭, 접수 결과가 표시된다.

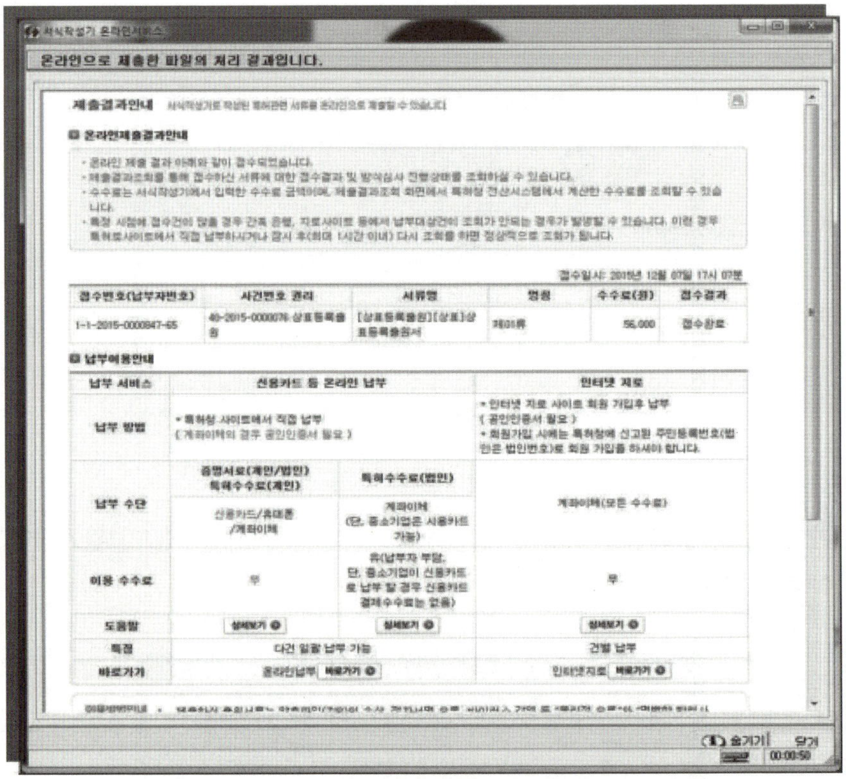

<처리결과 조회 화면>

2. 접수결과에는 '접수완료'와 '접수반려' 두 가지가 있다.
3. 온라인 제출 시에 프로그램에 의한 자동적인 오류검증이 있으며, 오류가 발견된 경우 '접수반려'로 표시된다. 접수반려인 서류는 접수번호가 표시되지 않는다.

4. 접수 실시간 오류검증 항목은 다음과 같다.

- 물리적 오류(전자서명 오류, 압축파일 이상, 바이러스 손상)
- 원출원이 1999.7.1 이전에 제출된 건에 대한 이중출원
- 실용신안 선등록 건에 대한 변경 출원
- 원출원 표시의 출원(참조)번호가 등록되지 않은 경우
- 원출원이 취하, 포기, 반려 또는 거절결정 된 경우
- 원출원 심판이 진행 중이지 않은 건에 대한 심판서류
- 특허청 발송통지서와 관련 없는 사건관련 서류
- 사건번호로 표시된 값이 존재하지 않은 경우

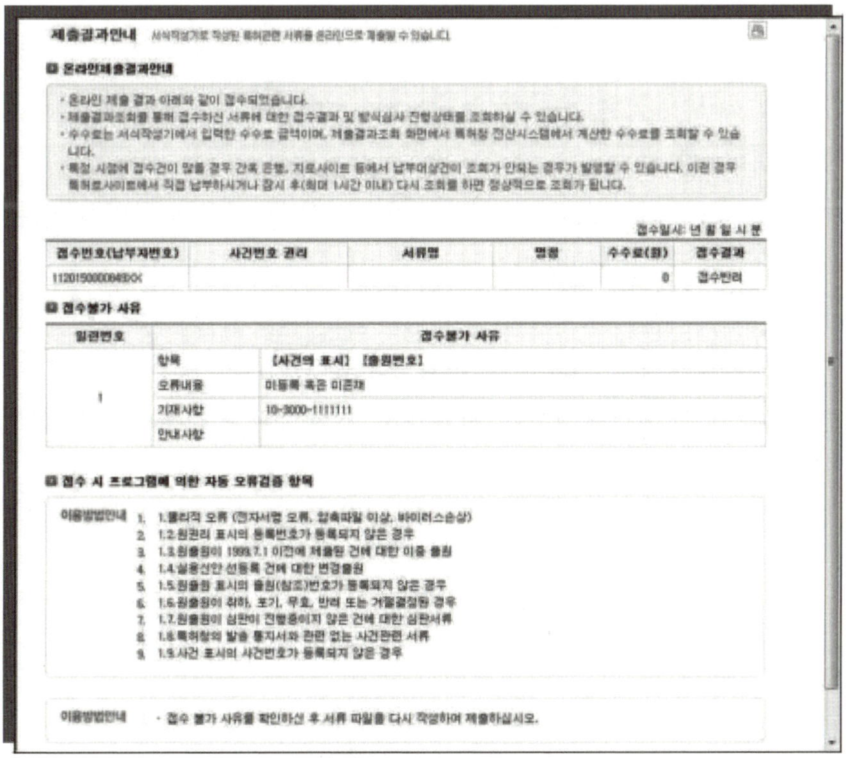

<접수반려 사유안내 화면>

5. 접수결과가 접수반려일 경우 접수불가 사유에서 내용을 확인할 수 있다.
6. 접수불가 사유 화면에서는 오류항목, 내용, 기재사항, 안내사항 등을 표시해준다.
7. 온라인 접수 시의 실시간 오류검증은 접수 이후 이루어지는 전산방식의 일부분이다. 접수 시 정상접수 된 서류라도 이후 전산방식 시 다른 오류가 발견된 경우 반려될 수 있다.

제출결과 조회

1) 제출결과 조회 시작하기

가. 제출결과 조회 메뉴

1. 온라인, 서면, 전자적 기록매체로 제출한 서류에 대해 제출 결과를 조회할 수 있는 화면이다.
   - 특허로(www.patent.go.kr)에 접속하여 로그인 후 상단 메뉴 바에 있는 '출원신청'에 마우스를 클릭한다.
   - 하위 메뉴 바가 활성화되면 제출 결과에서 '조회 화면' 메뉴를 클릭한다.
2. 대상서류, 접수매체, 기간 등의 조회 조건을 선택하여 조회할 수 있다.
3. 제출결과 조회 화면은 상단의 조회 조건 입력 부분과 조회결과 리스트, 기타 안내문 등으로 구성되어 있다.

<특허로의 제출결과 조회 메뉴 위치>

2) 제출결과 조회하기

가. 제출결과 조회

1. 조회 조건으로는 대상서류의 종류, 접수매체, 기간 등이 있다.
2. 대상서류 : 서류의 업무성격에 따라 출원서류, 심판서류, 마드리드서류, 이의신청서류, PCT서류, 사전등록서류 등으로 분류된다.
3. 접수매체 : 조회하고자 하는 대상서류의 접수매체를 선택한다. 접수매체란 서류 제출방법을 말하며 온라인, 서면, 전자매체 등이 있다.
4. 기간 : 조회하고자 하는 기간을 입력한다. 서류 접수일을 기준으로 하여 당일, 1개월, 2개월 버튼 중 하나를 클릭하거나 달력 아이콘을 클릭하여 조회 기간의

시작일과 끝일을 임의로 지정할 수 있다.

5. 정렬 순서는 조회한 결과를 정렬할 순서를 말한다. 접수번호나 접수일자를 선택할 경우 해당항목을 기준으로 가장 최근에 제출된 서류부터 보여준다.
6. 조회결과가 표시되는 리스트는 접수번호, 접수일자, 사건번호, 서류명, 진행상태, 적정수수료 및 납부수수료, 발명의 명칭들을 보여준다.

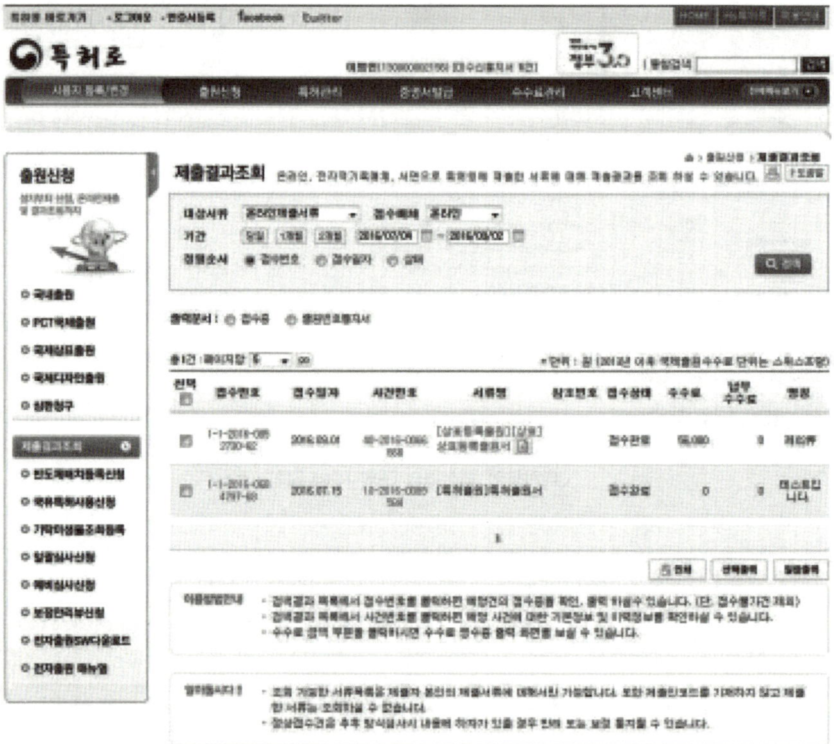

나. 적정 수수료

1. 서식 작성기를 사용하여 문서를 작성할 때 작성된 계산된 수수료가 아닌 사전 방식을 통해 보다 정확히 계산된 수수료 정보이다.

다. 접수증/출원번호 통지서 조회

1. 리스트의 접수번호 항목을 클릭하면 해당접수 건에 대한 접수증을 다시 조회할 수 있다. '인쇄' 버튼을 클릭하여 출력할 수 있다.

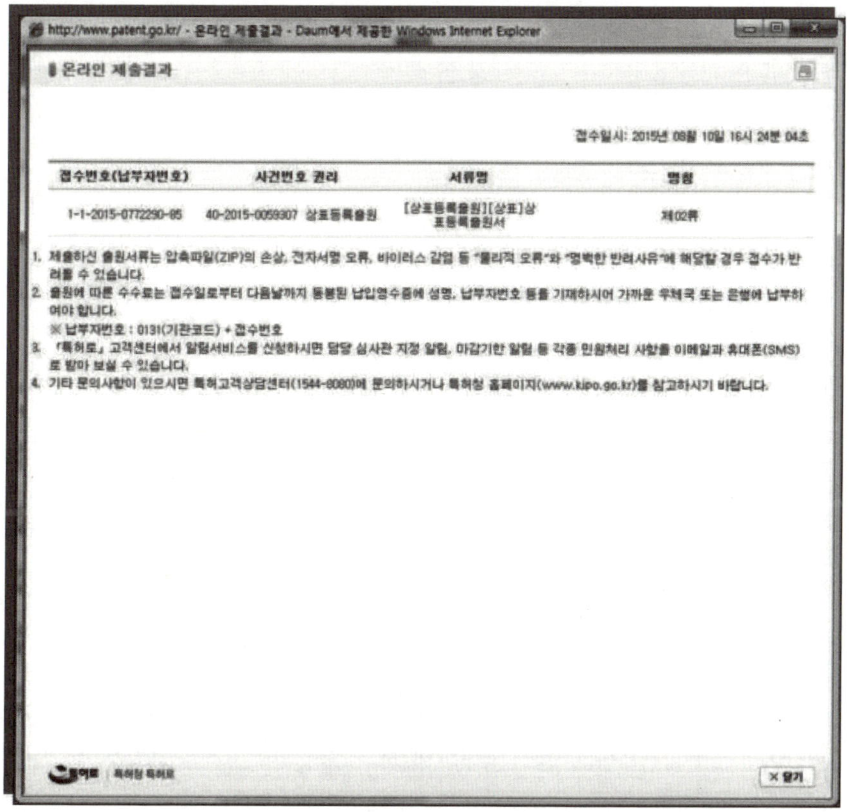

<제출결과 상세 조회>

2. 온라인으로 제출한 출원서류의 경우, 조회결과 리스트의 서류명 항목을 클릭하면 해당 건의 출원번호 통지서를 조회할 수 있다.

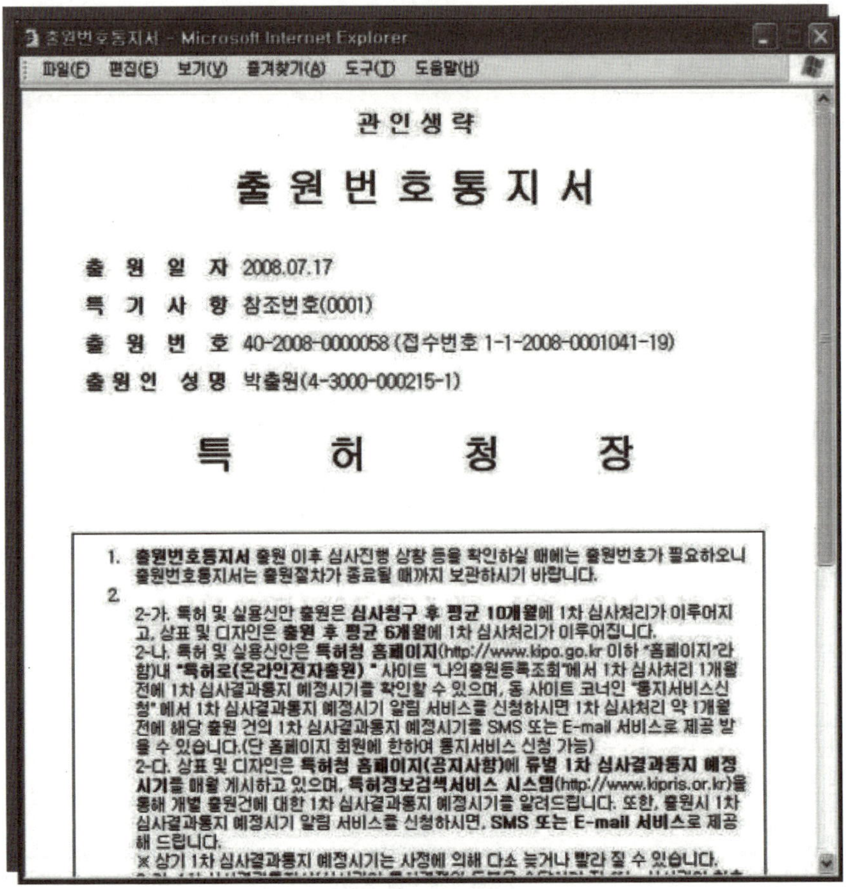

관인생략

출원번호통지서

출 원 일 자 2008.07.17
특 기 사 항 참조번호(0001)
출 원 번 호 40-2008-0000058 (접수번호 1-1-2008-0001041-19)
출원인 성명 박출원(4-3000-000215-1)

특 허 청 장

1. 출원번호통지서 출원 이후 심사진행 상황 등을 확인하실 때에는 출원번호가 필요하오니 출원번호통지서는 출원절차가 종료될 때까지 보관하시기 바랍니다.
2.
2-가. 특허 및 실용신안 출원은 심사청구 후 평균 10개월에 1차 심사처리가 이루어지고, 상표 및 디자인은 출원 후 평균 6개월에 1차 심사처리가 이루어집니다.
2-나. 특허 및 실용신안은 특허청 홈페이지(http://www.kipo.go.kr 이하 "홈페이지"라 함)내 "특허로(온라인전자출원)" 사이트 "나의출원등록조회"에서 1차 심사처리 1개월 전에 1차 심사결과통지 예정시기를 확인할 수 있으며, 동 사이트 코너인 "통지서비스신청"에서 1차 심사결과통지 예정시기 알림 서비스를 신청하시면 1차 심사처리 약 1개월 전에 해당 출원 건의 1차 심사결과통지 예정시기를 SMS 또는 E-mail 서비스로 제공 받을 수 있습니다.(단 홈페이지 회원에 한하여 통지서비스 신청 가능)
2-다. 상표 및 디자인은 특허청 홈페이지(공지사항)에 유별 1차 심사결과통지 예정시기를 매월 게시하고 있으며, 특허정보검색서비스 시스템(http://www.kipris.or.kr)을 통해 개별 출원건에 대한 1차 심사결과통지 예정시기를 알려드립니다. 또한, 출원시 1차 심사결과통지 예정시기 알림 서비스를 신청하시면, SMS 또는 E-mail 서비스로 제공해 드립니다.
※ 상기 1차 심사결과통지 예정시기는 사정에 의해 다소 늦거나 빨라 질 수 있습니다.

<출원번호 통지서>

3. 출원, PCT 서류의 경우 조회 결과 리스트에 진행상태 항목이 나타난다. 진행 상태에는 '접수 완료', '방식심사 대기 중', '방식심사 중', '방식심사 완료'의 네 가지 단계가 표시된다. 해당접수 건의 진행 상태를 클릭하면 상세 내역을 볼 수 있는 팝업 화면이 뜬다.

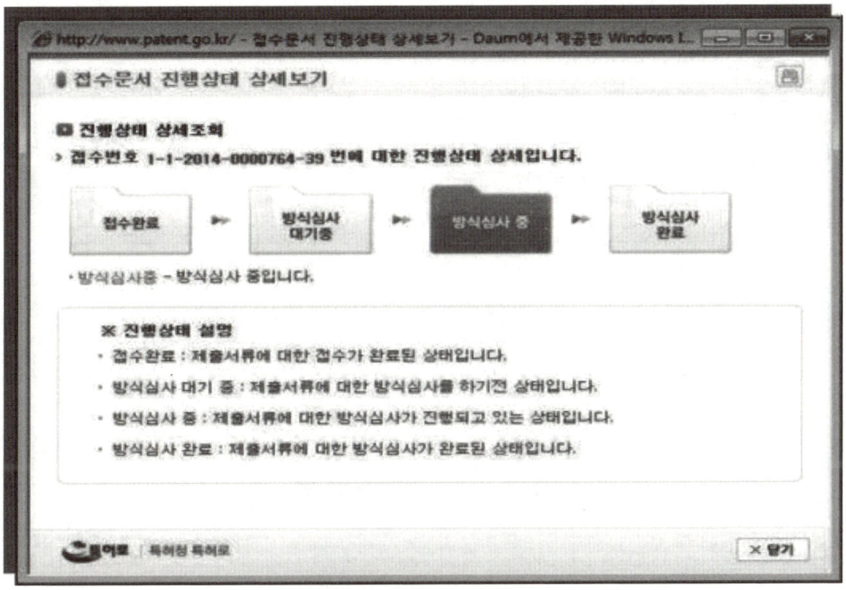

<접수문서 진행 상태 조회>

4. 조회결과 리스트의 '수수료' 항목의 금액을 클릭하면 영수증을 출력할 수 있는 팝업 화면이 뜬다.

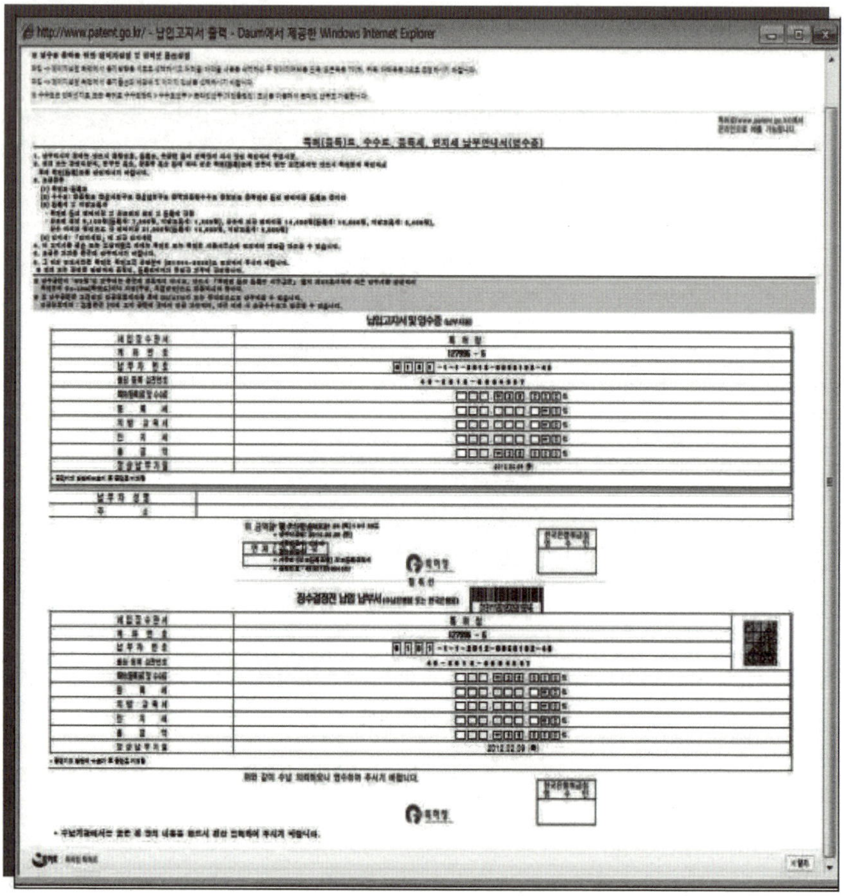

<영수증 출력 화면>

5. 온라인으로 제출한 상표출원서의 경우, 제출한 상표 이미지를 다시 확인할 수 있다. 해당 서류명 뒤에 붙은 아이콘을 클릭하면 이미지가 조회된다.

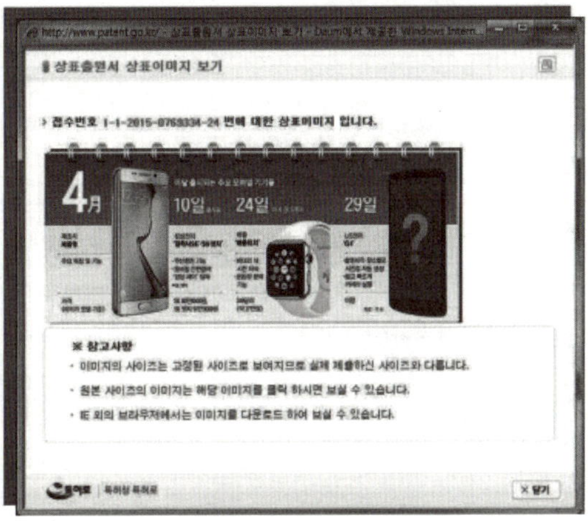

〈상표 제출 이미지 확인〉

6. 조회결과 리스트의 진행상태(접수상태) 항목에 '접수 불가'라고 표시된 경우, 해당 항목을 클릭하면 접수 불가 사유를 확인할 수 있다.

〈접수 불가 사유 확인〉

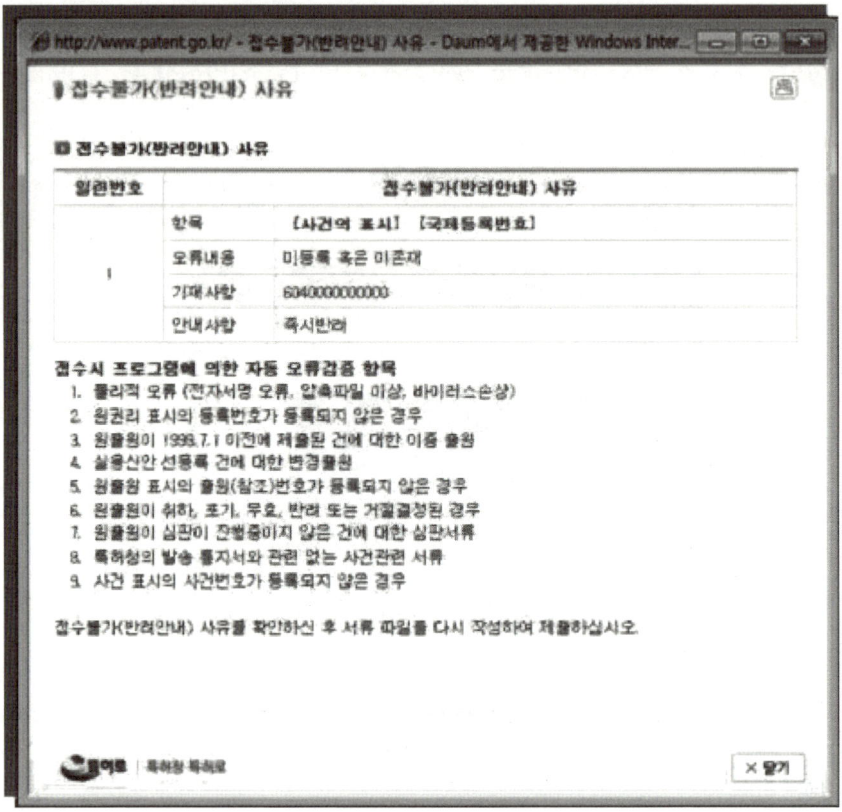
http://www.patent.go.kr/ - 접수불가(반려안내) 사유 - Daum에서 제공한 Windows Inter...
접수불가(반려안내) 사유
접수불가(반려안내) 사유
일련번호
접수불가(반려안내) 사유
1
항목
[사건의 표시] [국제등록번호]
오류내용
미등록 혹은 미존재
기재사항
6040000000000
안내사항
즉시반려
접수시 프로그램에 의한 자동 오류검증 항목
1. 물리적 오류 (전자서명 오류, 압축파일 이상, 바이러스손상)
2. 원권리 표시의 등록번호가 등록되지 않은 경우
3. 원출원이 1999.7.1 이전에 제출된 건에 대한 이중 출원
4. 실용신안 선등록 건에 대한 변경출원
5. 원출원 표시의 출원(참조)번호가 등록되지 않은 경우
6. 원출원이 취하, 포기, 무효, 반려 또는 거절결정된 경우
7. 원출원이 심판이 진행중이지 않은 건에 대한 심판서류
8. 특허청의 발송 통지서와 관련 없는 사건관련 서류
9. 사건 표시의 사건번호가 등록되지 않은 경우
접수불가(반려안내) 사유를 확인하신 후 서류 파일을 다시 작성하여 제출하십시오.
특허청 특허로
× 닫기

〈접수 불가 사유 화면〉

CHAPTER 04

특허

김교수의
특허출원 따라하기

특허의 이해

특허란 「행정법」상으로는 특정인에 대해 일정한 법률적 권리나 능력, 포괄적 법령 관계를 설정하는 설권적 · 형성적 행정 행위를 의미한다. 「특허법」은 발명을 보호 · 장려하고 그 이용을 도모함으로써 기술의 발전을 촉진하여 산업발전에 이바지하기 위해 제정된 것으로서, 이 법의 요건을 충족하는 발명에 대해 독점적으로 이용할 수 있는 권리를 부여한다.

1) 특허제도의 기원

(1) Patent의 어원(語源)

14세기 영국에서 국왕이 특허권을 부여할 때, 다른 사람이 볼 수 있도록 개봉된 상태로 수여되었으므로 특허증서를 개봉된 문서, 즉 Letters Patent라 하였으며, 그 후 'Open'이라는 뜻을 가진 'Patent'가 특허권이라는 뜻으로 사용되게 되었다.

(2) 최초의 특허법(1474년)

르네상스 이후, 북부 이탈리아 도시국가 베니스에서 모직물 공업 발전을 위해 법을 제정하여 제도적으로 발명을 보호하였다.(갈릴레오의 양수, 관개용 기계에 대한 특허(1594년))

(3) 현대적 특허법의 모태

영국의 전매조례Statute of Monopolies : 1624~1852에는 선발명주의, 독점권(14년), 공익위배 대상은 특허를 불인정했다.(산업혁명의 근원이 되는 방적기, 증기기관 등이 탄생)

(4) 우리나라 특허제도의 연혁

- 1908년 : 한국 특허령 공포
- 1946년 : 특허원 창립 및 「특허법」 제정
- 1961년 : 「특허법」을 산업재산권 4법으로 분리

- 1977년 : 특허청 개청
- 1979년 : 세계지식재산권기구WIPO 가입
- 1980년 : 파리협약Paris Convention 가입
- 1984년 : 특허협력조약Patent Cooperation Treaty 가입

2) 특허제도의 개요

(1) 특허제도의 목적

특허제도는 발명을 보호·장려함으로써 국가산업의 발전을 도모하기 위한 제도이며(「특허법」 제1조) 이를 달성하기 위해 '기술공개의 대가로 특허권을 부여'하는 것을 구체적인 수단으로 사용하였다.

- 기술공개 → ▲기술축적, 공개기술 활용 → ▲산업발전
- 독점권 부여 → ▲사업화 촉진, 발명의욕 고취 → ▲산업발전

(2) 특허요건

특허권을 받기 위해 출원 발명이 갖추어야 할 요건은 다음과 같다.

- 출원 발명은 산업에 이용할 수 있어야 하며(산업상 이용가능성),
- 출원하기 전에 이미 알려진 기술(선행기술)이 아니어야 하고(신규성),
- 선행기술과 다른 것이라 하더라도 그 선행기술로부터 쉽게 생각해 낼 수 없는 것이어야 한다.(진보성)

(3) 특허권의 효력

- 특허권은 설정 등록을 통해 효력이 발생하며, 존속기간은 출원일로부터 20년(실용신안권 10년)이다.
- 권리를 획득한 국가 내에만 효력이 발생(속지주의)한다.

3) 특허출원 관련 안내

(1) 선출원주의와 선발명주의

동일한 발명이 2 이상 출원되었을 경우, 어느 출원인에게 권리를 부여할 것인가를 결정하는 기준으로서 '선출원주의'와 '선발명주의'가 있으며, 우리나라는 '선출원주의'를 채택하고 있다.

(2) 선출원주의

- 발명이 이루어진 시기에 관계없이 특허청에 먼저 출원한 발명에 권리를 부여한다.
- 기술의 공개에 대한 대가로 권리를 부여한다는 의미에서 합리적이며 신속한 발명의 공개를 유도할 수 있다.
- 발명의 조속한 공개로 산업발전을 도모하려는 특허제도의 취지에 부합된다.

(3) 선발명주의

- 출원의 순서와 관계없이 먼저 발명한 출원인에게 권리를 부여한다.
- 발명가 보호에 장점이 있다. 특히 사업체를 가지고 있지 않은 개인 발명가들이 선호하는 제도이다.
- 발명가는 발명에 관련된 일지를 작성하고 증인을 확보해야 하며, 특허청으로서는 발명의 시기를 확인해야 하는 불편이 있다.

4) 발명과 고안

특허권은 발명에 대해 부여하고, 실용신안권은 고안에 대해 부여한다. 「특허법」상 발명은 고안과 비교하여 고도(高度)한 것으로 정의되어 있다.

- 발명의 정의 : 자연법칙을 이용한 기술사 상의 창작으로서 고도(高度)한 것
- 고안의 정의 : 자연법칙을 이용한 기술사 상의 창작

그러나 고도한 것이냐 아니냐 하는 것은 주관적인 판단이므로 심사실무적으로는 출원인에게 그 판단을 일임하고 있다. 즉 출원인이 실용신안으로 출원한 것은 고안으로 특허로 출원한 것은 발명으로 간주한다.

5) 출원서류의 구성

- 출원서 : 출원인, 대리인 및 발명(고안)의 명칭 등
- 명세서
  - 발명의 상세한 설명 : 지식경제부령이 정하는 기재방법에 따라 명확하고 상세하게 기재
  - 청구 범위 : 특허발명의 보호 범위
- 도면 : 필요한 경우 기술 구성을 도시하여 발명을 명확히 표현
- 요약서 : 발명을 요약정리(기술정보로 활용)

6) 특허출원 및 심사 절차의 흐름도

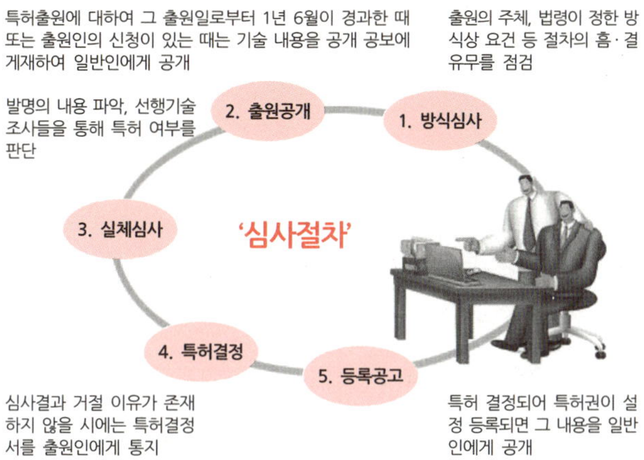

<특허출원 후 심사흐름도>

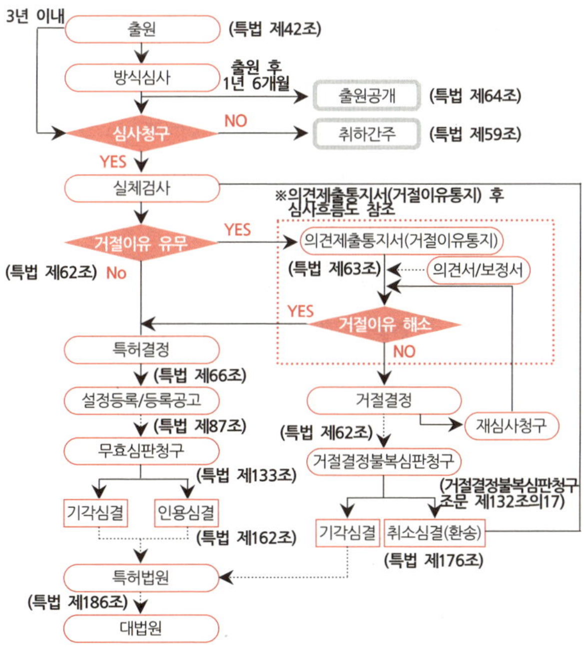

7) 주요 절차의 설명

(1) 방식심사

서식의 필수사항 기재 여부, 기간의 준수 여부, 증명서 첨부 여부, 수수료 납부 여부 등 절차상의 흠결을 점검하는 심사이다.

(2) 심사청구

심사 업무를 경감하기 위해 모든 출원을 심사하는 대신, 출원인이 심사를 청구한 출원에 대해서만 심사하는 제도이다. 특허출원에 대해 출원 후 3년간 심사청구를 하지 않으면 출원이 없었던 것으로 간주된다.(실용신안등록 출원의 심사청구 기간은 3년)

※방어출원 : 특허권을 얻기보다는 타인의 권리 획득을 막기 위한 출원이다.

(3) 출원공개

출원공개제도는 출원 후 1년 6개월이 경과하면 그 기술 내용을 특허청이 공보의 형태로 일반인에게 공개하는 제도이다. 심사가 지연될 경우 출원기술의 공개가 늦어지는 것을 방지하기 위해 도입되었다.

※출원공개가 없다면, 출원기술은 설정등록 후 특허공보로서 공개된다. 출원공개 후 제3자가 공개된 기술내용을 실시하는 경우 출원인은 그 발명이 출원된 발명임을 서면으로 경고할 수 있으며, 경고일로부터 특허권 설정 등록일까지의 실시에 대한 보상금을 권리획득 후 청구할 수 있다.(가보호권리)

※1년 6월의 근거 : 우선권 주장을 수반하는 외국출원과 국내출원의 균형을 유지한다.(우선기간 12월, 우선권증명서 제출기간 4월, 공개준비 2월)

(4) 실체심사

특허요건, 즉 산업상 이용가능성, 신규성 및 진보성을 판단하는 심사이다. 이와 함께 공개의 대가로 특허를 부여하게 되므로 일반인이 쉽게 실시할 수 있도록 기재하고 있는가를 동시에 심사한다.(기재요건)

※최초/최후 거절이유 통지와 보정각하

- 심사관은 심사에 착수하여 거절이유를 발견하면, 최초 거절이유를 통지하고 심사 착수 후 보정서가 제출되어 다시 심사한 결과 보정에 의해 발생한 거절이유를 발견하면 최후 거절이유를 통지한다.
- 심사관은 최후 거절이유를 통지한 후 보정에 보정각하 사유를 발견하면 결정으로 보정을 각하하고 이전 명세서로 심사한다.

(5) 특허결정

해당 출원이 특허요건을 충족하는 경우, 심사관이 특허를 부여하는 처분이다.

(6) 설정등록과 등록공고

특허결정이 되면 출원인은 등록료를 납부하여 특허권을 설정등록한다. 이때부터 권리가 발생된다. 설정등록 된 특허출원 내용을 등록공고로 발행하여 일반인에게 공표한다.

(7) 거절결정

출원인이 제출한 의견서 및 보정서에 의해서도 거절이유가 해소되지 않은 경우, 특허를 부여하지 않는 처분이다.

(8) 거절결정 불복심판

거절결정을 받은 자가 특허심판원에 거절결정이 잘못되었음을 주장하면서 그 거절결정의 취소를 요구하는 심판 절차이다.

(9) 무효심판

심사관 또는 이해관계인(다만, 특허권의 설정등록이 있는 날부터 등록공고일 후 3월 이내에는 누구든지)이 특허에 대해 무효사유(특허요건, 기재불비, 모인출원 등)가 있음을 이유로 그 특허권을 무효시켜 줄 것을 요구하는 심판 절차이다.

※무효심결이 확정되면 그 특허권은 처음부터 없었던 것으로 간주된다.

8) 특허심사 주요제도의 안내

(1) 우선심사제도

특허출원은 심사청구 순서에 따라 심사하는 것이 원칙이나, 모든 출원에 대해서 예외 없이 이러한 원칙을 적용하다보면 공익이나 출원인의 권리를 적절하게 보호할 수 없는 면이 있어, 일정한 요건을 만족하는 출원에 대해서는 심사청구 순위에 관계 없이 다른 출원보다 먼저 심사하는 제도이다.

(2) 특허청구 범위 제출 유예제도

출원일부터 1년 2개월이 되는 날까지(출원심사청구의 취지를 통지받은 경우에는 통지받은 날부터 3개월이 되는 날까지) 명세서의 특허청구 범위 제출을 유예할 수 있는 제도이다.

※제출기한 이내에 특허청구 범위를 제출하지 않으면 취하 간주되며, 특허청구 범위가 제출된 경우에 한하여 심사청구 가능하다.

(3) 심사유예 신청제도

늦은 심사를 바라는 고객의 요구를 충족시키기 위해 특허출원인이 원하는 유예시점에 특허출원에 대한 심사를 받을 수 있는 제도이다. 늦게 심사받는 대신 희망시점에 맞춰 심사서비스를 제공한다.(심사유예 희망시점으로부터 3월 이내 심사서비스 제공 예정이며, 심사청구 시 또는 심사청구일로부터 9개월 이내에 유예희망 시점을 기재한 심사유예신청서를 제출하면 이용이 가능하다.(별도 신청료 없음))

(4) 분할 출원

2 이상의 발명을 하나의 특허출원으로 신청한 경우, 그 일부를 하나 이상의 출원으로 분할하여 출원한다.

(5) 변경 출원

출원인은 출원 후 설정등록 또는 거절결정 확정 전까지 특허에서 실용신안 또는 실용신안에서 특허로 변경하여 자신에게 유리한 출원을 선택할 수 있다.

(6) 조약우선권 주장

파리협약이나 WTO 회원국 간 상호 인정되는 제도로 제 1국 출원 후 1년 내에 다른 가입국에 출원하는 경우 제 1국 출원에 기재된 발명에 대해 신규성, 진보성 등 특허요건 판단일을 소급해주는 제도이다.

(7) 국내 우선권 주장

선출원 후 1년 이내에 선출원 발명을 개량한 발명을 한 경우, 하나의 출원에 선출원 발명을 포함하여 출원할 수 있도록 하는 제도이다.

(8) 직권보정제도

출원에 대해 심사한 결과 특허결정이 가능하나 명백한 오탈자, 참조부호의 불일치 등과 같은 사소한 기재불비만이 존재하는 경우, 의견제출 통지를 하지 않고도 보다 간편한 방법으로 명세서의 단순한 기재불비 사항을 수정할 수 있도록 함으로써 심사 지연을 방지하고 등록 명세서에 완벽을 기하고자 마련된 제도이다.(2009.7.1 이후 등록결정부터)

(9) 재심사청구(심사전치)제도

심사 후 거절결정된 경우 거절결정불복심판을 청구한 후 명세서를 보정한 건에 대해 다시 심사를 하였으나(심사전치제도), 개정 「특허법」에 따라 거절결정 후 심판청구를 하지 않더라도 보정과 동시에 재심사를 청구하면 심사관에게 다시 심사받을 수 있다.(재심사청구제도)

9) 처리기간

심사처리기간이란, 심사청구일로부터 심사착수 시점까지의 기간으로 심사처리기간의 장기화는 권리행사기간의 단축을 초래하고, 신기술의 사업화와 수익화를 저해한다. 이에 따라 특허청은 특허심사관 증원, 선행기술조사 외주용역 확대, 자동검색 시스템 구축 등을 통해 주요국 수준인 10~11개월 대의 안정적인 특허심사 처리기간을 유지 중이다.

국제기구 및 국제조약

1) 세계지식재산기구WIPO: World Intellectual Property Organization

산업재산권 문제를 위한 파리협약(1883), 저작권 문제를 위한 베른조약(1886), 특허협력조약 및 특허법조약 등을 관리하고 지식재산권 분야의 국제협력을 위해 1967년 스톡홀름에서 체결하고, 1970년에 발효한 세계지식재산기구설립 조약에 따라 설립되었다.('74년 국제연합의 전문기구가 됨)

(1) 회원국

184개국(한국은 '79년 3월에 가입)이 가입되어 있다.

(2) WIPO의 주요 임무

지적재산권의 효율적 보호를 촉진하고, 지식재산권 관련 조약의 체결, 운용 및 각국 법제의 조화를 도모한다. 그리고 개발도상국에 대한 법제, 기술 측면의 원조를 실시한다.

(3) WIPO의 구성

일반총회, 체약국회의, 조정위원회, 국제사무국 등 4개 기구로 구성되었다.

2) 파리협약Paris Convention

(1) 산업재산권의 국제적 보호를 위해 1883년 파리에서 체결

각국의 특허제도상의 차이를 인정하면서 중요한 사항에 대해 국제적으로 통일된 규범을 규정한다.

※우리나라는 1980년 5월에 가입되었고, 가맹국은 172개국이다.

(2) 주요내용

특허독립의 원칙(속지주의)은 동일한 발명에 대해 복수의 동맹국에서 특허를 부여받았다 하더라도 그 특허는 각각 독립적으로 존속, 소멸(회원국의 Sovereignty 인정)한다.

- 내 · 외국인 동등의 원칙 : 동맹국의 국민을 자국민 수준으로 대우(각국은 자국 산업의 보호를 위해 외국인에 대해서는 특허를 부여하지 않으려는 경향이 있음)한다.
- 우선권제도 : 회원국에 출원(선출원)한 자가 동일한 발명을 1년 이내에 타 회원국에 우선권을 주장하면서 출원(후출원)하는 경우, 후출원의 특허요건을 판단함에 있어서 선출원의 출원일에 출원된 것으로 취급하는 제도이다.(외국에 출원하는 경우 거리, 언어, 절차상의 제약으로부터 발생할 수 있는 출원인의 불이익을 해소한다)

3) 특허협력조약PCT: Patent Cooperation Treaty

파리조약 제19조에 따른 특별 협정의 하나로서, 국제적인 특허출원 절차요건의 통일화에 주안점을 두고 1970년 워싱턴에서 개최된 외교회의에서 채택되어 1978년 1월 24일 발효되었다.

PCT에 의한 국제출원은 출원인이 국제사무국 또는 자국 특허청(수리관청)에 특허를 받고자 하는 국가를 지정하여 PCT 국제출원서를 제출하면 각 지정국에서 정규의 국내출원으로 인정해주는 제도이다.

※자세한 사항은 '특허마당 > PCT' 참고

4) 특허법조약PLT: Patent Law Treaty 및 특허실체법조약SPLT: Substantive Patent Law Treaty

(1) 특허법 통일화의 논의

각국 특허제도의 절차적 및 실체적 사항을 통일함으로써 다른 나라에서의 특허취득을 원하는 출원인의 편의성을 제고하고, 비용절감을 도모하기 위한 국제적인 논의가 이루어지고 있다.

(2) 논의 경과

'86년 이후 '90년까지 8차에 걸친 회의 개최를 통해 조약 기본안Draft Patent Harmonization Treaty이 마련되었으나, 클린턴정부 출범 이후 미국이 선발명주의 고수 입장으로 회귀함에 따라 조약 타결에 실패하였다.

(3) 선발명주의 고수 입장으로 회귀함에 따라 조약 타결 실패

'95년 이후 WIPO의 주도로 통일화에 장애가 되는 실체적 사항을 제외하고 논의를 진행한 결과, 2000년 6월 절차적 사항에 관한 조약인 「특허법」 조약이 타결되었다.

※10개국이 가입하면 조약 발효(2005.7.28. 발효), 2012.5. 32개국 가입

- 「특허법」 조약의 주요내용
- 출원일 설정기준
- 출원서류의 서식 및 작성방법
- 제출서류의 서식, 언어 및 표기사항
- 기간의 연장 및 권리의 복원
- 우선권 주장의 정정 및 추가 등

(4) 특허실체법 조약안의 주요내용

2000년 11월 이후 WIPO는 특허요건 판단기준 등 실체적 사항을 통일하기 위해

「특허실체법」 조약안을 마련하고 특허법상설위원회Standing Committee on the Law of Patents : SCP를 중심으로 조약안을 논의하였다.

- 명세서의 내용 및 순서
- 선행기술
- 특허요건(특허대상, 신규성, 진보성)
- 보정 및 정정 등

(5) 특허실체법 조약의 타결 전망

WIPO는 그간의 SPLT 논의 과정에서 각국이 제기한 의견을 종합하여 수정 조약안을 작성하였으나, 전통지식 및 유전자원 문제가 새로운 변수로 부각되고 있어 단기간 내의 타결 전망은 불투명하다.

PCT 국제출원

1) PCT 국제출원의 개요

특허협력조약Patent Cooperation Treaty; PCT에 의한 국제출원은 출원인이 자국 특허청(수리관청)에 특허를 받고자 하는 국가를 지정하여 PCT 국제출원서를 제출하면, 각 지정국에서 정규의 국내출원으로 인정해주는 제도로서, 2008.10.1 현재 139개국이 가입되어 있다.

2) PCT 국제출원의 절차

- 국제출원이 접수되면 수리관청에서 서류작성의 적정여부 등에 대한 방식심사(접수 후 1월 이내, 우선일부터 13월경)를 한다.
- 국제조사기관에서 선행기술조사 및 특허성에 관한 검토를 하여 그 결과를 '국제

조사보고서' 및 '견해서'로 작성(조사용 사본의 수령통지일부터 3월 또는 우선일부터 9월 중 늦은 때까지이며, 통상 우선일부터 16월경)하여 출원인 및 국제사무국에 통보한다.

- 국제사무국에서는 우선일부터 18월 경과 후 국제출원 일체 및 국제조사보고서에 대해 국제공개를 한다.
- 별도의 선택적 절차인 국제예비심사를 청구하는 경우(통상 우선일부터 22월), 국제예비심사기관은 특허성에 관한 예비적인 심사를 하여 그 결과를 '특허성에 관한 국제예비보고서(PCT 제2장)'으로 작성하여 출원인에게 통보한다.(통상 우선일부터 28개월 시점)
- 출원인은 상기 보고서 등을 기초로 실제 특허를 얻고자 하는 국가에 국제출원의 번역문 및 국내수수료 등을 납부하는 국내 단계에 진입(통상 우선일부터 30개월 이내)하여 해당 지정국에서 특허심사 절차를 밟게 된다. 우리나라는 우선일로부터 31개월 이내에 국내단계 절차를 밟아야 한다.

※우리나라 특허청을 수리관청으로 하여 출원하는 출원인은 국제조사기관으로 한국, 오스트리아, 호주, 일본 특허청(일본어 출원에 한함) 중 하나를 선택할 수 있으며, 국제예비심사기관으로는 한국, 오스트리아, 일본 특허청(일본에서 국제조사를 받은 경우에 한함) 중 하나를 선택할 수 있다.

※국외 PCT 국제출원 중 우리나라를 국제조사기관으로 지정한 나라는 필리핀, 베트남, 인도네시아, 몽고, 뉴질랜드, 미국, 싱가포르, 말레이시아, 스리랑카, 호주, 칠레, 페루, 태국 등이 있다.

3) PCT 국제출원에 필요한 서류

PCT 국제출원을 하기 위해서는 Request(국제출원서), 명세서, 청구범위, 요약서, 도면(있는 경우), 서열목록(해당하는 경우)으로 이루어진 국제출원 관련서류를 별도로 제출해야 한다. 국내출원 시 제출한 서류를 그대로 제출하는 것이 아님에 유의해야 한다.

명세서도 국내출원과 달리 PCT 규칙에서 규정하는 기술 순서에 따라 작성해야 하며, 국내출원과 달리 명세서와 청구범위를 구분하여 별도로 작성해야 한다. 국제출원서Request는 반드시 한국어, 영어 또는 일본어(일본어 출원의 경우)로 작성한다.

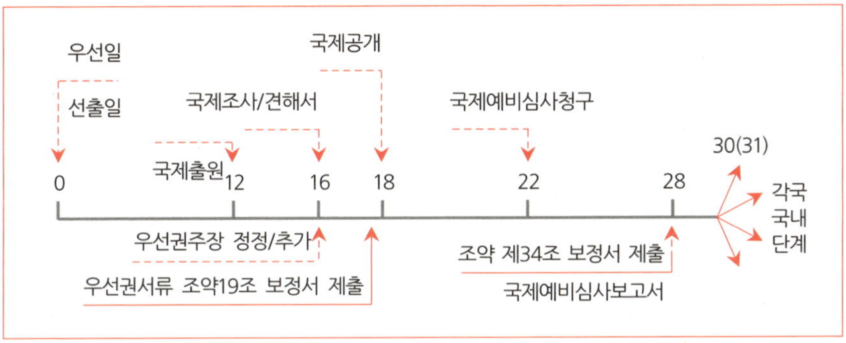

실용신안의 이해

1) 현행 실용신안제도(심사 후 등록제도, 출원일이 '06년 10월 1일 이후인 경우부터 적용)

(1) 심사 후 등록제도로의 개정배경

특허출원에 대한 심사처리 기간이 대폭 단축 전망됨에 따라, 신속한 권리설정을 목적으로 도입된 심사 전 등록제도인 실용신안 선등록제도의 장점이 감소되고, 심사 없이 등록된 권리의 오·남용, 복잡한 심사 절차로 인한 출원인의 부담 증가 및 심사 업무의 효율성 저하 등 심사 전 등록제도의 문제점이 상대적으로 부각된 점을 감안하여 실용신안제도를 심사 후 등록제도로 전환하였다.

(2) 개정된 주요내용

형식적인 요건만을 심사하여 등록하던 실용신안 선등록제도를 폐지하는 대신, 실체심사를 거쳐 실용신안등록 여부를 결정하도록 하는 심사 후 등록제도를 도입하였다.

실용신안 심사 전 등록제도 운영을 위해 도입되었던 기초적 요건 심사제도, 등록 후 기술평가제도 및 정정청구제도 등을 폐지하고 특허제도와 마찬가지로 심사청구제도, 거절이유통지제도 및 보정제도 등의 심사 절차를 도입하였다.

〈구 실용신안(선등록제도)과 현행 실용신안(심사 후 등록제도)의 절차비교도〉

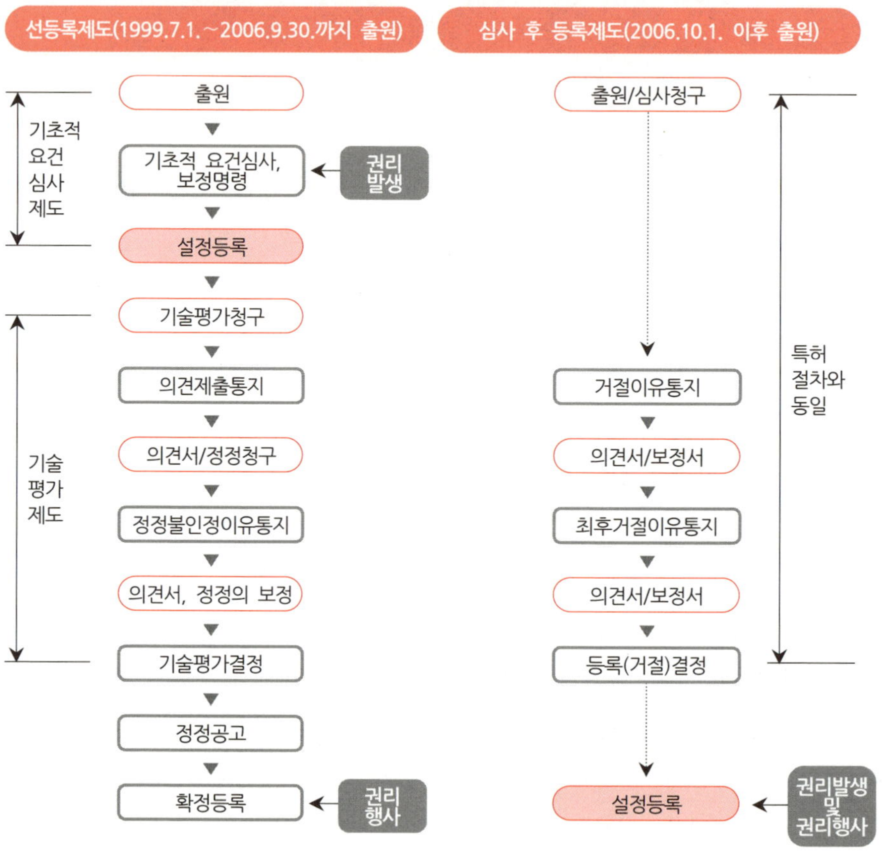

2) 실체심사 관련 규정을 특허법과 일치시켜 산업재산권제도의 조화를 도모

실용신안제도가 특허제도와 마찬가지로 심사 후 등록제도로 변경됨에 따라, 합리적 제도 운영을 위해 특허제도와의 통일된 절차를 마련하여 민원인의 편익을 도모하고 있다.

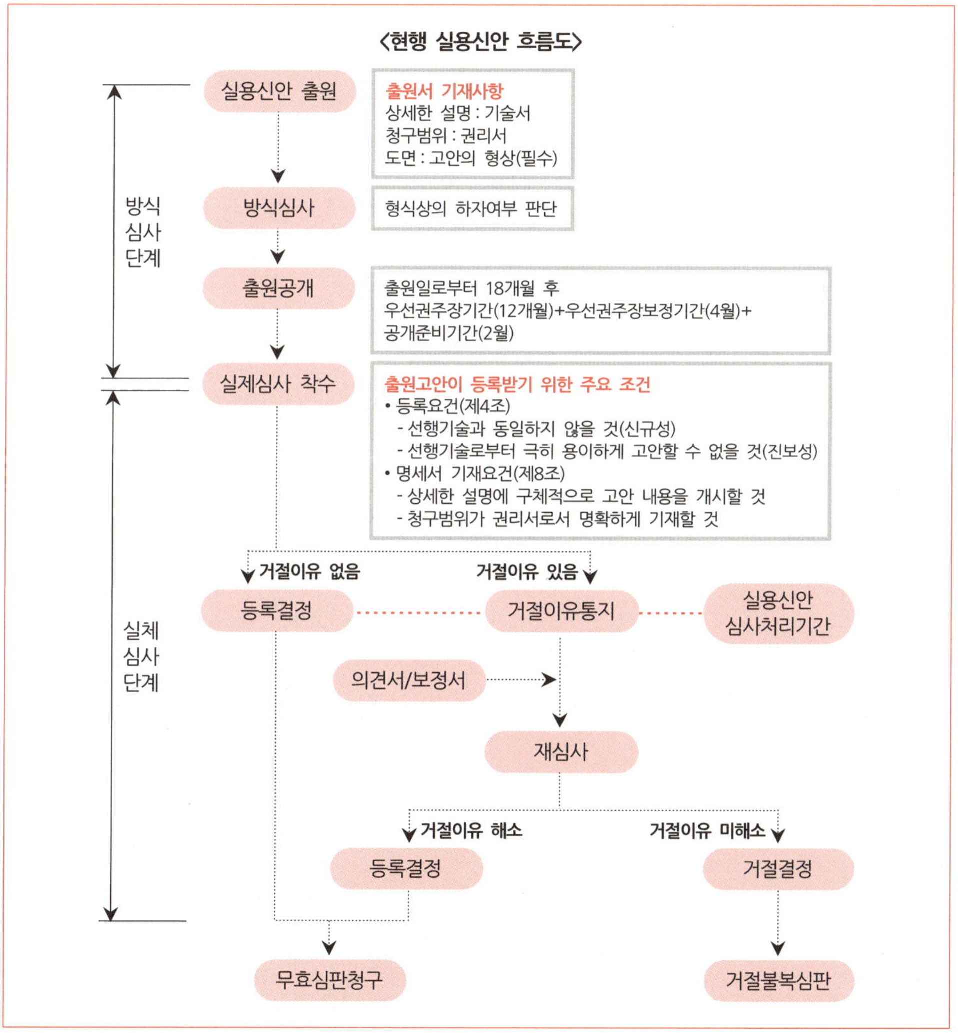

3) 특허제도와 현행 실용신안제도(심사 후 등록제도)의 주요내용 비교

	구분	실용 (2006.3.3.법률 제7872호 기준)	특허 (2006.3.3.법률 제7871호 기준)
등록	보호대상	• 물품의 형상 · 구조 또는 조합에 관한 자연법칙을 이용한 기술적 사상의 창작(실§ 2, 4)	• 자연법칙을 이용한 기술적 사상의 창작으로서 고도한 것(특§ 2)
	등록요건	• 신규성, 진보성 등 실체적 요건(실§ 13, 15)	• 신규성, 진보성 등 실체적 요건(특§ 62, 66)
	명세서등보정시기	• 특허와 동일(실§ 11에서 특§ 47 준용)	• 특허결정등본을 송달하기 전 또는 최초 거절이유 통지받기 전(특§ 47) 거절이유 통지 의견서 제출기간 이내 거절결정 불복심판청구일
	결정방법	• 실용신안등록결정 또는 실용신안등록거절 결정	• 특허결정 또는 특허거절 결정
권리 행사	권리존속기간	• 10년	• 20년
	권리행사의 요건	• 특허와 동일	• 설정등록
	침해자의 과실추정	• 특허와 동일(실§ 30)	• 설정등록 후(특§ 130)
권리 취소 무효	이의신청	• 이의신청제도가 무효심판제도로 통합(실§ 31)(실용신안등록이의신청은 2007.6.30.까지 가능)	• 이의신청제도가 무효심판제도로 통합(특§ 133) (특허이의신청은 2007.7.1. 전에 특허권이 설정등록된 것에 대해서만 가능)
	심사청구	• 출원부터 3년 이내 누구든지 가능, 취하할 수 없음(특§ 12)	• 출원부터 5년 이내 누구든지 가능, 취하할 수 없음(특§ 59)
	무효심판	• 특허와 동일(실§ 31)	• 설정등록이 있는 날부터 등록공고일 후 3월 이내에는 누구든지 가능 • 등록공고일 후 3월 이후에는 이해관계인 또는 심사관만 가능(특§ 133)
기타	우선심사제도	• 없음	• 있음(특§ 61) ※특허청장이 외국특허청장과 우선심사 하기로 합의한 특허출원도 가능
	진보성	• 극히 용이하게 고안가능한지 여부(실§ 4)	• 용이하게 발명가능한지 여부(특§ 29)
	정정가능절차	• 특허와 동일	• 무효심판, 정정심판, 장정의 무효심판

※'06.10.1. 이후 실용신안등록출원은 제도운영상 특허와 동일하므로 그 밖의 사항은 상단의 〈특허〉란 참조

4) 실용신안 선등록제도(출원일이 1999년 7월 1일부터 2006년 9월 30일까지인 경우 적용)

(1) 도입 배경

- 제품의 라이프사이클이 짧고, 모방이 용이한 실용신안기술을 조기에 보호하고 중소벤처기업의 사업화 및 기술개발 의욕을 증진시키기 위해 도입되었다.

(2) 주요 내용

- 실체심사를 하지 않고 방식 및 기초적 요건만을 심사한 후 조기에 권리를 부여하는 선등록제도를 도입한다.
- 특허제도는 권리의 안정성을 중시하여 심사 후 등록제도(신규성 · 진보성 등 권리부여에 필요한 모든 요건을 심사한 후 등록)를 채용하고 있는데 반해, 실용신안제도는 조기등록을 위해 선등록제도(간단히 확인할 수 있는 방식 및 기재불비 등의 요건만을 심사한 후 등록)를 채용한다.
- 부실권리의 행사로 인한 제3자의 피해방지를 위해 기술평가제도를 도입하였다.
- 등록실용신안에 대한 기술평가는 누구든지 청구할 수 있으며, 청구항이 2 이상인 때에는 모든 청구항에 대해 청구해야 한다.
- 권리를 부여받은 후 침해자 등에게 권리행사를 하기 위해서는 기술평가를 청구하여 유효한 권리임을 인정받아야 한다.
- 실용신안제도에서는 기술평가에 의한 등록유지 결정을 받은 실용신안권에 한하여 침해 행위에 대해 과실이 있는 것으로 추정한다.
- 기술평가청구 후 심사관으로부터 기술평가의견제출통지서를 받은 경우에는, 특허의 의견제출통지에 따른 명세서 또는 도면의 보정과 달리 등록실용신안의 명세서 또는 도면에 대한 정정을 청구해야 한다.
- 실용신안등록취소 결정이 확정된 경우에는, 그 실용신안권은 처음부터 없었던 것으로 본다.

5) 특허제도와 실용신안 선등록제도의 주요내용 비교

	구분	실용 (2002.12.11.법률 제6766호 기준)	특허 (2002.12.11.법률 제6768호 기준)
등록	보호대상	• 물품의 형상 · 구조 또는 조합에 관한 자연법칙을 이용한 기술적 사상의 창작(실§ 2, 5)	• 자연법칙을 이용한 기술적 사상의 창작으로서 고도한 것(특§ 2)
	등록요건	• 기초적 요건(실§ 12,35)	• 신규성, 진보성 등 실체적 요건(특§ 62, 66)
	명세서등보정시기	• 출원 후 2월 이내(실칙§ 9) 보정명령 후 1월 이내(실칙§ 14)	• 특허결정등본을 송달하기 전 또는 최초 거절이유 통지받기 전(특§ 47) 거절이유통지 의견서제출기간 이내 거절결정 불복심판청구일부터 30일 이내
	결정방법	• 설정등록 또는 각하 결정	• 특허결정 또는 특허거절 결정
권리 행사	권리존속기간	• 10년	• 20년
	권리행사의 요건	• 기술평가유지 결정 등본을 제시하여 경고한 후 가능(실§ 44)	• 설정등록
	권리행사의 책임	• 권리행사 후 무효 또는 취소 시 권리자의 손해배상책임, 다만 기술평가유지결정에 근거할 경우 면책(실§ 45)	–
	침해자의 과실추정	• 기술평가유지결정 후(실§ 46)	• 설정등록 후(특§ 130)
권리 취소 무효	이의신청	• 등록공고일부터 3월 이내에 누구든지 가능(실§ 47)	• 설정등록일부터 등록공고일 후 3월 이내에 누구든지 가능(특§ 69)
	심사청구	• 등록 후 누구든지 가능, 취하할 수 없음(실§ 21)	• 출원부터 5년 이내 누구든지 가능, 취하할 수 없음(특§ 59)
	무효심판	• 설정등록 이후 이해관계인 또는 심사관이 청구(실§ 49)	• 설정등록 이후 이해관계인 또는 심사관이 청구(특§ 133)
기타	우선심사 제도	• 없음	• 있음(특§ 61)
	진보성	• 극히 용이하게 고안가능한지 여부(실§ 5)	• 용이하게 발명가능한지 여부(특§ 29)
	정정가능 절차	• 이의신청, 무효심판, 정정심판, 정정의 무효심판, 기술평가	• 이의신청, 무효심판, 정정심판, 정정의 무효심판

▎특허심사 3.0

1) 특허심사 3.0이란?

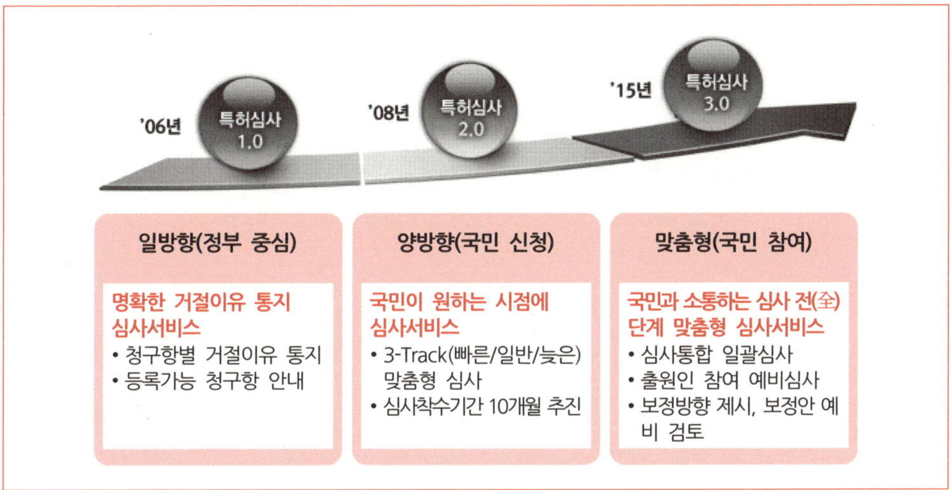

심사서비스 '제공'이라는 기존의 일방향One-Way 서비스에서 탈피, 특허심사 전 과정에 걸쳐 출원인과 심사관이 소통해 고품질 특허를 함께 만드는 새로운 심사 패러다임이다.

2) 심사단계별 주요제도

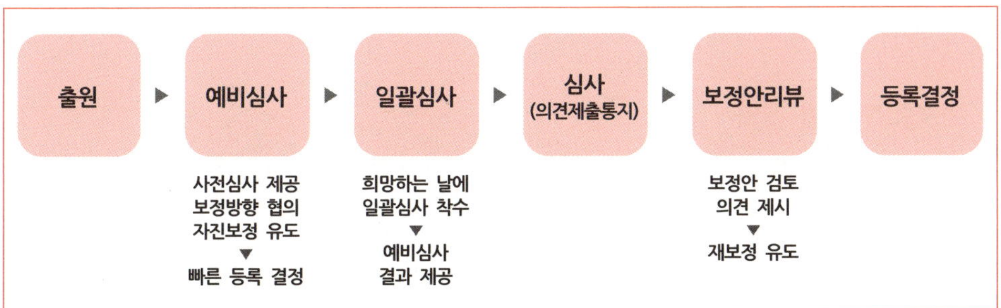

▲심사착수 전 단계 → ▲심사관의 사전심사결과를 바탕으로 의견을 교환하는 예비심사 → ▲원하는 시기에 맞추어 여러 출원을 한 번에 심사하는 일괄심사와 심사착수 후 진행 단계 → ▲보정안 예비검토서비스 보정안 리뷰 단계이다.

※향후 지속적으로 심사 전체 단계에 걸친 소통·맞춤형 특허심사 3.0제도 개발 예정임

예비심사

1) 예비심사의 개요

(1) 예비심사란?

공식심사 전에 출원인과 심사관이 직접 만나 출원인에게 사전심사 결과를 제공하고 심사 의견을 교환하기 위한 제도이다.

(2) 예비심사의 효과

예비심사를 통해 출원인은 거절이유를 공식심사 전에 파악하여 대응하고, 심사관은 출원인과 직접 기술 및 심사의견을 교환함으로써 정확한 심사와 조속한 특허 권리화가 가능하다.

(3) 예비심사의 대상출원

- 우선심사 결정된 출원 중
- 고난이도 특허분류 또는 중소기업 PCT 다출원 특허분류에 해당하는 출원

2) 예비심사의 절차

우선심사 결정은 ▲예비심사 신청 → ▲예비심사 결정 → ▲면담 실시 → ▲보정서 제출 → ▲심사 착수 등의 절차를 거친다.

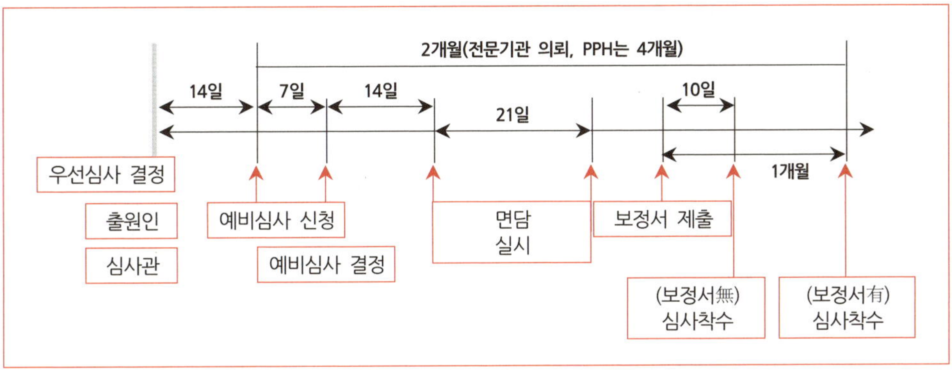

① 예비심사 신청

- 신청방법은 우선심사 결정서 발송일부터 14일 내에 전자출원 포털사이트 '특허로'(http://patent.go.kr)의 '출원신청 – 예비심사 신청' 메뉴를 통해 신청양식을 작성한다.
- 면담 희망일시(예비심사 신청일부터 3주 내지 6주 사이), 면담 참석자(대리인이 없는 경우 출원인 반드시 참석, 대리인이 있는 경우 대리인 반드시 참석) 등을 기재한다.

② 예비심사 결정

- 예비심사 대상요건, 예비심사 신청일, 면담 참석자 등 예비심사 신청의 적합 여부를 고려하여 예비심사 신청 후 7일 이내 예비심사 대상으로 결정 또는 반려한다.
- 예비심사 대상 결정여부는 전자출원 포털사이트 '특허로'(http://patent.go.kr)에 접속하여 '출원신청 – 예비심사신청 – 신청결과조회' 메뉴를 통해 확인한다.

③ 면담 실시

- 심사관은 면담 전에 사전 검토한 심사결과를 출원인 등에게 설명한다.
- 출원인은 기술설명 및 심사관의 사전검토 결과에 대한 의견을 개진한다.
- 보정방향 협의는 심사관이 발견한 거절이유를 해소할 수 있는 방향에 대한 출원

인과 심사관의 협의를 진행한다.

※면담 후 면담기록서를 작성하고 출원인과 심사관 등 면담 참석자는 서명한다.

④ 보정서 제출

- 예비심사 신청일부터 2개월(전문기관의뢰, PPH는 4개월)이 되기 10일 이전에 보정서를 제출한다.

⑤ 최초 심사결과 통지

- 보정서가 제출된 경우는 보정서 접수일부터 1개월 내에, 보정서가 제출되지 않은 경우는 예비심사 신청일로부터 2개월(전문기관 의뢰, PPH는 4개월) 내에 최초 심사결과를 통지한다.

일괄심사

1) 일괄심사란?

하나의 제품에 관련되거나 동일한 국가 R&D 사업에 관련된 복수의 특허 · 실용신안 · 상표 · 디자인 출원에 대해 출원인이 원하는 시기에 맞추어 일괄적으로 심사한다.
※한 종류의 지식재산권에 관한 복수 출원도 가능하다.

- (사례1) 하나의 스마트폰 제품에 관련된 안테나, 카메라 등에 관한 특허, 스마트폰 브랜드명 등에 관한 상표, 외관 등에 관한 디자인 출원을 출원인이 원하는 시기에 맞추어 한꺼번에 심사한다.
- (사례2) 동일한 국가 R&D 지원 사업에 관한 복수의 연구 결과물을 특허 등 출원하여 출원인이 원하는 시기에 한꺼번에 심사한다.

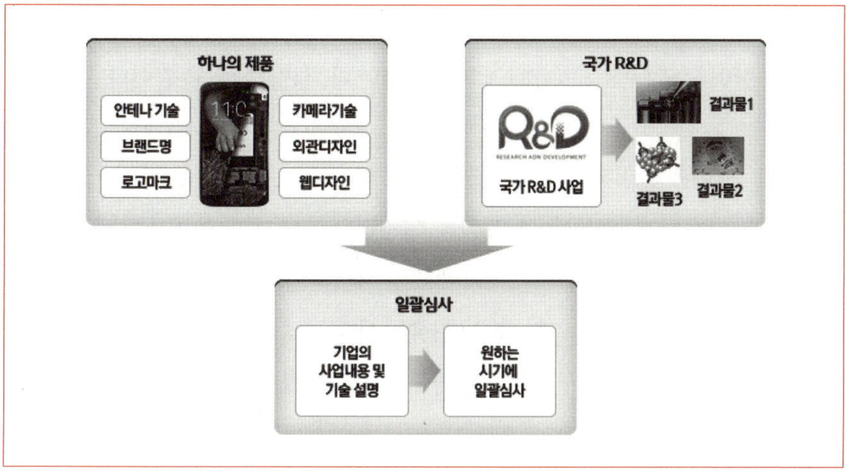

2) 일괄심사의 효과

- 기업의 경영전략에 따라 제품출시 시기 등에 맞추어 일괄적인 지재권 확보를 지원한다.
- 국가 R&D 사업 결과물에 관한 출원에 대해 원하는 시기에 복수 지재권의 포괄적 확보 지원을 한다.(국가 R&D 결과물의 사업화, 기술이전 활성화)

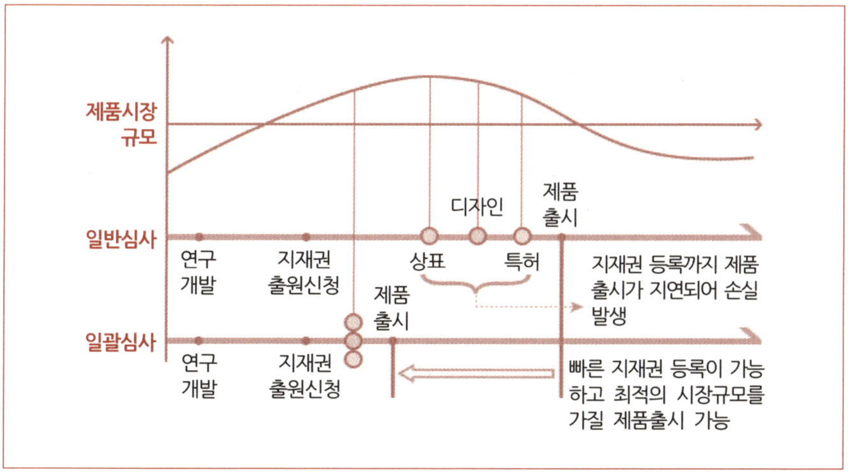

3) 일괄심사의 대상출원

심사착수 전인 출원으로서 아래의 어느 하나에 해당하는 출원이다.

(1) 하나의 제품에 관련된 다음 어느 하나에 해당하는 복수의 출원

- 출원인이 실시하고 있거나 실시준비 중인 출원
- 수출 촉진에 직접 관련된 출원(국제표준 채택 관련 출원)
- 벤처기업의 확인을 받은 기업 또는 기술혁신형 중소기업으로 선정된 기업의 출원
- 1인 창조기업 기술개발 사업의 결과물에 관한 출원

(2) 동일한 국가 신기술개발 지원사업의 결과물에 관련된 복수의 출원

상기 요건에 부합하는 경우, 복수 출원의 출원인이 각각 다르더라도 일괄심사를 신청할 수 있다.

4) 일괄심사의 절차

일괄심사의 절차는 ▲일괄심사 신청 → ▲방식심사(요건심사) → ▲일괄심사 설명회(신청 시 예비심사 병행) → ▲일괄심사 처리로 한다.

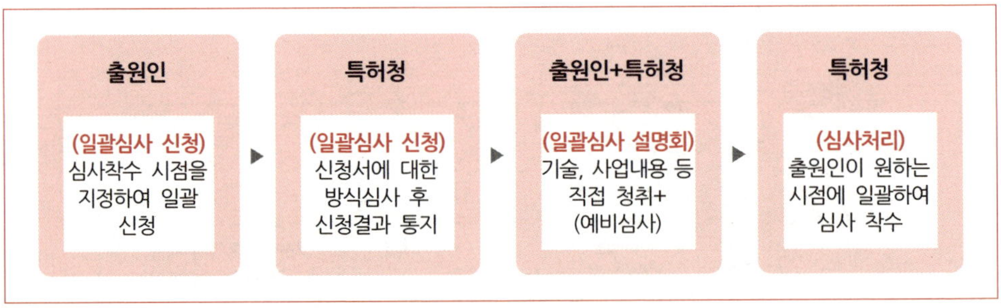

① 일괄심사 신청

- (신청방법) 전자출원 포털사이트 '특허로'(http://patent.go.kr)의 '출원 신청 – 일괄심사 신청' 메뉴를 통해 신청양식을 작성한다.

- 기술설명회 희망일, 일괄심사 착수희망일, 일괄심사 종결희망일을 기재한다.
- 예비심사 신청이 가능하다.

② 방식심사(요건심사)

- 특허청의 일괄심사 담당자가 신청요건이 적합한지 방식심사 후 신청결과를 통지한다.

③ 일괄심사 설명회

- 심사관을 대상으로 특허 · 상표 · 디자인 등 관련 내용을 일괄 설명한다.
- 심사착수 희망일과 심사종결 희망일을 협의한다.
- 예비심사를 신청한 경우 심사관과 예비심사 진행을 한다.

※예비심사를 진행한 경우에는 면담 후 면담기록서를 작성하고 출원인과 심사관 등 면담참석자는 서명한다.

④ 일괄심사 처리

- 협의된 착수 희망일과 종결 희망일에 맞추어 일괄적으로 심사 착수 및 심사 종결한다.

5) 일괄심사의 신청대상

- 일괄심사를 신청할 수 있는 자 : 일괄심사는 일괄심사 신청대상 출원의 출원인이 신청해야 한다. 이 경우 일괄심사 신청대상 출원의 출원인이 2명 이상이면, 그 출원인 중 1명을 대표자로 선정하여 신청해야 한다.
- 일괄심사를 신청할 수 있는 출원 : 일괄심사의 신청대상은 다음 (1) 또는 (2)에 해당하는 출원으로서 심사 착수 전인 2 이상의 특허 – 실용신안등록 – 상표등록 – 디자인등록 출원이다. 이 경우 특허출원 및 실용신안등록 출원은 심사청구된 출원에 한정한다.

(1) 하나의 제품에 관련된 어느 하나에 해당하는 출원

- 출원인이 실시하고 있거나 실시준비 중인 출원
- 수출촉진에 직접 관련된 출원
- 「벤처기업육성에 관한 특별조치법」 제25조에 따른 벤처기업의 확인을 받은 기업의 출원 또는 「중소기업기술혁신 촉진법」 제15조에 따라 기술혁신형 중소기업으로 선정된 기업의 출원
- 「1인 창조기업 육성에 관한 법률」 제11조제1항에 따른 1인 창조기업 기술개발사업의 결과물에 관한 출원

(2) 동일한 국가 신기술개발지원 사업의 결과물에 관련된 출원

6) 일괄심사의 설명회

신청인은 개최일이 확정된 일괄심사의 설명회에 참석하여 담당심사관에게 일괄심사 신청출원에 대해 설명하고, 그 출원이 하나의 제품에 관련된 출원이라는 것을 설명한다.

일괄심사 담당자와 담당심사관은 일괄심사 설명회에서 일괄심사를 받으려는 출원이 신청대상에 해당하는지 여부를 협의해 일괄심사 여부 및 일괄심사의 대상출원을 결정해야 한다. 일괄심사 담당자, 담당심사관 및 신청인은 착수희망일 및 종결희망일을 기초로 실제 착수 가능한 날(이하 '착수예정일'이라 한다) 및 실제 착수종결 가능한 날(이하 '종결예정일'이라 한다)을 협의해 결정할 수 있다.

일괄심사 담당자는 결정사항들을 신청인에게 알려야 한다. 일괄심사 신청 시 예비심사를 요청한 경우에는 예비심사결과 통지서를 발송하지 않고 착수예정일 등을 고려하여 적절한 시기에 면담을 진행해야 한다.

일괄심사 담당자는 특허 – 실용신안등록 출원의 착수예정일이 일괄심사를 받으려는 출원 각각의 심사순위에 따라 예정되는 착수일보다 3개월 이상 빠른 경우에 신청인에게 해당 출원에 대해 일괄심사 담당자가 지정한 기간까지 우선심사 신청할 것을 요청할 수 있다. 또한 일괄심사 담당자는 상표등록 – 디자인등록 출원의 착수예정일이 일괄심사를 받으려는 출원 각각의 심사순위에 따라 예정되는 착수일보다 1개월

이상 빠른 경우에 신청인에게 해당 출원에 대해 일괄심사 담당자가 지정한 기간까지 우선심사 신청을 할 것을 요청할 수 있다.

우선심사 신청 요청에도 불구하고 지정기간에 우선심사 신청을 하지 않는 경우, 또는 우선심사가 필요한 출원이 상표등록 출원인 경우로서 출원인이 실시하고 있거나 실시 준비 중인 출원에 해당하지 않는 경우에는 해당출원은 일괄심사에서 제외된 것으로 본다.

일괄심사 신청한 특허 – 실용신안등록에 대해, 출원인이 실시하고 있거나 실시 준비 중인 출원에 따라 우선심사를 신청하는 경우에는 다음의 어느 하나에 해당하는 증명서류를 제출하면 된다.

- 시제품 실물사진, 견본, 실물사진이 수록된 카탈로그 등
- 창업투자회사 : 신기술사업투자조합 등으로부터의 투자실적서
- 은행 등으로부터의 대출실적서
- 출원기술의 실시에 관한 계약서
- 기타 실시준비중임을 입증하는 서류

일괄심사 신청한 특허 – 실용신안등록 – 디자인등록출원에 대해, 우선심사 신청하는 경우 출원인이 실시하고 있거나 실시준비 중인 출원의 증명서류 제출은 담당심사관이 그 서류를 열람함으로써 증명서류의 제출을 갈음한 경우에는 심사보고서에 그 증명서류의 열람 일시, 장소 및 내용을 적어야 한다.

7) 일괄심사의 처리

담당심사관은 일괄심사를 하기로 결정된 출원에 대해 착수 예정일에 맞추어 심사 착수해야 한다. 또한 담당심사관은 일괄심사 출원의 중간서류를 종결 예정일까지 처리해야 한다. 다만, 선행기술을 추가로 검색할 필요가 있거나 새로운 거절이유가 발생하여 거절이유를 다시 통지해야 하는 등 불가피한 사유가 발생한 경우에는 그러하지 않을 수 있다.

▌보정안 리뷰

1) 보정안 리뷰제도란?

출원인이 통지된 거절이유에 대응한 최종 보정서를 제출하기 전에 심사관과의 면담을 통해 보정안에 대한 의견을 교환하는 제도이다.

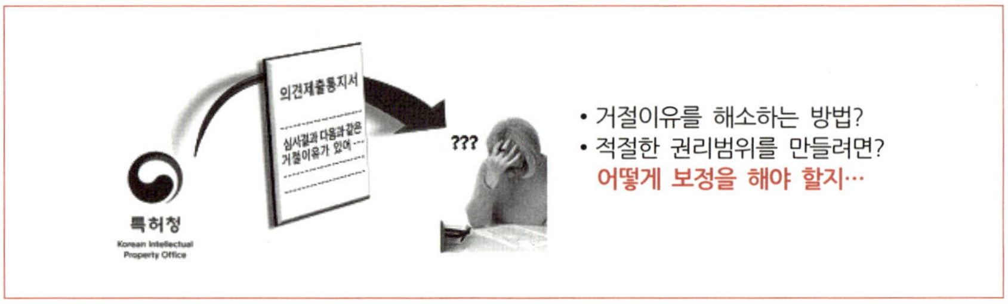

2) 보정안 리뷰제도의 효과

출원인은 보정안의 거절이유 해소 여부 등을 최종 보정서 제출 전에 파악하여 대응함으로써 불필요한 절차를 줄여 특허결정 시기를 앞당길 수 있고, 심사관은 출원인과 직접 기술 및 심사의견을 교환함으로써 정확한 심사를 도모할 수 있다.

3) 보정안 리뷰대상의 출원

심사관이 거절이유를 통지한 출원 중, 보정서 제출기간 만료일 1개월 이전이 되는 날까지 보정안을 제출한 출원 등이 대상이다.

※보정안은 보정서 또는 의견서의 형태로 보정안 리뷰 신청 전에 제출되어야 한다.

4) 보정안 리뷰의 절차

(최후)의견제출통지서 통지 절차는 ▲보정안 리뷰 신청 → ▲보정안 리뷰 결정 → ▲면담 실시 → ▲보정서 제출 등의 절차를 거친다.

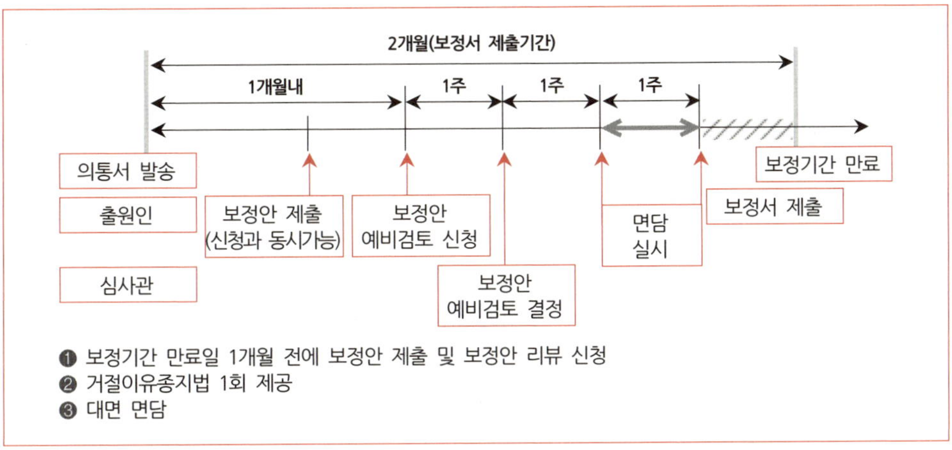

① 보정안 리뷰 신청

- 신청방법은 보정서 제출기간 만료일 1개월 이전이 되는 날까지 전자출원 포털사이트 '특허로'(http://patent.go.kr)의 '출원신청 – 보정안리뷰신청' 메뉴를 통해 신청 양식을 작성한다.

※보정서 제출기간의 연장을 신청한 경우, 연장된 기간의 만료일 1개월 이전이 되는 날까지 보정안 리뷰 신청이 가능하다. 또한 면담 희망일시(보정안 리뷰 신청일부터 2주 내지 3주 사이), 면담 참석자(대리인이 없는 경우 출원인 반드시 참석, 대리인이 있는 경우 대리인 반드시 참석) 등을 기재한다.

② 보정안 리뷰 결정

- 보정안 제출 여부, 신청일시, 면담 참석자 등 보정안 리뷰 신청의 적합 여부를 고려하여 신청 후 7일 이내 보정안 리뷰 대상으로 결정 또는 반려한다.
- 보정안 리뷰 결정여부는 전자출원 포털사이트 '특허로'(http://patent.go.kr)의 '출원신청 – 보정안리뷰신청 – 신청결과조회' 메뉴를 통해 확인할 수 있다.

③ 면담 실시

- 심사관은 면담 전에 보정안을 사전 검토하여 심사결과를 출원인 등에게 설명한다.

- 출원인은 기술설명 및 심사관의 사전검토 결과에 대한 의견을 개진한다.
- 보정방향 협의는 심사관이 발견한 거절이유를 해소할 수 있는 방향에 대한 출원인과 심사관의 협의를 진행한다.

※면담 후 면담기록서를 작성하고 출원인과 심사관 등 면담 참석자는 서명한다.

④ 보정서 제출

- 보정서(의견서) 제출은 제출기간 만료일까지 제출한다.

▌재심사 면담

1) 재심사 면담의 개요

재심사 면담제도는 재심사 청구 전에 심사관과의 면담을 통해 보정안에 대한 의견을 교환하여 재심사 시 등록 가능성을 높이고, 심사관은 정확한 심사를 도모하기 위한 제도이다.

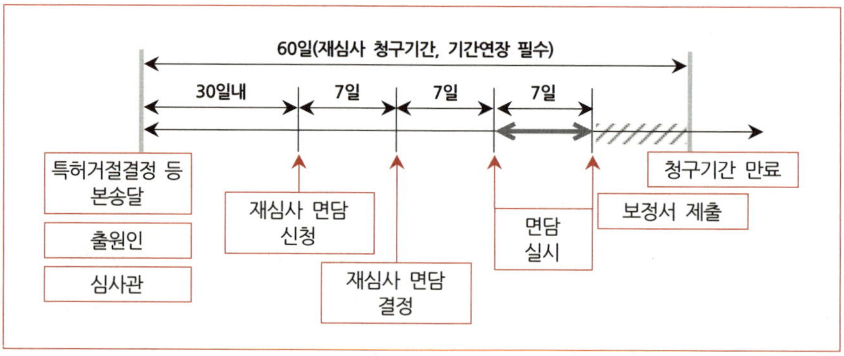

2) 재심사 면담의 신청대상

재심사 면담은 심사관이 거절 결정한 출원 중 기간 연장을 신청한 후 재심사 청구기간 만료일 30일 이전이 되는 날까지 재심사 면담을 신청한 모든 출원을 대상으로 하며, 재심사 면담의 신청 및 참석 대상과 면담의 내용은 '제5장 보정안 리뷰'와 동일한 기준을 적용한다.

3) 재심사 면담 신청 및 결정 절차

(1) 재심사 면담 신청

재심사 면담은 거절 결정 후 기간연장 신청에 따른 재심사 청구기간 만료일로부터 30일 이전이 되는 날까지 신청되어야 한다.

재심사 면담의 신청은 출원인 등이 '특허로'(http://www.patent.go.kr) 홈페이지(출원 신청 – 재심사 면담 신청)를 통해 신청인, 출원 번호, 면담 희망일시, 면담 참석자, 연락처 등을 기재하고, '보정안 및 설명서'를 작성하여 신청함으로써 이루어진다.

한편, 출원인 등은 재심사 면담 신청 시 설명자료 등의 준비 기간과 심사관의 보정안 검토 기간을 고려하여 재심사 면담 신청일로부터 2주 후부터 3주 이내(면담 가능 시간)에서 3일을 면담 희망일로 선택하여 희망 면담시간과 함께 기재해야 한다.

(2) 재심사 면담 결정

재심사 면담 결정 기준에서 신청이 있는 경우 심사관은 면담 신청일로부터 7일 내에 특허넷 시스템을 통해 재심사 면담 신청을 결정 또는 반려해야 한다.

재심사 면담 신청의 수락 여부는 신청된 내용을 근거로 하여 아래와 같은 기준에 따라 결정한다. 재심사의 경우, 재심사 청구 시에만 보정서 제출이 가능하며, 2회 때부터 제출된 보정서는 반려되므로 면담 전에 보정서가 제출되지 않도록 유의한다.

- 신청 일자 : 재심사 면담은 기간연장 신청 후 재심사 청구기간 만료일 30일 이전이 되는 날까지 신청되어야 한다.
- 면담 참석자 : 재심사 면담에 참석할 수 있는 자는 출원인(법인인 경우 법인을 대표할 수 있는 자, 법인 내 기술개발부서 또는 특허관련부서 직원 등도 가능), 발명자, 해당 출원의 대리인 또는 출원인으로부터 면담 절차의 위임을 받은 자

이다. 다만, 출원에 대한 대리인이 있는 경우는 면담의 효율적인 진행을 위해 대리인이 반드시 참석해야 하고, 출원인이 아닌 발명자는 단독으로 면담에 참석할 수 없다.

- 면담 희망일시 : 재심사 면담을 신청하고자 하는 자는 면담 신청일로부터 2주부터 3주 이내 중 우선순위에 따라 3일을 면담 희망일로 지정하여 면담을 받으려는 시간과 함께 면담 신청서에 기재해야 한다,
- 기타 사유 : 복수의 면담을 신청하는 등 보정안 리뷰 면담을 수행하기에 적합하지 않은 사유가 있는지의 여부 등이다.

4) 재심사 면담 신청의 수락

심사관은 당해 재심사 면담 신청이 상기 면담 요건을 모두 충족하는 경우에는 해당 출원의 재심사 면담 신청을 수락한다.

심사관은 재심사 면담 여부 결정시 당사자가 제출한 '면담 희망일시' 중 어느 하나로 면담 일시를 선택한다. 심사관은 신청된 모든 면담 희망일시에 면담 수행이 불가능할 경우에는 출원인과 유선을 통해 구체적인 면담일시에 대해 협의해 결정한다.

한편, 면담 결정기준의 요건 중 어느 하나를 충족하지 않더라도 그 사유가 치유가능할 경우에는 출원인 등과 협의해 해당 반려사유를 해소하도록 유도하는 것이 바람직하다. 심사관은 출원인 등과 협의를 통해 해당 반려사유가 해소되었다고 판단될 경우에는, 면담 신청서의 보정 또는 추가 서류의 제출이 없더라도 직권으로 재심사 면담을 수락할 수 있다.

5) 재심사 면담 신청의 반려

심사관은 당해 재심사 면담 신청이 면담 결정 기준의 요건 중 어느 하나라도 충족하지 못하고 출원인 등과의 협의 등을 통해서도 반려사유를 치유할 수 없는 경우에는 재심사 면담 신청을 반려할 수 있다. 다만, 출원인 등은 재심사 면담 신청이 반려되더라도 재심사 면담 신청 가능 기간에 반려 사유를 해소하여 재심사 면담을 재신청할 수 있다.

6) 면담의 연기 또는 취소

출원인 등의 불가피한 사유에 의해 면담 기일에 면담을 진행할 수 없는 경우에 심사관은 1회에 한하여 출원인 등과 협의해 면담 가능일(면담 신청일로부터 15일 내지 21일) 중 면담 기일을 다시 결정하고 출원인 등에게 통보할 수 있다. 그러나 심사관이 판단한 결과 출원인 등의 연기사유가 불가피한 것으로 인정되지 않는 경우, 심사관은 면담을 취소할 수 있다.

7) 재심사 면담 진행의 절차

(1) 면담 사전준비

심사관은 면담에 앞서 제출된 보정안 및 설명서에 근거하여 「특허법」 제47조제2항 및 제3항에 따른 보정요건 충족여부와 기 통지된 거절이유를 해소하였는지 여부, 특허요건, 기재불비 등 새로운 거절이유가 발생하였는지 여부 등에 관하여 검토해야 한다. 이러한 검토는 면담 시 출원인 등에게 재심사 보정의 적법 여부, 새로운 거절이유 발생여부 및 보정방향 등에 대해 명확히 설명할 수 있도록 실제 중간서류 심사과정에 준하여 준비해야 한다.

심사관은 면담 시 면담에 필요한 출원서류, 제출된 보정안 설명서, 사전검토 결과 등을 준비하여 면담에 참석한다. 또한, 면담 후 출원인 등과 면담에 협의된 사항을 정리할 '면담기록서(예비심사/일괄심사/보정안 리뷰용)'(이하 '면담기록서'라 한다), '면담기록서(예비심사/일괄심사/보정안 리뷰용) 추가용지'(이하 '추가용지'라 한다)를 준비하여 면담에 참석한다.

한편, 재심사 면담 결과는 면담기록서에 미리 기재하여 면담 시 이를 참고로 하여 출원인 등에게 설명하는 것이 바람직하다.

(2) 면담 참석자의 신분 확인, 면담진행, 면담기록 및 면담 종료

면담 참석자의 신분 확인에 관해서는 예비심사 외 면담 참석자의 신분 확인'과 동일한 기준을 적용하며, 면담 진행, 면담기록 및 면담 종료에 관해서는 보정안 리뷰 면담 진행, 면담기록 및 면담 종료와 동일한 기준을 적용한다.

8) 재심사 면담 후 절차

(1) 출원인 등의 절차

대리인(대리인이 없는 경우에는 출원인)은 면담 후 협의된 보정 방향에 대한 출원인의 의사를 반영하여 명세서 등의 보정서 또는 의견서를 작성한다. 면담기록서에 협의되어 기재된 보정 방향은 비록 심사관과 출원인 등 간에 협의된 사항이기는 하나, 출원인은 면담기록서에 기재된 보정방향 내용과 달리 자유롭게 보정을 할 수 있으며 의견서에 출원인의 의견을 기재하여 제출할 수 있다.

출원인은 면담을 통해 협의된 보정 방향을 반영하여(또는 출원인 등이 자발적으로) 보정을 하려는 경우에는 재심사 청구기간 만료일까지 재심사 청구와 동시에 보정서(필요한 경우 의견서 포함)를 제출해야 한다.

한편, 면담의 내용을 전제로 하여 의견서의 기재 내용을 간략화하는 것은 허용되지 않는다.

9) 심사관의 절차

(1) 면담결과기록서 작성(면담기록서의 심사 이력화)

심사관은 면담 시 작성한 면담기록서를 심사이력으로 남기기 위해 면담 종료 후 특허넷 시스템을 통해 면담결과기록서를 작성해야 한다. 면담결과기록서는 출원인 등과 심사관이 수기로 작성한 면담기록서를 전산화하는 과정으로서 면담기록서와 동일한 내용으로 기재하여 작성한다.

한편, 면담 내용에 대해 출원인 등이 확인하였음을 명확히 기록하기 위해 출원인 등의 서명이 날인된 면담기록서를 이미지화하여 면담결과기록서 작성 시 반드시 첨부하도록 한다.

(2) 재심사 진행

심사관은 면담 후 통상의 재심사 처리절차 및 기간에 따라 면담기록서에 기록된 내용(협의된 보정방향 내용 등)을 참고하여 재심사를 진행한다.

특허출원 및 심사

1) 선행기술조사

(1) 선행기술조사의 필요성

특허출원 전에는 특허를 받고자 하는 발명과 유사하거나 동일한 기술이 먼저 출원되어 존재하는 경우에는 해당 선행기술에 의해 신규성 또는 진보성 등이 인정되지 않아 특허를 받을 수 없게 된다.

특허를 받고자 하는 발명과 동일한 발명에 대해 타인의 특허권이 이미 존재하는 경우에는 특허권자의 허락 없이 해당 특허발명을 생산 또는 판매하는 것은 특허침해가 되어 분쟁에 휘말릴 수가 있다. 그렇지만 이미 특허가 존재한다고 해서 포기하거나 좌절할 필요는 없다. 선행기술과 다른 아이디어를 추가하거나 제거해서 자신의 발명을 보완하면 된다. 그리고 특허를 낸 뒤에 특허를 유지하는 데는 많은 비용과 노력이 필요로 되기 때문에 막연히 특허출원의 목적이나 활용방안을 분명히 하는 것이 좋다.

(2) 선행기술조사는 이곳에서

- 온라인 검색서비스
  - 특허정보 검색서비스(www.kipris.or.kr)
- 방문 검색서비스
  - 특허청 특허전자도서관(library.kipo.go.kr)
  - 서울사무소 전차출원 지원 및 선행기술 검색실(seoul.kipo.go.kr)
  - 지역지식재산센터(www.ripc.org)

지역	위치	전화번호
서울	서울산업통상진흥원	02)380-3633
경기	경기테크노파크	031)500-3043
경기 북부	경기북부상공회의소	031)853-7431
수원	수원상공회의소	031)224-8321
인천	인천상공회의소	032)810-2882
부천	부천산업진흥재단	070)7094-5483
춘천	한국발명진흥회 강회지회	033)264-6580
강릉	강릉상공회의소	033)643-4411
강원	강원도산업경제진흥원	033)749-3327
태백	태백상공회의소	033)552-4779
충남	충남북부상공회의소	041)558-5706
서산	서산상공회의소	041)663-0041
대전	대전테크노파크	042)930-8420
충북	청주상공회의소	043)229-2833
충주	충주상공회의소	043)843-7005
부산 남부	한국발명진흥회 부산지회	051)645-9683
부산	부산테크노파크	051)974-9076
울산	울산상공회의소	052)228-3087
대구	대구상공회의소	053)242-8079
안동	안동상공회의소	054)859-3093
구미	구미상공회의소	054)454-6613
경북	포항상공회의소	054)274-5533
진주	진주상공회의소	055)762-9411
경남	창원상공회의소	055)210-3085
순천	순천상공회의소	061)741-5411
전남	목포상공회의소	070)4421-6846
광주	한국발명진흥회 광주지회	062)954-3841
전북	전주상공회의소	063)252-9301
군산	한국발명진흥회 전북지부	063)471-1284
제주	제주상공회의소	064)755-2554

• 인터넷을 이용한 국내 · 외 특허, 비특허 정보검색

기관	인터넷 주소	요금
세계지적재산기구	http://www.wipo.int/patentscope/search	무료
미국특허청	http://patft.uspto.gov/	무료
유럽특허청	http://worldwide.espacenet.com	무료
일본특허청	http://www.ipdl.inpit.go.jp	무료
중국특허청	http://english.sipo.gov.cn	무료
영국특허청	http://www.ipo.gov.uk/types/patent/p-os/p-find.htm	무료
호주특허청	http://pericles.ipaustralia.gov.au/ols/auspat	무료
특허정보 검색서비스	http://www.kipris.or.kr	무료
특허조사 평사 분석사이트	http://www.pipc.or.kr	유료
윕스	http://search.wips.co.kr	유료
Delphion	http://www.delphion.com	유료
국가과학기술정보센터	http://www.ndsl.kr	유료
DBPIA	http://www.dbpia.com	유료
한국언론재단	http://www.kinds.or.kr	무료
포털사이트 특허검색	http://wwwacademic.naver.com http://scholar.google.co.kr	무료

2) 특허출원 및 심사 절차의 개요

특허출원이란, 특허를 받고자 하는 자가 국가에 특허출원 서류를 제출하면서 특허권의 부여를 요구하는 행위를 말하며, 그 행위를 하는 자를 '특허출원인'이라 한다. 구체적으로는 소정의 사항을 기재한 특허출원서에 명세서, 도면 및 요약서를 첨부하여 특허청에 인편이나 우편 또는 전자출원 중 하나의 형식으로 제출하게 된다.

우선, 출원 절차가 법령이 정한 방식에 접합한지 여부를 심사하는 방식심사가 행해진다. 방식심사 결과 흠결이 있는 경우, 출원인은 해당 흠결을 보정이라는 절차를 통해 치유해야 한다.

우리나라는 모든 출원된 발명에 대해 특허를 받을 수 있는지 여부를 심사하는 것이 아니라, 출원인이 심사청구를 신청한 경우에 한해서만 실체심사를 수행한다.

실체심사 결과, 특허출원 된 발명이 특허요건을 만족하는 경우에는 특허청의 심사

관은 해당 출원발명에 대해 특허결정을 내린다. 만일 특허출원 된 발명이 특허요건을 만족하지 못하는 경우에는 심사관은 출원인에게 거절이유를 통지하는데, 이에 대해 출원인은 의견서를 제출할 수 있는 기간 내에 특허출원 된 발명이 특허를 받을 수 있다는 견해를 보정서와 의견서를 통해 주장할 수 있다.

출원인의 보정서와 의견서가 제출되면, 심사관은 제출된 보정서와 의견서에 기초하여 출원된 발명이 특허요건을 만족하는지의 여부를 다시 판단하며, 판단한 결과 출원인의 주장이 설득력이 있으면 특허결정을 내리고, 거절이유가 여전히 해소되지 않은 경우에는 거절결정이라는 최종 처분을 내린다.

심사관의 최종 처분인 거절결정에 대해 불복하고자 하는 경우 출원인은 재심사청구 또는 거절결정불복심판을 청구할 수 있다. 구체적으로, 심사관의 거절결정에 대해 명세서 또는 도면을 보정하면서 불복하는 경우에는 거절결정등본을 송달받은 날로부터 30일 이내에 재심사를 청구할 수 있으며, 심사관의 거절결정에 대해 명세서 등의 보정 없이 불복하는 경우에는 거절결정등본을 송달받은 날로부터 30일 이내에 거절결정불복심판을 청구할 수 있다.

재심사청구가 있는 경우에는 심사관은 종전에 이루어진 특허거절결정은 취소된 것으로 보고 출원에 대해 재심사를 진행하여, 특허요건을 만족한다고 판단하면 특허결정을 내리고 특허요건을 만족하지 않다고 최종적으로 판단하면 다시 거절결정을 내린다. 재심사청구에 의해 다시 거절결정을 받은 경우에는 재심사청구는 더 이상 인정되지 않고 거절결정불복심판만을 통해 불복할 수 있다.

거절결정불복심판이 제기된 사건에 대해서는 특허심판원의 심판관이 거절결정을 유지할지 또는 취소할지 등의 판단을 하며, 심판결과가 거절결정을 유지한 것으로 내려진 경우에는, 심결취소소송을 통해 특허법원 및 대법원에 불복할 수 있다.

(1) 특허출원

▶▶ 출원인

- 발명을 한 자 또는 승계인
- 2인 이상의 공동발명인 경우에는 특허받을 수 있는 권리를 공유함

▶▶ 출원에 필요한 서류

① 필요서류

- 출원서(요약서, 명세서, 필요한 도면 포함)
- 대리인의 경우, 대리권을 증명하는 서류
- 수수료 감면대상인 경우, 해당 증명서류 포함

② 출원 관련서식 제공

- 특허청 특허고객서비스센터 및 서울사무소에 비치
- 인터넷을 통한 다운로드 : 특허로 > 초기화면 > 민원서식 다운로드

③ 제출방법

- 온라인 출원(특허로, www.patent.go.kr)

전자문서 작성용 소프트웨어를 이용하여 작성된 출원서류를 온라인으로 제출하고 접수번호 및 출원번호를 부여 받는다.

— 제출방법 : 특허로 > 출원신청 > 국내출원 > 온라인 제출

온라인 출원 서비스 이용시간	월~토요일	09:00 ~ 24:00
	일 공휴일	09:00 ~ 21:00

— 온라인 출원의 장점

· 수수료 절감 : 서면 출원의 전자화 비용 및 송달비용 절감

· 신속한 처리 : 서면 출원의 송달기간 및 전자문서 변환기간 없이 실시간 송달

· 제출서류에 대한 사전 자동점검으로 오류사항 보정기회 제공

- 서면 출원

출원서 및 중간서류 등을 특허청에 방문 또는 우편으로 제출하고 접수증 및 출원번호통지서를 교부받는다.

— 방문접수

· 제출서 : 특허청 특허고객서비스센터(대전), 서울사무소(서울)

· 접수시간 : 평일 09:00~18:00(그 외 시간은 당직실 접수)

– 우편접수
  · 수신처 : 대전광역시 서구 청사로 189(정부대전청사 특허청장)
  · 출원일 : 우체국 소인일자를 출원일로 인정
  · 수수료 : 통상환으로 교환한 후 출원서류에 첨부
  ※통상환은 우편환의 하나로, 우체국에서 송금의뢰서를 작성하여 현금과 함께 제출하면 통상환 증서를 발행한다.

④ 출원 절차

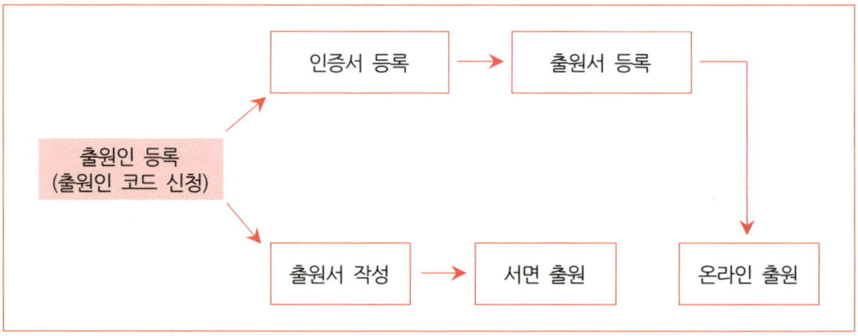

- 출원인 코드 신청
  – 특허청에 특허출원 등의 절차를 밟고자 하는 자는 사전에 자신의 고유번호인 출원인 코드를 부여받아야 한다.
  – 출원인 코드는 특허에 관한 절차를 수행할 때 제출하는 모든 서류의 출원인 기재란에 반드시 기재해야 한다.
  – 출원인 코드 부여 시 등록한 출원인 정보는 출원인 정보변경 신고를 통해 변경할 수 있다.

- 신청방법
  – 서면 : 원인 코드부여신청서를 작성하여 방문 또는 우편 접수
  – 인터넷 : 특허로 > 사용사 등록/변경 > 용자 등록 > 출원인 코드부여 신청

- 인증서 등록 및 문서작성 소프트웨어 다운로드
  - 온라인으로 전자문서에 의해 특허에 관한 절차를 밟거나 하는 자는 특허청 전용 공인인증서, 은행용 공인인증서 또는 전자거래용 공인인증서를 발급 및 등록해야 한다.
    - 특허청 전용 인증서 또는 인증서 발급 및 등록 : 특허로 > 사용자 등록/변경 > 인증서 사용 등록
  - 문서작성 소프트웨어를 다운로드 받아 PC에 설치한다.
    - 소프트웨어 다운로드 : 특허로 > 출원신청 > 국내출원 > 문서작성 SW 설치

- 출원서 작성

서면 출원	• 특허청 특허고객서비스센터나 서울사무소에 비치된 서식을 이용하거나, 인터넷에서 서식을 다운로드 하여 작성 • 서식 다운로드 : 특허로 초기화면 > 민원서기 다운로드
온라인 출원	• 서식 작성기를 이용하여 특허출원서 작성 • 특허문서 작성기를 이용하여 명세서 및 도면 작성 • 첨부서류 입력기를 이용하여 위임장, 증명서 등 스캔 및 변환하여 첨부

  - 특허출원서에는 그 발명이 속하는 기술 분야에서 통상의 지식을 가진 자가 출원서류에 기재된 그 기술의 내용을 보고 쉽게 실시할 수 있을 정도로 명확하고 상세하게 기재해야 한다.
  - 특허 권리로 보호받고자 하는 사항은 특허청구 범위에 기재된 사항이므로 특허청구 범위 작성에 유의해야 한다.
  - 특허청구 범위는 출원공개 시까지 제출을 유예할 수 있다.

<특허청구 범위 제출 유예제도>

특허출원 시 첨부되는 명세서에 특허청구 범위를 기재하지 않고 출원공개 시까지 제출을 유예할 수 있는 제도이다.

- 특허청구 범위 보정기한
  - 특허출원일로부터 1년 6개월이 되는 날까지
  - 출원일로부터 1년 6개월이 되는 날 전에 제3자의 심사청구가 있다는 취지의 통지를 받는 경우 통지를 받는 날로부터 3월이 되는 날까지
- 보정기한 내에 특허청구 범위를 기재한 명세서 등 보정서를 제출하지 않는 경우 해당 특허출원은 취하된 것으로 본다.

– 특허출원서 작성 시 모범명세서 또는 이미 등록되어 있는 특허공보를 참고할 수 있다.

· 모범명세서 : 특허로 > 출원신청 > 유용한 TIP > 모범명세서 안내

· 특허공보 검색 : KIPRIS 특허정보검색서비스

● 출원서 제출

– 특허출원서를 비롯한 모든 제출서류가 준비되면, 관련서류를 모두 첨부하여 온라인, 방문 또는 우편으로 제출한다.

· 온라인 제출 : 특허로 > 출원신청 > 국내출원 > 온라인출원

– 특허출원서 접수 시 접수증 및 출원번호통지서가 발급되며, 출원번호는 출원절차가 종료될 때까지 진행사항 확인에 활용된다.

– 특허출원 후 제출 결과 및 심사처리 상황을 인터넷을 통해 조회할 수 있다.

· 온라인 제출결과 조회 : 특허로 > 출원신청 > 제출결과 조회

· 심사처리 상황 조회 : 특허로 > 특허관리 > 심사처리 상황

● 수수료 납부

• 특허출원에 관한 절차를 밟는 자는 수수료를 납부해야 한다.
• 수수료를 납부하지 않은 경우에는 당해 절차를 무효로 한다.
• 수수료 과납, 오납 시 반환받을 수 있다.

– 수수료 납부 방법

구분	납부 방법
온라인 납부	• 신용카드/휴대폰/계좌이체 • 온라인 납부 : 특허로 > 수수료 관리 > 수수료 납부
지로 납부	• 인터넷 지로사이트에서 납부, 공인인증서 필요
자동 납부	• 자동납부 신청 예금계좌 등록 시 자동납부 • 신청 및 취하 : 특허로 > 수수료 관리 > 수수료 자동납부
은행 납부	• 납부서 양식 다운로드 후 은행에 직접 방문하여 납부 • 납부서 양식 다운로드 : 특허로 > 수수료 관리 > 수수료 납부

– 수수료 면제 및 감면

구분		지원 내용
대상		• 출원료, 심사청구료, 최초 3년분 등록료 등의 수수료
전액 (100%)		• 국민기초생활보장법상 수급자, 국가유공자와 유족 및 가족, 장애인복지법상 등록 장애인, 학생(초 · 중 · 고의 재학생에 한함), 만 6세 이상 만 19세 미만인 자, 군복무 중인 일반사병, 공익근무요원, 전투경찰대원, 의무소방대원 등 전환복무 수행자
일부	85%	• 만 19세 이상~만 30세 미만인 자, 만 65세 이상인 자
	70%	• 개인, 소기업, 중기업
	50%	• 대기업과 중소기업 공동연구, 공공연구기관, 기술인정 전담조직, 지방자치단체
	30%	• 중견기업

※면제 및 감면대상은 출원인을 기준으로 한다.

※4~6년분의 특허료 30% 감면 대상 : 개인, 소기업, 중기업, 공공연구기관, 전담조직, 중견기업

– 수수료 마일리지 적립

· 납부한 수수료 금액에 대한 마일리지를 자동으로 적립해 준다.

· 마일리지 정보 안내 및 조회 : 특허로 > 수수료 관리 > 수수료 마일리지

– 수수료 반환

구분	내용
반환대상	• 과납, 오납 수수료 • 제출서류 반려 시 해당서류에 대해 납부한 수수료 • 특허출원 후 1개월 이내에 특허출원을 취하 또는 포기한 경우 특허출원료 및 심사청구료(분할, 변경, 우선심사 신청 출원 제외) 등
반환절차	• 반환사유 발생 사실을 납부자에게 통지하며 납부자의 반환신청에 의한 반환
청구기간	• 수수료 반환 사유 발생일로부터 3년 이내
반환신청	• 특허로 > 수수료 관리 > 수수료 변환 > 반환대상 확인 및 신청
소멸시효	• 3년

– 수수료 정보 안내 : 특허로 > 수수료 관리 > 수수료 정보안내

▶▶ 출원 방식심사

- 출원인이 특허청에 제출한 서류에 대해 「특허법」이 정한 방식요건의 충족 여부를 점검한다.
- 서류의 기재방식, 출원일, 대리인의 절차능력, 수수료 납부사항 및 첨부서류 제출 등의 적합성을 심사하여 최종적으로 방식요건을 충족하면 해당서류는 수리된다.

- 치유할 수 있는 흠결(보정)
  - 방식심사 결과 보정이 가능한 서류는 1개월 이내의 기간을 정하여 출원인에게 보정요구서를 보낸다.
  - 출원인은 정해진 기간 내에 보정서를 제출하여 흠결을 치유할 수 있다.
  - 제출기일 내에 보정서를 제출하지 않거나 보정서를 통해서도 흠결이 치유되지 못한 경우 해당서류를 무효 처리한다.
- 지정기간 연장
  - 보정요구서의 제출기일은 매회 1월 단위로 연장이 가능하다.
- 방식심사 정보안내
  - 특허청 홈페이지 > 정보마당 > 간행물 > 심사기준 및 매뉴얼 > 출원방식 심사지침서

▶▶ 출원공개

- 특허출원 후 1년 6개월이 경과하면 그 출원 발명의 내용을 일반에 공표하는 제도이다.
- 특허출원 후 1년 6개월이 경과하기 전이라도 출원인의 신청이 있는 경우 조기공개가 가능하다.

우리나라의 특허청 특허 심사기간은 세계에서 가장 빠르다. 출원일로부터 1년 정도면 심사결과가 나온다. 1년이 빠른 것이냐고 말할 수도 있다. 그러나 미국을 비롯한 선진국들은 여전히 2~3년 정도는 기다려야 하는 것과 비교하면 세계에서 가장 빠르다고 단언할 수 있다. 빠른 특허심사가 항상 좋은 것만은 아닐 수 있지만, 기다리는 조급한 출원인 입장에서는 나쁠 이유가 없다. 특히 당장 발명으로 사업을 시작해야 하는 중소기업의 입장에서는 더욱 그렇다.

우리나라는 이제 출원 건수의 정체기를 맞이하고 있다. 그에 비해 미국이나 유럽, 중국은 여전히 출원 건수가 증가하고 있다. 특허출원 건수가 증가하고 있다는 것은 제조업을 기반으로 하는 연구개발이 활기를 띠고 있다는 증거이다. 우리나라도 장기적인 미래를 생각한다면 제조업에 근간을 둔 연구개발이 지속적으로 이루어져야 하고 많은 특허를 내야 한다.

- 출원공개의 효과

대상	효과
출원인	• 출원 공개된 발명과 동일한 발명을 업으로서 실시하는 자에게 서면으로 경고할 수 있는 권리 발생 • 출원인은 출원 공개가 있은 후 경고를 받거나 출원 공개된 발명임을 알고 업으로 실시한 자에게 그 경고를 받거나 출원 공개된 발명임을 안 때부터 특허권 설정등록 시까지의 실시에 대한 보상금 지급을 청구할 수 있는 권리 발생 • 보상금 지급 청구권은 특허권 설정등록 후에만 행사 가능
제3자	• 선행기술 조사를 통해 중복투자 및 연구개발 방지 • 공개된 기술을 이용하여 개량된 기술개발

- 조기 공개

출원 공개일이 경과하기 전이라도 출원인의 신청이 있으면 조기에 공개된다. 출원인은 출원이 공개되기 전에 무단으로 실시하는 제3자가 있을 때를 대비하여 빨리 공개될 수 있도록 조기공개 신청을 할 수가 있다.

특허출원 후 조기 공개하고 기술을 개발하여 새로운 출원을 할 경우, 조기 공개된 출원에 의해 신규성 및 진보성 등이 인정되지 않을 수 있는 위험성이 있으므로 유의해야 한다.

▶▶ 정보제공

특허출원이 있을 때에는 누구든지 그 특허출원이 특허 받을 수 없다는 취지의 정보를 구체적인 증거와 함께 특허청에 제공할 수 있다.
다만, 「특허법」 제42조제3항제2호(발명의 배경이 되는 기술의 기재), 제43조 제8항(특허청구 범위의 기재 방법) 및 제45조(1특허출원의 범위)에 의한 거절 이유는 정보제공 대상에서 제외된다.

- 정보제공 할 수 있는 자 : 자연인 또는 법인은 누구나 가능하다.
- 정보제공 시기 : 특허출원이 특허청에 계속 중인 경우에는 언제든지 가능하다.
- 심사관은 정보제공이 있는 출원의 심사를 종결한 경우에는 심사 결과 및 제출된 정보의 활용 여부를 정보제공자에게 통지한다.

3) 심사청구제도 및 관련제도

특허출원 된 발명에 대해 어떠한 방법으로 권리를 부여할지 여부는 국가의 산업정책상의 문제로써 크게 '심사주의'와 '무심사주의'로 나뉜다.

심사주의란, 출원 발명에 대해 소정의 특허요건을 구비했는지를 사전에 심사하여 특허 여부를 결정하는 방식을 말하며, 무심사주의란, 특허를 받는데 필요한 요건 중 비교적 간단히 심사할 수 있는 방식 심사만을 수행하고 실질적인 사항은 심사하지 않은 상태에서 일단 특허를 부여하는 방식을 말한다.

우리나라를 포함한 대부분 국가의 특허제도는 심사주의를 채택하고 있는데, 이러한 심사주의는 권리의 안정성 및 부실 특허의 예방이라는 장점을 가지나 심사처리가 지연되는 단점이 있다. 우리나라의 「특허법」은 이러한 심사주의의 단점을 보완하고 심사의 객관성과 완전성을 유지하기 위해 심사청구제도, 우선심사제도, 출원공개제도 등을 두고 있다.

- 심사청구제도의 내용

심사청구는 '누구나' 할 수 있으며 '출원일로부터 3년 이내'에 가능하다. 심사청구를 하고자 하는 자는 심사청구서를 수수료와 함께 특허청장에게 제출해야 한다.

심사청구를 한 특허출원은 그 청구순서에 따라 '실체심사'가 개시되며, 출원일로부터 3년 내에 심사청구 되지 않는 특허출원은 취하 간주된다. 심사청구를 한 경우에 심사청구는 취하할 수 없다.

- 우선심사제도

우선심사제도란, 우선심사청구가 있으면 심사청구 순서와 상관없이 다른 특허출원에 우선해서 심사하게 하는 제도를 말한다. 우선심사는 출원공개 후 정당한 권한이 없는 자가 실시한 경우 또는 긴급처리가 필요하고 인정되는 경우에 해당하는 출원에 대해 신청할 수 있다.

우선심사의 신청은 출원공개 전이라도 우선심사를 신청할 수 있는데, 우선심사를 신청하면 대략 신청일로부터 2개월 정도 이내에 심사결과를 받아볼 수 있다.

• 출원공개제도

출원공개란, 특허출원 된 발명에 대해 심사 진행여부에 관계없이 일정기간이 경과하면 그 출원 내용을 공보에 게재하여 사회일반에 공표하는 제도를 말한다. 이와 같은 출원공개 제도는 신기술을 조기에 공개하여 기술진보 및 개발을 촉진하고, 심사지연에 따른 중복연구 및 중복투자를 미연에 방지하기 위한 것이다.

출원공개는 특허출원일로부터 1년 6개월이 경과한 때에 공개된다. 다만, 출원인이 조기공개를 신청한 경우에는 그 이전이라도 가능하다. 특허청에 계속 중인 출원은 원칙적으로 모두 공개 대상이 되지만, 출원공개 전에 이미 심사하여 등록 공고되었거나 특허출원이 무효, 취하, 거절된 경우에는 공개되지 않는다. 또한 공서양속에 반하거나 국방상 비밀취급을 요하는 경우에도 공개되지 않는다.

▶▶ 특허심사

- 특허출원에 대한 심사는 심사청구가 있는 경우에만 심사관에 의해 이루어진다.
- 심사청구는 특허출원 후 5년 이내에 출원인은 물론 제3자라도 누구든지 할 수 있으며 취하할 수 없다.
- 정해진 기간 내에 심사청구가 없는 출원은 취하된 것으로 본다.

※특허심사는 독립되어 이루어지며, 심사결과는 심판 및 소송에 의해서만 다툴 수 있다.

▶▶ 출원 후 발명의 내용을 변경하는 제도

• 보정제도

출원의 보정이란, 특허출원의 방식이나 출원서 및 명세서의 기재 내용에 흠결 또는 불미한 사항이 있는 경우 출원 절차의 진행 중에 이를 치유하는 절차이다. 출원보정은 절차보정과 실체보정 두 가지로 구분된다. 절차보정은 특허에 관한 절차가 법령이 정한 방식에 부적합한 경우에 그 흠결을 적법한 방식으로 치유하는 것이다. 실체보정은 특허출원의 명세서 또는 도면의 기재 내용에 하자가 있는 경우에 그 흠결을 치유하는 것이다.

• 국내우선권제도

국내우선권제도란, 동일 출원인이 선출원의 개량 발명을 출원한 경우, 특허요건 등을 판단할 때 선출원일에 출원한 것으로 보는 제도로서, 최초 출원한 내용에 새로운 내용을 부가하여 출원한다. 국내우선권제도는 최초 출원 후 실시예를 보충하는 경우나 상위 개념의 선출원 내용을 보다 구체적으로 설명하는 경우 등에 주로 이용되며, 단계적으로 발전하는 기술을 포괄적으로 보호하는데 효과적으로 활용될 수 있다.

• 분할출원제도

분할출원이란, 하나의 특허출원에 2 이상의 발명이 포함된 경우, 그 일부 발명을 별개의 특허출원으로 분할하는 것을 말한다.

분할출원을 할 수 있는 시기는 보정할 수 있는 시기에는 모두 가능하며, 거절결정등본을 송달받은 날로부터 30일 이내 또는 특허결정등본을 송달 받은 날로부터 3개월 이내의 기간에도 가능하다. 분할출원 된 발명이 원출원에 최초로 첨부된 명세서 또는 도면에 기재된 발명 중 어느 하나와 동일해야 하는 등의 요건을 만족해야 한다.

적법한 분할출원은 원칙적으로 원출원일에 출원한 것으로 본다. 다만, 분할에 의한 새로운 출원은 원출원과는 전혀 별개의 출원이므로, 원출원에 대해 밟은 절차를 다시 밟아야 한다.

• 변경출원제도

변경출원이란, 특허출원과 실용신안등록출원 상호간에 출원의 형식을 변경하는 것을 말한다. 변경출원은 특허출원에 대한 진보성 위반을 극복하기 위한 방안으로 주로 활용된다. 즉 어떤 물건 발명에 대한 특허출원이 진보성이 없다는 이유로 거절결정이 확정될 가능성이 있는 경우, 출원인은 특허출원보다 진보성 판단기준이 낮은 실용신안등록출원으로 변경출원하여 진보성을 인정받을 수 있기 때문이다. 이는 진보성을 판단할 때 「특허법」은 '용이성'을 요구하나 「실용신안등록법」은 「특허법」보다 낮은 수준인 '극히 용이성'을 요구하기 때문이다.

변경출원을 할 수 있는 시기는 원출원이 출원 중인 경우 언제라도 할 수 있으나, 최초 거절결정등본을 송달받은 날로부터 30일이 지난 후에는 할 수가 없다. 적법한 변경출원은 원칙적으로 원출원일에 출원한 것으로 소급되며, 변경출원이 있는 경우 원출원은 취하된 것으로 본다.

특허요건

특허출원한 발명이 특허를 받기 위해서는 아래 설명의 특허요건을 모두 만족해야 한다. 특허요건은 크게 주체적 요건, 실체적 요건, 절차적 요건 등으로 나눌 수 있다.

주체적 요건이란, 권리의 주체가 될 수 있는 자, 즉 특허출원인이 될 수 있는 요건을 말한다. 권리의 주체는 발명자 또는 그 승계인이 될 수 있다.

실체적 요건이란, 발명 그 자체의 성질이나 특징과 관련된 요건을 말한다. 특허를 받지 못하는 대부분의 출원 발명은 실체적 요건을 만족하지 못하기 때문이다.

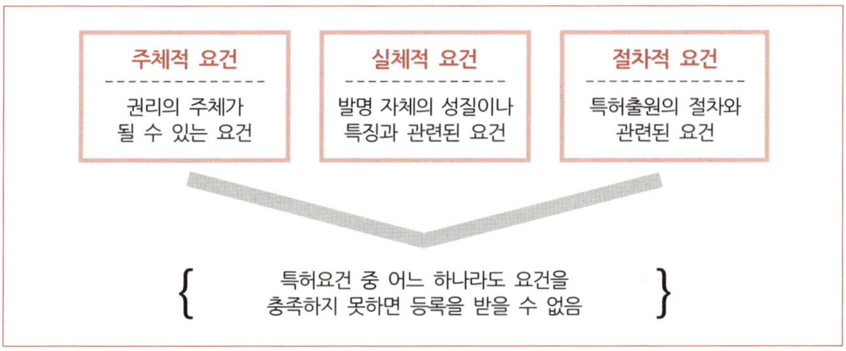

출원인은 출원이 등록되면 권리자가 되어 권리행사를 할 수 있지만, 발명자는 출원이 등록되어도 아무런 권리를 행사하지 못한다는 점에서 차이가 있다. 출원인은 발명자 자신이나 발명자로부터 권리를 승계한 자가 될 수 있으며, 발명자가 회사 또는 다른 사람에게 특허 받을 수 있는 권리를 양도한 경우에는 기본적으로 해당 특허에 대해 어떠한 권리도 주장하지 못하는 것이 원칙이다. 다만, 종업원의 발명이 직무발명에 해당되어 회사로 양도된 경우에는 종업원은 회사로부터 정당한 보상을 받을 권리가 있다.

1) 발명의 성립성

발명의 성립성이란, 특허출원한 발명이 「특허법」상의 보호대상인 발명으로 인정되기 위한 요건을 말한다. 즉 발명의 성립성의 요건은 출원된 발명이 「특허법」 제2조제1호에서 규정한 발명의 정의에 해당되는지 여부를 판단하는 것이다.

이러한 발명의 성립성은 다른 특허요건을 판단하는 전제조건이며, 발명의 성립성이 인정되지 않는 발명은 심사 시 '산업상 이용가능성이 없다'는 이유로 거절된다.

「특허법」에서 "발명이라 함은 자연법칙을 이용한 기술적 사상의 창작으로서 고도한 것을 말한다."라고 정의되어 있으므로, 발명의 성립성이 인정되기 위해서는 우선 자연법칙을 이용해야 한다.

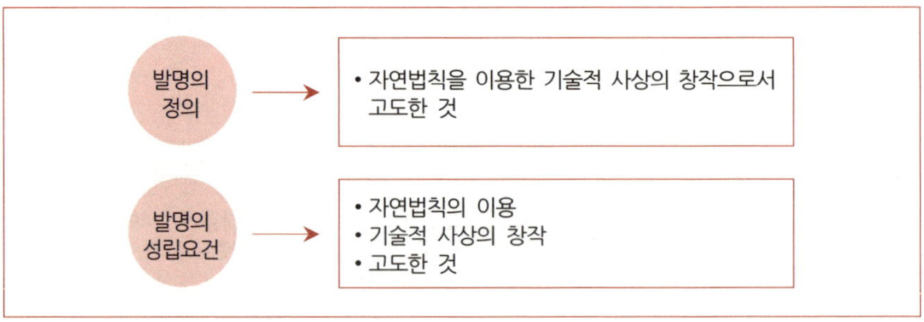

자연법칙이란, 자연계에서 경험에 의해 발견되는 원리원칙이나 일정한 원인에 의해 일정한 결과가 생기는 인과법칙을 말한다. 자연법칙 그 자체로는 발명으로 성립

될 수 없으며 반드시 자연법칙을 이용해야 한다. 전체적으로 자연법칙을 이용하기만 하면, 이용하는 자연법칙에 대해 완전하고 정확한 인식과 관계없이 발명의 성립성이 인정된다.

(1) 자연법칙 그 자체

발명은 자연계에 존재하는 법칙, 즉 자연법칙을 이용하여 주어진 과제를 해결하기 위한 기술적 사상의 창작이므로 자연법칙 자체는 발명에 해당되지 않는다. 따라서 열역학 제2법칙, 에너지보존의 법칙과 같은 자연법칙 자체는 발명이 아니다.

(2) 단순한 발견이어서 창작이 아닌 것

발견이란 자연계에 이미 존재하는 물건이나 법칙을 단순히 찾아내는 것으로서 창작이 아니므로 천연물, 자연현상 등의 발견 자체만으로는 발명에 해당되지 않는다. 그러나 물질 자체의 발견이 아니라 천연물에서 어떤 물질을 인위적으로 분리하는 방법을 개발한 경우 그 방법은 발명에 해당되며, 또 그 분리된 화학물질 또는 미생물 등도 발명에 해당된다.

(3) 자연법칙에 위배되는 것

발명은 자연법칙을 이용한 것이어야 하므로 자연법칙에 위배되는 것은 발명에 해당되지 않는다. 이 경우 청구항에 기재된 발명의 일부라도 자연법칙에 위배되는 부분이 있으면 발명에 해당되지 않게 된다.

(4) 자연법칙을 이용하지 아니한 것

청구항에 기재된 발명이 자연법칙 이외의 법칙(경제법칙, 수학공식, 논리학적 법칙, 작도법 등), 인위적인 약속(게임의 규칙 그 자체 등) 또는 인간의 정신활동(교수방법 그 자체, 금융보험제도 그 자체, 과세제도 그 자체 등)을 이용하고 있는 경우에는 발명에 해당되지 않는다. 다만, 논리적인 법칙이나 수학적인 원리 그 자체에 대한 특허를 청구하는 것이 아니고, 수학적인 연산을 통해 변환되는 데이터를 이용하여 특정한 기술 수단의 성능을 높인다거나 제어함으로써 유용하고 구체적이고 실용적인 결과를 얻을 수 있는 기술적인 장치나 방법으로 청구하는 경우라면 자연법칙을 이용한 기술적 사상이라고 할 수 있다.

「특허법」상의 발명에 해당하기 위한 자연법칙 이용 여부는 청구항 전체로 판단해야 한다. 따라서 청구항에 기재된 발명의 일부에 자연법칙을 이용하고 있는 부분이 있어도 청구항 전체로서 자연법칙을 이용하고 있지 않다고 판단될 때에는 「특허법」상의 발명에 해당하지 아니하고, 반대로 청구항에 기재된 발명의 일부에 자연법칙을 이용하고 있지 아니한 부분(수학공식 등)이 있어도 청구항을 전체로 파악했을 때 자연법칙을 이용하고 있다고 판단될 때에는 「특허법」상의 발명에 해당된다.

2) 산업상 이용가능성

발명의 성립성을 만족하지만, 산업상 이용가능성이 없다는 이유로 특허등록이 거절되는 경우도 있다.

(1) 의료행위

대부분의 발명에 대해서는 산업상 이용가능성이 인정되지만, 실무상으로는 의료업의 경우 산업상 이용가능성이 부정되는 경우가 있다. 즉 의료업은 인간을 대상으로 하고 인류의 건강증진을 위해 누구나 자유롭게 실시하는 것이 바람직하므로, 인간 이외의 물건을 대상으로 하는 산업과는 구분된다. 따라서 치료 방법, 진단 방법과 같은 의료 방법은 산업상 이용가능성이 없는 것으로 해석된다. 다만, 인체를 발명의 직접적인 구성요소로 하지 않고 인간으로부터 분리하여 채취한 것(모발, 혈액, 소변 등)을 처리하는 방법, 의료행위에 사용하는 의료기기 장치 및 의약품, 인간 이외의 동물에만 한정되는 치료 방법 등은 산업상 이용가능성이 인정된다.

(2) 산업으로서 이용할 수 없는 발명

개인적 또는 실험적 · 학술적으로만 이용할 수 있고 업으로서 이용될 가능성이 없는 발명은 산업상 이용할 수 있는 발명에 해당되지 않는 것으로 취급한다. 그러나 개인적 또는 실험적·학술적으로 이용될 수 있는 것이라도 시판 또는 영업의 가능성이 있는 것은 산업상 이용할 수 있는 발명에 해당한다.

(3) 현실적으로 명백하게 실시할 수 없는 발명

이론적으로는 그 발명을 실시할 수 있더라도 그 실시가 현실적으로 전혀 불가능하다는 사실이 명백한 발명은 산업상 이용할 수 있는 발명에 해당하지 않는 것으로 취급한다. 다만, 그 발명이 실제로 또는 즉시 산업상 이용되는 것이 필요하지는 않고, 장래에 이용될 가능성이 있으면 산업상 이용할 수 있는 발명으로 판단된다.

3) 실제적 요건

(1) 신규성

① 신규성제도

신규성이란, 발명의 내용이 사회 일반에 공개되지 않아 신규로 한 것을 말한다. 공개되어 신규성을 상실한 발명에 대해서는 특허권을 부여하지 않는다.

② 신규성의 판단 방법

항목	주요 내용	
신규성 상실 사유	국내 또는 국외에서 공지되었거나 공연히 실시된 발명	
	국내 또는 국외에서 반포된 간행물에 기재된 발명	
	국내 또는 국외에서 전기통신회선을 통해 공중이 이용가능하게 된 발명	
신규성 판단 기준	시간	특허출원 시
	지역	전 세계
	판단 범위	특허출원 된 발명과 공개된 발명과의 동일성

(2) 진보성

창작 수준이 낮은 발명을 배제하고 자연적인 진보 이상의 발명만을 보호함으로써 비약적인 산업발전을 이루고자 진보성을 특허요건으로 규정하고 있다. 특허를 받지 못한 발명은 대부분 진보성 요건을 만족하지 못하기 때문이며, 이러한 진보성의 판단은 특허실무에 있어 대단히 중요하다.

① 진보성의 판단

진보성 여부의 판단은 당업자를 기준으로 한다. 당업자란, 해당기술분야의 전문가 중에서 평균 수준의 지식을 가진 자를 말하며, 실무에 있어서는 특허청 심사관이 당업자에 해당한다.

진보성은 특허청구 범위에 기재된 발명이 특허출원 전에 공개된 발명으로부터 용이하게 발명할 수 있는지 여부를 판단한다.

• 목적의 특이성

발명의 목적은 발명이 해결하고자 하는 기술적 과제를 말한다. 당해 발명의 목적이 출원 당시의 기술 수준으로부터 용이하게 예측할 수 있는지 여부에 따라 목적의 특이성을 판단한다.

• 구성의 곤란성

발명의 구성은 당해 발명의 기술적 과제를 해결하기 위한 기술적 수단을 말한다. 구성의 곤란성이란, 당해 출원 발명의 구성에 있어 그 구성요소를 채택하고, 구성요소 상호간 결합하는 것이 당업자가 종래 기술로부터 용이하게 도출할 수 있는 범위 내의 기술 수단인지 여부를 판단하는 것이다.

• 효과의 현저성

효과의 현저성이란, 당해 발명의 구성으로부터 얻어지는 특유의 효과가 출원 당시의 기술 수준으로부터 예측할 수 있는 것인지에 대한 판단 기준이다.

(2) 선원주의

특허권은 독점배타적인 권리이기 때문에, 동일발명에 대해서는 하나의 특허만을 부여하는데 이를 '1발명1특허의 원칙' 또는 '중복특허배제의 원칙'이라 한다. 따라서 동일한 발명에 대해 2 이상 출원한 경우에 누구에게 특허를 줄 것인가가 문제가 된다. 먼저 발명한 자에게 특허를 부여하는 제도를 '선출원주의(선원주의)'라 한다. 이에 따라 거의 모든 국가에서 발명의 조속한 출원을 유도하여 발명을 조기에 공개시키고, 권리의 안정성을 도모하고자 선원주의를 채택한다. 선원주의에서는 양 출원이 동일한 발명인지 판단하기 위해 양 출원의 특허청구 범위를 비교한다.

구분	심사대상 발명	인용(비교) 발명	판단 범위	기타
신규성	특허청구 범위	공개된 발명 내용	동일성	출원인 동일시 공지예외 신청 가능
진보성	특허청구 범위	공개된 발명 내용	용이발명성	
선원주의	특허청구 범위	선출원의 특허청구 범위	동일성	
확대된 선원주의	특허청구 범위	신출원의 명세서 전체	동일성	발명자, 출원인 동일시 미적용

4) 특허여부의 결정

- 특허권 설정등록 : 출원인은 특허결정서와 함께 송부된 납입고지서로 등록료와 등록세를 납부함으로서 특허권의 효력이 발생하게 된다.
- 등록금 납부기간
  - 정상납부 : 특허결정 또는 등록심결의 등본을 받은 날부터 3월 이내
  - 추가납부 : 정상 납부기간을 경과한 날부터 6월 이내
- 거절결정 : 특허출원이 특허요건을 만족하지 못하면 심사관은 거절결정을 하고 거절 결정서를 송부한다. 이는 재심사 처우 또는 거절결정불복심판을 청구할 수 있다.

5) 특허청구의 범위

통상 재산은 타인이 그 영역을 침범하는 것을 금지하도록 경계가 존재하는데, 동산과 부동산은 대체로 그 경계가 분명해서 특별한 경우를 제외하고는 권리의 침범 여부로 곤란을 겪는 경우가 흔히 발생하지 않는다. 그러나 특허는 지식이므로 그 침

범 여부가 명확하지 않다.

제임스 와트는 응축기를 실린더 외부에 별도로 설치한 증기기관을 개발하여 특허를 받았는데, 그때도 그의 경쟁자들은 응축기를 다른 방식으로 설치한 것까지 자신의 특허라고 하는 제임스 와트의 주장에 대해 반발하였다. 특히 그때는 청구범위라는 것이 없이 명세서의 내용과 도면에 의해서 권리 범위를 파악했기 때문에 권리 범위가 명세서와 도면을 어떻게 보느냐에 따라서 달라질 수 있어 더욱 그러하였다.

미국 특허청은 명세서와 도면만으로 특허의 경계를 짓는 것이 불가능하다는 것을 인식하고 1836년 대대적인 「특허법」 개정을 단행했는데, 그때 근대적 의미의 특허심사제도를 갖추면서 청구범위를 기재하도록 하는 제도를 도입하였다. 미국 특허공보는 명세서의 마지막 부분에 청구범위Claim가 기재되고, 대한민국 특허공보는 명세서의 앞 또는 뒷부분에 기재되어 있다.

통상 청구범위는 1개 이상의 청구항을 포함하도록 기재된다. 그중 어느 하나의 청구항이 거절이유를 포함하고 있다면 거절이유를 포함하는 청구항만 거절되는 것이 아니라, 출원 전체가 등록을 받을 수 없게 된다. 그러므로 출원인은 심사관이 통지한 거절이유를 해소하도록 보정을 행해야 함에 유념해야 한다.

하나의 청구항이 포괄하는 청구범위를 선행기술과 대비하여 쉽게 이해할 수 있도록 도식화하면 제8장의 도면(p.203 참조)과 같다. 만약 출원발명의 청구항에 기재된 발명의 범위가 선행기술의 내용과 중첩되는 것이라면, 심사관은 출원인에게 거절이유를 기재한 의견제출통지를 할 것이고, 출원인은 심사관의 거절이유에 대응하여 자신의 출원발명이 선행기술과 구분될 수 있도록 중첩되는 권리범위를 제거하는 보정을 행할 수 있다.

개별 청구항은 각 구성들의 유기적인 결합관계에 의해서 보호범위가 형성되는 것이므로, 구성이 많을수록 구성 간의 유기적 결합관계가 복잡하게 되기 때문에 청구범위는 좁아진다. 반면, 구성이 적을수록 구성 간의 유기적 결합관계가 간단해지기 때문에 청구범위는 넓어진다고 할 수 있다.

CHAPTER 05

저작권

김교수의
특허출원 따라하기

1) 저작권이란?

사전적 개념으로는 문학, 예술, 학술에 속하는 창작물에 대해 저작자나 그 권리 승계인이 행사하는 배타적·독점적 권리라고 나온다. 이러한 저작권은 창작물을 만든 시점부터 발생하게 되어 있다. 또한 문학, 예술 등을 창작한 저작자들의 노력과 고유가치를 인정해주고 만든 이들의 권리를 보호해주는 역할을 한다.

저작권은 크게 '저작인격권'과 '저작재산권'이라는 두 가지의 개념으로 나뉜다.

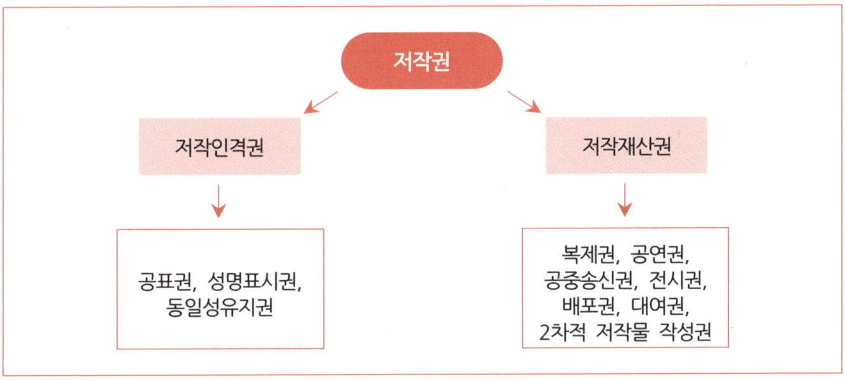

2) 저작인격권

저작인격권은 말 그대로 창작자의 저작물이 가지는 인격적인 이익을 보호하는 권리이다. 저작인격권은 공표권, 실명표시권, 동일성유지권 등으로 구성되어 있다. 저작인격권만의 특징으로는 타인에게 양도나 상속을 할 수 없다는 점이고, 만든 이가 죽게 된다면 그 권리는 소멸하게 된다.

3) 저작재산권

저작재산권은 창작자의 저작물을 재산처럼 경제적인 용도로 사용할 권리이다. 저작재산권은 복제권, 공연권, 공중송신권, 전시권, 배포권, 대여권, 2차적 저작물 작성권 등으로 구성되어 있다. 그리고 저작재산권의 특징은 저작인격권과 반대로 양도나 상속을 할 수 있다는 것이다. 또한 저작자가 살아있는 동안과 사후 70년간 존속한다.

김교수의
특허출원 따라하기

CHAPTER 06

발명

김교수의

특허출원 따라하기

발명의 특성

(1) 발명이란?

발명의 정의는 이전에 존재하지 않았던 무언가를 새롭게 고안하는 행위나 과정을 말한다. 그렇다고 해서 대부분의 발명품이 완벽하게 이전에 없었던 혁신적인 것들이지는 않다. 이미 존재하는 발명품에 아이디어를 더 추가한다든지, 아니면 반대로 불필요한 부분을 제거해서 새로운 발명품을 만들어 낼 수도 있다. 이 모든 것을 우리는 발명이라고 부른다. 하지만 「특허법」에서의 발명의 의미는 보편적인 의미와는 조금은 다르다. 「특허법」에서는 '자연법칙을 이용한 기술적 사상의 창작으로서 고도한 것'이라고 정의한다.

(2) 발견이란?

발견의 정의는 미처 찾아내지 못했거나 아직 알려지지 아니한 사물이나 현상을 말한다. 또는 이미 밝혀졌으나 잊혀졌던 것을 다시 찾아내는 경우에도 사용된다고 한다. 다만, 이때는 '재발견'이라고 지칭한다. 자칫 발명과 발견을 유사하다고 생각해 헷갈릴 수는 있지만, 발명과 발견은 엄연히 다른 개념이고 이 둘은 선후 관계를 갖는다. 대부분의 경우 발명의 선행 단계인 발견을 거쳐 완성된다. 발견은 발명처럼 「특허법」으로 보호되지는 않지만, 예외적으로 용도를 발견하는 발명은 인정해준다.

재미있는 발명이야기

(1) 지우개연필

1867년 7월, 15살의 나이인 가난한 화가 지망생 하이만은 하루 끼니를 벌기 위해 아침부터 열심히 작업에 몰두하고 있었다. 그런데 여기서 사건의 발단이 시작된다. 그림을 그리다가 잘못 그린 부분이 있어서 지우개로 지우려 하는데 아무리 찾아도 지우개가 보이질 않는 것이다. 하이만은 다음날부터 이 불편함을 해소하기 위해 연필에 지우개를 실로 꿰매어 매달아놓기 시작했다. 하지만 지우개가 고정이 잘 되지 않아 불편하긴 마찬가지였다. 그러던 어느 날 하이만은 외출을 하려 모자를 쓰는데 그때 거울에 비친 자신의 모습을 보고 영감을 얻었다. 지우개를 연필 끝부분에 모자 씌우듯이 고정시키는 것이었다. 하이만은 이 아이디어로 특허를 출원하고 리버칩 연필회사에 이 특허를 팔아 많은 돈을 벌게 되었다. 우리가 오늘날 자주 쓰는 지우개 연필도 여기서 왔다.

(2) 샌드위치

오늘날 전 세계적으로 인기 있고 보편적인 음식인 샌드위치는 몇 백 년 전 프랑스에서 한 백작에 의해 탄생했다. 더 정확히 말하면 그 당시에 샌드위치로 특허출원을 마쳤다. 샌드위치 발명의 주인공은 18세기 후반 프랑스 파리의 중심가에서 살고 있는 샌드위치 백작4세(존 몬테규)였다. 그렇다. 샌드위치는 그 백작의 이름에서 명칭이 유래했다. 이 샌드위치 백작은 일반적인 백작들처럼 존경받지는 못했다. 그 이유는 항상 노름을 즐겨하며 희희낙락하게 살아왔기 때문이다. 그러다가 샌드위치 백작은 노름을 하며 간편하고 빠르게 먹을 수 있는 음식을 고민했다. 그러던 중 빵과 빵 사이에 고기와 야채 등을 넣어 익히는 방법을 생각해냈다. 그렇게 만들어진 샌드위치는 노름판에서 굉장히 인기가 있었고, 백작은 그 길로 특허출원을 내어 대량생산을 한 다음에 파리를 강타하고 프랑스 전역으로 인기가 퍼져나가 지금의 샌드위치가 되었다.

(3) 통조림

1804년 프랑스는 우리에게 널리 알려진 나폴레옹이 온 유럽을 휘젓고 다니며 전쟁을 하고 있었다. 하지만 계속된 전쟁으로 장기전이 되자, 음식물을 오래 보존할 수 있는 방법이 절실히 필요했다. 안 그러면 싸우기도 전에 다 굶어 죽게 생겼으니 말이다. 그래서 프랑스 산업장려협회는 음식물의 보존 방법에 대한 공모를 내걸었다. 그러자 프랑스 전역의 많은 식품업자들이 응모를 했고, 그중에서 선택된 것이 병조림을 고안한 아페르라는 사람이었다. 아페르는 푹 삶은 고기와 채소들을 병에 넣고 코르

크 마개로 뚜껑을 밀봉하여 병조림을 만들었다. 이 병조림으로 나폴레옹의 승리에 크게 기여했다고 전해진다. 심지어 아페르는 병조림의 특허를 받지 않고 그냥 공개를 해버려 많은 찬사를 받기도 했다.

(4) 회전문

오늘날 호텔이나 큰 빌딩들에서 흔히 볼 수 있는 회전문은 누가 만들었을까? 1899년 미국 뉴욕 브로드웨이의 한 레스토랑에 회전문이 처음 등장하였다. 이게 이슈가 되어 많은 사람들이 줄지어 들어가려고 했다. 이런 회전문을 발명한 사람은 미국의 발명가 밴 카넬이다. 밴 카넬은 1888년 '바람을 막아주는 문'이란 이름으로 세 개의 날개가 달린 회전문을 특허로 냈다. 이때 개발한 회전문의 원리는 지금까지 거의 바뀌지 않을 정도로 굉장히 잘 고안되었다. 그리고 회전문의 최대 강점은 소음이 없다는 것이고 눈과 비도 잘 막아준다는 것이다. 뿐만 아니라 오늘날 MIT 공대에서 내놓은 연구 자료를 보면 회전문을 사용하였을 때 건물의 에너지 사용이 크게 줄어든다고 한다. 최근에는 문이 돌아가며 생기는 운동에너지를 전기에너지로 변환시키는 다양한 회전문이 나오고 있다.

(5) 우유팩

초등학교에서 매주 보는 우리에게 너무나도 익숙한 삼각지붕 모양의 우유팩. '게이블 톱'이라고도 불리는 이 우유팩을 최초로 발명한 사람이 한국인이라는 사실!! 그 주인공은 한국발명학회의 신석균 회장이다. 1953년, 당시에는 대부분의 우유가 유리병에 담겨 판매되고 있었다. 유리병은 무겁고 휴대하기가 어려울 뿐더러 잘못하면 깨지기가 일쑤였다. 정사면체 모양의 우유팩이 있긴 했지만, 개봉하려면 가위나 칼이 필요해서 불편한 점이 많았다. 그래서 신석균 회장은 새로운 방법을 모색한 끝에 지금 우리가 알고 있는 삼각지붕 모양의 우유팩이 탄생하게 되었다. 하지만 너무 아쉽게도 그 당시는 한국전쟁 중이었고 특허출원을 할 수가 없는 상태였다. 이 우유팩은 군인들에 의해 전 세계로 퍼져나갔고, 지금은 주인 없는 국제표준이 되었다.

일반적 발명의 기법

발명이란, 지금까지 존재하지 않았던 것을 새로 창출해 내는 것이지만, 대부분의 경우에는 완전한 무에서 유를 창조하는 것이 아니라 기존의 제품 등으로부터 아이디어를 얻어 발명하는 것이 일반적이다.

(1) 더하기 기법

더하기 기법은 기존의 물건에 물건을 더하거나 방법을 더하여, 발명품을 만들어 내는 방법으로 가장 쉽고 많이 적용되는 발명의 기법이다.(예 : 신발+바퀴 ⇒ 인라인 스케이트)

(2) 빼기 기법

빼기 기법은 기존의 물건에서 어느 한 부분을 없애버리거나 빼버림으로써 발명품을 만들어내는 기법이다.(예 : 유선전화기－선 ⇒ 무선전화기)

(3) 용도 바꾸기 기법

어떤 사물이나 아이디어를 다른 방법으로 활용하는 기법이다.(예 : 찍찍이 → 사물을 붙일 때 ⇒ 야구놀이 글러브)

(4) 모양 바꾸기 기법

본래의 모양을 바꾸는 기법이다.(예 : 일자형 빨대 ⇒ 구부러진 빨대)

(5) 재료 바꾸기 기법

지금 사용하고 있는 재료를 바꾸어 발명하는 방법으로 비교적 손쉬운 기법이다.(예 : 나무젓가락 ⇒ 플라스틱젓가락, 쇠젓가락)

(6) 모방하기 기법

다른 사람의 아이디어를 다른 곳에 효과적으로 이용하는 발명의 기법으로, 최근 많이 이용되는 기법 중 하나이다.(예 : 돌고래의 초음파 ⇒ 레이더)

(7) 반대로 하기 기법

모양, 크기, 방향, 수, 성질 등 무엇이든 반대로 생각하거나 거꾸로 하면 더 좋은 효과를 얻을 수 있는 것들이 있다. 이와 같이 사용하고 있는 물건을 거꾸로 발명하는 기법이다.(예 : 벙어리장갑)

(8) 크기 바꾸기

어떤 물건을 더욱 축소시켜 작게 만들거나, 반대로 더욱 크게 확대시켜 새로운 물건을 만드는 기법이다.(예 : 대용량가습기 ⇒ 미니가습기)

(9) 편리하게 하기 기법

불편하다고 느끼고 그것을 보다 편리하게 수정 · 보완하는 방법의 발명의 기법이다.(예 : 리모컨)

직무발명제도

1) 직무발명이란?

직무발명이란, 종업원 등이 그 직무에 관하여 발명한 것이 성질상 사용자 등의 업무 범위에 속하고, 그 발명을 하게 된 행위가 종업원 등의 현재 또는 과거의 직무에 속하는 발명을 말한다.

직무발명제도는 직무발명을 한 종업원에게 정당한 보상을 줌으로써 발명자의 연구의욕을 고취시켜 더 많은 우수발명을 창출하고, 이를 통해 이익을 증대시켜 연구개발 투자를 확대해 나가는 '연구개발의 선순환 구조'를 마련하기 위한 제도이다. 또한 직무발명제도는 기술유출 예방을 위한 효과적인 대안이 될 수 있다.

(1) 직무발명의 성립요건

직무발명의 정의에 따른 다음 요건들을 모두 만족해야 직무발명이 성립하며, 사용자가 권리를 가지게 된다. 다음 요건 중 하나라도 만족하지 않는 발명은 자유발명이라 하며, 종업원이 권리를 가지게 된다.

- 발명자가 종업원 등(법인의 임원, 공무원 포함)일 것 : 종업원 등이란, 고용계약에 의해 타인의 사업에 종사하는 자를 말한다. 사용자의 실질적인 지휘감독 하에 있다면 상근, 비상근, 임시고용자를 불문한다.
- 사용자 등(법인, 국가, 지방자치단체 포함)일 것 : 사용자의 업무 범위란 사용자의 사업 범위로써 사업의 목적을 달성하기 위한 부대사업까지 포함한다.
- 종업원 등의 현재 또는 과거의 직무에 속할 것 : 직무란 직접 담당하고 있을 일을 말한다. 직무발명은 과거의 직무에 속하는 것도 포함하므로, 퇴직 전에 완성한 발명을 퇴직 후에 출원하는 경우도 직무발명에 해당한다. 퇴직 후에 완성한 발명이라면 원칙적으로는 직무발명에 해당하지 않는다.

(2) 발명자에 해당하는지의 여부

직무발명을 회사가 보상하기 위해서는 발명자로 인정되는 범위가 중요하다. 일반적으로 발명의 착상과 구체화에 실질적으로 관여한 자는 발명자에 해당한다. 그러나 자금이나 설비를 제공한 자, 발명을 지시 또는 위탁하거나 발명의 요구조건을 제시한 자, 발명의 착상에 대한 일반적인 조언 또는 선택만 한 자는 발명자에 해당하지 않는다.

2) 종업원의 의무와 권리

직무발명을 완성하면 종업원은 지체 없이 사용자에게 문서(발명신고서)로 알려야 한다. 또한 사용자가 직무발명을 승계하기로 한 경우에는 출원할 때까지 발명의 내용을 비밀로 유지해야 한다. 직무발명을 한 종업원은 기본적으로 특허를 받을 수 있는 권리를 가진다. 사용자에게 이 권리를 승계하거나 전용실시권을 설정하는 경우, 종업원은 이에 대한 정당한 보상을 받을 권리를 가진다.

3) 사용자의 의무와 권리

사전에 사용자가 직무발명을 승계하기로 한 계약이나 근무 규정이 없는 경우, 사용자는 직무발명과 관련된 의무가 없다. 이 경우에는 사용자가 종업원의 의사와 다르게 그 발명에 대한 권리의 승계를 주장할 수 없으며, 단지 무상의 통상실시권 만을 가진다.

<사전예약승계 규정이 없는 경우 종업원과 사용자의 권리, 의무>

구분	종업원	사용자
의무	직무발명 완성의 신고	–
권리	발명에 대한 권리	무상의 통상실시권

사전예약승계 규정이 있는 경우, 사용자는 직무발명 신고를 받은 날로부터 4개월 이내에 그 권리를 승계할지 여부를 종업원에게 문서로 통지해야 한다. 사용자가 4개월 이내에 승계 여부를 통지하지 않을 경우, 종업원의 동의 없이는 발명에 대한 권리를 승계할 수 없을 뿐만 아니라 통상실시권도 가질 수 없다.

사용자가 4개월 이내에 승계한다고 통지한 경우에는 그때부터 발명에 대한 권리가 사용자에게 승계된 것으로 본다. 사용자가 4개월 이내에 승계하지 않겠다고 통지한 경우에는 종업원이 발명에 대한 권리를 가지며, 사용자는 단지 무상의 통상실시권 만을 가진다.

<사전예약승계 규정이 있는 경우 종업원과 사용자의 권리와 의무>

<table>
<tr><th colspan="2">구분</th><th>종업원</th><th>사용자</th></tr>
<tr><td colspan="2">의무</td><td>직무발명 완성의 신고</td><td>4개월 내 승계여부 통지</td></tr>
<tr><td rowspan="3">권리</td><td>승계통지</td><td>정당한 보상을 받을 권리</td><td>발명에 대한 권리</td></tr>
<tr><td>불승계통지</td><td>발명에 대한 권리</td><td>–</td></tr>
<tr><td>미통지</td><td>발명에 대한 권리</td><td>–</td></tr>
</table>

4) 직무발명의 보상

(1) 보상규정 체계

계약 또는 근무규정에서 직무발명에 대한 보상에 대해 정하고 있는 경우에는, 그 정한 바에 따라 사용자와 종업원이 협의해 결정한 보상이 합리적 절차에 의한 것으로 인정되면 이를 정당한 보상으로 인정한다.

계약 또는 근무규정에서 직무발명에 대한 보상을 정하고 있지 않거나, 정해진 보상이 정당한 보상으로 볼 수 없는 경우, 보상액을 결정함에 있어서는 발명에 의해 사용자 등이 얻을 이익과 그 발명의 완성에 사용자 등과 종업원 등이 공헌한 정도를 고려한다.

(2) 보상의 종류

직무발명 관련 보상은 회사의 정책에 따라 여러 가지 형태가 존재하나, 일반적으로 발명장려금 성격인 출원보상 및 등록보상과 이익실현 시 받는 실적 보상으로 구분한다.

(3) 보상액의 결정 기준

계약 또는 근무규정에서 직무발명에 대한 보상을 정하고 있지 않거나 정해진 보상이 정당한 보상으로 볼 수 없는 경우, 보상액을 결정함에 있어서는 발명에 의해 사용자 등이 얻을 이익의 액과 발명의 완성에 사용자 등이 공헌한 정도를 고려한다.

5) 사례분석

김 팀장의 특허는 발진社의 재직 중에 업무와 관련되어 행한 발명이기 때문에, 직무 발명에 해당한다. 따라서 발진社는 위 특허에 대해 무상의 통상 실시권을 가지며, 이에 따라 위 특허에 대한 실시료의 지급 없이 무선 모뎀을 자유롭게 생산 및 판매할 수 있다.

한편, 발진社의 근무 규정이나 계약서에 직무발명을 사전 승계한다는 내용이 있다면 특허를 받을 수 있는 권리나 특허권은 발진社가 가져야 하므로, 위 특허에 대한 권리자는 발진社가 될 수 있다.

(1) 창조교육이 시작이다.

창조경제의 기본 조건은 창조교육에 있다. 창조교육은 발명 본능을 유지하는 교육이다. 인간은 생존을 위해 발명을 하며 살아왔다. 소통을 위해 태도와 표정도 개발해 왔다. 생존을 고민하게 되는 상황과 지루함이 싫어서 게임을 하려는 것은 창의성이 살아나는 환경이다.

따라서 인간의 두뇌는 놀람, 새로움, 변화, 복잡, 모호함이 발달한다. 생존이 위협받는 상황이 무서워서 놀랍고, 예측하지 못해서 새롭다. 지루함을 벗어나려는 게임은 변화를 주면서 일부러 규칙을 점점 복잡하게 만든다. 그런데 앞의 놀람, 새로움, 변화, 복잡, 모호함이 학교 현장에서는 주로 선행지식 속에서 발견된다. 이미 다 아는 것은 스스로를 지루하게 한다. 자연은 계속 변하면서 우리를 지루하지 않게 한다. 즉 자연은 환경이 변하면서 진화를 창조한다.

(2) 두뇌를 발달시키는 3가지 특성은 창조적 교육을 통해서만 전달할 수 있다.

첫째, 각 교과가 결코 서로 분리되지 않으며, 어느 분야든 파고들다보면 좁은 길이 또 나오다가 더 넓은 길로 연결되고, 좁은 분야라도 연구할 것이 계속 생기게 된다. 그리고 이 두 가지 속성이 없는 교육은 금방 지루해진다.

방과 후 공을 차다가 개미를 발견하고 관찰하는데, 비가 와서 우산 대신 토란잎을 쓰고 집에 가는 길에 넘치는 강물이 낮아질 때까지 배고픈 채 기다려야 하는 상황을 쉽게 예측하지 못하도록 유도하는 것이 창조적 교육이다. 특히 초등학생들은 구체적 체험으로 생각을 발달시키므로 교실은 창조적 환경이 될 수 없다. 하지만 상징으로 상상이 가능한 중학교 이후에는 교실에 창의적 교사가 있다면 창의적 환경이 될 수 있다. 원래 인간은 꼭 복잡하게 얽힌 지식과 경험 속에서 실수하고 방황할 때 창의성이 생기기 때문에, 정답을 단계별로 제기하는 교육은 결국 창의성을 억압한다.

둘째, 학교에서의 개별적 창조교육은 개천에서 용이 나게 할 수 있기 때문이다. 인간 유전자는 세대를 거치면서 일정한 변이율이 생긴다. 부모의 유전자가 아이에게 전달될 때 약 12%의 변이가 일어난다. 자연계의 집단 내에서는 평균 16%가 돌연변이를 유지하는데, 그것은 전염병으로부터 멸종을 막기 위한 진화방법으로 알려져 있다.

빌 게이츠가 가난한 지역에서 교육 자선사업을 펼치는 것도 그런 의미에서다. 그의 자선재단에서는 풍부한 예산으로 좋은 교사를 구해 가난한 지역 아이들을 성공적으로 교육시키고 있다. 자선활동이 취약한 우리나라는 공교육이 돈 없는 사람들도 마음껏 예체능과 발명이 중시된 창조교육을 지원받을 수 있는 시설과 제도를 마련해줘야 한다. 예를 들어, 일반 공교육에서 '무학년제'로 맞춤교육을 하면, 보통 아이들도 부유한 환경의 아이들처럼 학교 밖 사교육과 특수학교 선행학습을 마음껏 할 수 있다. 그 결과 보통 아이들과 부유한 환경을 지닌 아이들을 격차는 줄어들게 된다. 그 때문에 최근에 등장한 '선행학습금지법'은 창조경제를 이끌 혁신가를 길러내는데 매우 불리하다.

셋째, 창조경제에서는 혁신가를 원하고 있기 때문이다. 혁신가라 불리는 이들에게는 공통점이 있다. 왜 가난한 집의 우수한 아이들이 더 혁신적인 인재가 되는 것일까? 그것은 비교적 가난한 환경의 아이들이 부모의 관심과 돌봄을 덜 받는 한편 모범이나 규율에서 자유롭기 때문이다. 즉 자기 결정적이고 자기 주도적인 선택의 경험을 하게 되는 것이다. 이것이 혁신을 위한 원동력이 된다. 그러나 이런 환경에서는 범죄자가 될 확률도 높다. 그래서 사회가 가난한 아이들을 보살피지 않으면 범죄율이 올라가고, 경제성장의 동력이 약해질 수밖에 없다. 창의성 중심의 열린교육은 국민 건강을 증진시키고 범죄율을 낮춘다는 연구도 있다.

초등학교 시절에는 두뇌에서 신경전달 물질이 작용하는 패턴이 생긴다. 이 점은 감안하여, 초등학교를 대학교처럼 학과제로 운영하는 것도 좋은 방법이다. 중·고등학교에서는 난이도 높은 문제 출제를 금지하고, 개별적으로 선행 학습과 후행 학습을 무학년제 맞춤교육 방식으로 할 수 있게 허용해야 한다. 그래야 배움의 자기결정성이 생기고, 아이들의 발명 동기와 창조적 지능을 발달시킬 수 있다. 그리고 진도를 따라오지 못하는 아이들과 뛰어난 아이들을 위한 방과 후 특별반을 공교육에서도 상시 운영해야 한다. 물론 공교육 현자에 맞춤교육의 장이 마련되고, 적합한 선생님이 투입돼야 한다.

(3) 발명 본능을 유지하라.

특허에 강한 두뇌를 키우기 위해서는 우선 동물적인 도파민회로와 인간적인 도파민회로가 다르다는 점을 이해해야 한다. 동물과 달리 인간은 계획을 세우고 실천하도록 하는 앞이마 뒤쪽의 이성적인 전전두피질이 너무나 발달했다. 그래서 포유류의 뇌로 알려진 중뇌에서 전전두피질까지 도파민회로가 잘 발달되어야 한다. 인간을 포함한 모든 동물은 의욕과 자기주도성 호르몬인 도파민을 두뇌에 일정량 유지하려는 본능이 있다. 그래야 자기 존재감과 행복감이 느껴지기 때문이다.

발명에서는 세포막을 출현이 가장 중요하다. 세포막은 기름 성분과 물을 분리시키는 원리를 이용하면서 생겼다. 세포막은 막의 안팎 성분을 다르게 하기 시작했고, 그 성분을 유지하려 했다. 생명체에 발명 본능이 있다는 것이다. 세포는 주변 환경에 적응하면서 세포막에 생존을 위한 장치를 계속 새롭게 만든다. 사람에게 있는 창의성 발달에 중요한 역할을 하는 '도파민'도 이와 같은 원리로 발달한다. 도파민은 어려운 상황을 극복한 후에 느끼는 만족감의 호르몬이며, 다시 새로운 것을 찾아서 만족감을 얻으려고 욕구를 만든다. 도전과 성취 횟수가 많아질수록 도파민회로는 더 발달한다.

타고난 발명가와 기업가는 도파민회로가 잘 발달된 행동을 보인다. 그들은 산만하지만 자신이 좋아하는 일에는 고도의 집중력을 발휘한다. 그들은 교과과정이 정해진 교실에서 산만한 아이로 찍히거나 자신이 좋아하는 과목만 공부하려 한다. 예체능을 좋아하기도 한다. 특히 아이들은 도파민이 만드는 욕구가 지배적이라서 게임에 잘 빠지는데, 게임은 단계별 성취를 이루도록 설계되어 있기 때문이다. 이 세상에서 인간의 욕구와 두뇌를 가장 잘 아는 사람들은 게임회사에 모여 있다는 생각이 들 정도로 게임은 사람들의 호기심과 열정을 흡수한다. 따라서 아이들이 교과과정 모두에 흥미를 느낄 수 없는 게 정상이라고 생각하고, 그래서 초등학교 때부터 미술과 발명이 융합된 수업이 국·영·수만큼 중시되어야 한다. 그래야 기업가와 발명가가 더 많이 나오고, 창조경제에도 도움이 될 수 있다.

인간은 동물과 달리 도파민이 전전두피질에도 충분히 있어야 한다. 물론 동물도 보다 이성적이면 리더가 될 수 있으며, 리더가 되면 더 이성적이 된다. 우두머리가 된 원숭이는 세로토닌 호르몬이 증가하는데, 그만큼 생각할 거리가 많아지기 때문이다. 이렇게 리더가 되면 사고방식이 달라진다. 완장을 차면 태도가 달라진다고 하여 '완장효과'로도 불리는 역할행동은 인간과 동물 모두에게 있다.

사람은 집단 내에서 낮은 지위에 있다 보면 스스로 생각해 판단할 일이 줄어들고, 자율적 선택 횟수가 줄어 전두엽의 도파민이 줄어든다. 그래서 용의 꼬리보다는 뱀의 머리에서 대박 아이디어를 더 많이 떠올린다. 용의 꼬리는 머리 눈치를 보다가 도파민과 창의성이 동시에 줄어들면 나중에는 생각하는 것조차 싫어한다. 생활방식이 환경에서는 생각에 쓰이는 회로가 약해지는데, 이렇게 되면 창의적 인간이길 포기하는 것이나 다름없다. 발명 본능이 약해지다가 생각하는 시간까지 줄어들면 도파민은 전전두엽이 아닌 중뇌에 머물며 과잉 상태가 되기 때문이다. 생리심리학 관련 책을 보면 중뇌 부분에 도파민이 많아지면, 사람이 포유동물처럼 좋아하는 것에만 집착하는 강박이나 망상 등을 정신분열 확률이 올라간다고 한다.

(4) 창의성은 허락하는 것이다.

어느 작가는 이렇게 말했다.

"후대에 태어난 작가들은 선배들의 문구를 인용할 수밖에 없다."

발명에서도 사정은 마찬가지다. 기존 기업의 특허 외에도 대박이 가능한 특허는 많지만, 이미 과거에 등록되었거나 20년이 지나서 기술이 오픈된 경우도 많다. 상담자의 발명이 이미 특허로 등록됐다 해도 필자는 그 발명과 노력에 대해 아낌없는 찬사를 보낸다. 그에게는 최초이며 기발한 발상이기 때문이다. 아이를 키울 때도 마찬가지다. 아이들이 어떻게 과거에 그 누구도 하지 않은 생각과 발명을 하겠는가? 그저 부모들은 놀라운 발견이라고 칭찬을 해주면 된다. 그러면 아이들은 도파민회로가 더 발달하여 다음에는 정말 놀라운 혁신가가 된다. 성인의 경우에도 일단 상담자의 발명을 칭찬한 후에 그 발명이 특허감이 되도록 유도해줘야 한다.

특허에는 특허를 가진 발명가, 시제품 업체를 운영하는 사장, 디자이너와 화가, 조각가, 건축가, 엔지니어, IT 전문가들로 이뤄져 있다. 어느 분야에든 멘토가 있듯, 이들이 멘토가 되는 것이다. 교육에서는 명문대 합격이 성공의 기준이 되듯, 특허사업에서는 시제품 단계에서 소비자의 호평을 받아야 이후 사업화가 가능하다. 따라서 발상에서는 아이디어를 도와주고, 발명에서는 구조와 재료의 효율성을 함께 고민하고, 시제품 제작에서는 보다 싸게 만들도록 일원화 된 서비스를 해야 발명가들의 창의성에 날개를 달게 된다.

아이들의 창의성을 죽이는 곳이 교과과정을 중시하는 학교이듯, 발명가의 창의성을 죽이는 사람은 변리사나 투자자가 될 듯싶다. 초보 발명가의 호기심과 의욕을 꺾는 가장 대표적인 말은 "이런 건 특허가 될 수 없어요.", "이미 있습니다." 같은 것이다. 늘 하던 대로 제도화된 방식에 젖은 변리사나 투자자들은 상당히 높은 수준의 발명을 선별하는 일에 익숙해져 있다. 언젠가 위대한 발명가가 될 사람도 발명 과정의 소중함을 칭찬받기 전에 관련 권위자에게 특허를 포기하라는 말을 듣게 되면 의욕이 꺾인다. 초보 아이디어를 가지고 창조경제타운이나 창업투자자, 잘나가는 변리사에게 가면 당연히 선행기술과 바로 비교된다. 자기 아이디어가 특허가 되기 어렵다는 말을 들으면 초보 발명가는 시간을 낭비했다는 후회와 자괴감에 빠지기도 한다. 그 결과, 더 위대한 특허는 나오지 않는다.

이미 선행기술이 있는 걸 몰랐느냐는 무심한 말을 교사의 가혹한 채점과 같다. 발명가와 아이들은 자존감이 줄어들고, 새로운 시도를 할 의욕 역시 사라진다. 그렇게 창의성과 기업가정신도 사라진다. 변리사들의 냉정한 정답과 평가가 발명가의 창의성을 죽이는 것처럼, 아이의 창의성에 가장 큰 장애물은 바로 엄마의 과잉보호이다. 과잉보호는 엄마가 아이의 보호자이고 어른이라는 이유로 아이의 바람직한 행동과 진로를 알고 있다는 착각에서 비롯한다. 세상과 아이의 미래에 대한 많은 정답을 가진 부모는 아이 스스로 색다른 경험을 해보지 못하게 할 가능성이 높다. 예를 들어, 아이와 함께 일을 할 때 아이가 다치거나 부엌이 엉망이 될까봐 맡기지 않는다면, 아이는 식탁 위의 음식이 차려지기까지의 모든 과정을 체험하지 못한다. 즉 공부만 잘하면 된다는 식의 양육은 오히려 공부마저 못하는 아이로 만든다. 공부를 잘하더라도 나중에 실력을 활용하는 융통성이 부족한 아이가 된다. 이런 융통성 없는 사람은 일상에서 결코 아이디어를 건질 수 없다.

어떤 체험이든 오르막 또는 내리막 등의 전체 과정을 스스로 결정하며 체험하지 못하면 두뇌에서는 도파민의 경로가 약해진다. 요즘 어디서나 참여하고, 토론하며,

팀으로 진행하는 교육과 강의 등이 늘어나는 것은 매우 바람직한 현상이다. 곳곳에서 과거의 도제식 교육이 부활하여 전체적인 지식의 그물망을 자유롭게 돌아다니도록 해야 창의성이 폭넓어진다. 한 교사가 아이들을 10년 이상 담당하는 학교도 있는데, 그것은 옛 도제식 교육에 가깝다. 아이들은 어떤 일과 체험이 살짝 위험하거나 어렵다는 것을 알면서도 해냈을 때 도파민이 많이 나오는 체험을 해야 창의력이 좋아진다. 엄마는 어리다는 이유로, 또는 본능적으로 위험하다고 생각되면 아이가 체험에 다가가는 것을 막는다. 이렇게 "위험해!", "안돼!" 등의 부정적 메시지를 전달하거나, 배가 고프지 않은데 시간에 맞춰 식사를 강요하는 것은 창의성에 좋지 않다. 창의성은 금지보다는 시도를 허락하는 비율이 더 높을 때에 발달한다.

개개인의 창조성을 확장시킴으로써 사회 전체를 아름답게 만들 수 있다고 주장한 독일의 예술가들은 예술, 교육, 정치, 환경운동을 함께 하며 살았다. 특히 그들은 나무를 심다가 생을 마감했는데, 자신들의 신념에 대한 실천력이 강했던 그들은 20세기를 대표하는 현대미술의 거장들이다. 그들은 "모든 사람은 예술가이다."라고 말했는데, 모든 인간의 창조력을 인정하면서 교육과 정치, 예술을 통해 '사회조각'이라는 개념을 이루려고 했다. '사회조각'은 사회 전체를 아름다운 예술품으로 만든다는 개념이지만 개인으로서 시민의 가슴에 예술적인 창조성과 역동성을 주는 것이 기본이다. 그래서 그들은 "교육이야말로 최상의 예술이다."라며 불합격생도 학교 수업을 듣게 했다. 이 문제로 그들은 대학과의 갈등을 겪었다.

그들의 사회조각 개념은 언제 완성될지 모른다. 어쩌면 단지 꿈에 불과한 외침일 수도 있다. 왜냐하면, 집단의 사회 · 문화적, 정치 · 경제적 바탕이 개인의 창조성에 미치는 영향이 너무나 크므로, 복지와 평생교육과 정치가 분리되지 않는 구조 속에서만 사회조각이 가능하기 때문이다.

회복탄력성은 자신의 생존이 위협받지 않도록 하는 생리적 안전과 사회적 안전이 보장된 후에 생겨난다. 사회적 신뢰감이 주는 소속감과 자신의 역할을 인정받고 자기결정성을 존중받아 자존감까지 갖춰질 때 우리는 성장하는 것이 회복탄력성이다. 회복탄력성이 없는 사람은 소극적일 경우 우울해지고, 적극적일 경우 작은 좌절에도 자살을 시도하기도 한다. 이 회복탄력성은 국가의 복지수준과 비례하여 생긴다. 실업위기와 주거불안정, 건강의 위협을 얼마나 해소할 수 있는가와 정신적 풍요를 주는 교육복지가 국가의 회복탄력성이다. 사회복지 수준이 낮아서 공무원이 되지 못하거나 대기업에 들어가지 못하면 먹고사는 것이 불안한 사회에서는 개인적 선택의 여지가 줄어든다. 그래서 교육도, 사업도, 경쟁이 심한 좁은 길임에도 고지식한 선택을 해야 하는 분위기가 형성된다. 그것은 곧 국가의 복지수준이 낮을수록 창의성도 낮아지는 결과로 이어진다.

자기 결정적 선택권이 있다는 말을 서로 가치는 비슷하지만 성격이 다른 것을 고를 때 쓸 수 있다. 예를 들면, 옷가게에서 비슷한 가격대에 다양한 색과 디자인의 옷이 많다면 자기결정성이 발현된다. 또한 비슷한 명문대와 대기업에 가지 않아도 비슷한 가치의 색다른 삶을 생존과 자존의 위협 없이 누릴 수 있을 때, 직업 선택에서의 자기결정성이 있다고 할 수 있다.

아이디어의 성공은 솔로몬의 심판과 관계가 있다. 솔로몬 왕에게 두 여인이 한 아이를 안고 와 서로 자기 아이라고 우겼다. 그러자 왕은 두 여인에게 아기를 반으로 나눠 가지라고 했다. 그때 아기의 진짜 엄마는 그 아기를 포기했다. 아기의 생명을 지키기 위해서였다. 아이디어 자체를 더 사랑하는 사람도 마찬가지다. 어렵게 탄생시킨 아이디어가 자기 손을 떠나서라도 성공하길 바란다. 어디라도 날아가서 꽃을 피우고 열매 맺길 바란다. 복지가 부족한 사회의 구성원이 갖게 되는 소유욕과 이기심은 아이디어의 성장에 매우 해롭다. 21세기에 가장 중요한 자본인 신뢰자본이 약하기 때문이다.

회복탄력성이 갖춰진 후에는 자기주도성과 자존감을 갖고 자아실현을 할 수 있어야 그 다음은 창조와 혁신으로 갈 수 있다. 자기주도성은 스스로 자기 삶을 이끌어가는 것이다. 교육에서의 자기주도성은 각각의 학생에게 개별 맞춤교육이 이뤄질 때 가능하며 사회에서는 일자리가 많아야 가능하다. 무학년제로 자신의 수준과 적성에 따라 교실을 찾아다니는 대학교식 수업이 초중고에도 정착되어야 하는 우선적 이유가 여기에 있다. 도파민은 자기 주도적으로 뭔가를 해볼 때 맛보는 성취감과 효능감에 의해 성장하는데, 난이도가 맞지 않고 흥미 없는 수업은 학생들의 도파민신경망을 약하게 만든다. 성장기에 자기 주도적이지 않은 생활이 버릇이 되면 성인이 되어서도 그대로 살아가려는 기질이 생겨 정신적 · 육체적 건강에 해로울 뿐 아니라 사회 전체의 활력을 저하시킨다.

자기 주도성이 약하면 면역력도 약해진다. 직업이 적성과 맞지 않아도 암 발병률이 10배 이상 껑충 뛰었다. 또 의사들의 직업만족도와 암 발생을 조사한 연구에서도 자신의 일에 흥미나 자부심을 갖는 것이 건강과 깊은 관련이 있었다. 의사나 공무원뿐만 아니라 학생도 마찬가지다. 자기 주도성을 발휘하지 못하는 학교는 학생들의 창의성과 면역력을 동시에 떨어뜨린다. 현재 우리나라의 공교육은 창의성과 지능, 건강을 방해하고 있다. 이런 학교시스템을 바꿔야 한국의 원천특허와 표준특허 경쟁력도 좋아질 것이다.

자기 주도성과 자존감을 위해서는 여럿이 협동하여 토론식으로 공부하고 공동 과제를 해결해 보는 프로젝트 수업이 좋다. 교사 중심 경쟁교육이 학생 중심의 협력교육으로 전환되어야 한다. 왜냐하면, 자기 주도적인 협업 없이는 창조적 수준이 높아질 수 없기 때문이다. 요즘의 창조성은 이기적이고, 소유적인 동기에서 애타적이고, 공유적인 동기로 혁신돼야 수준이 높아진다.

CHAPTER 07

지식재산권

김교수의

특허출원 따라하기

▍지식재산권

(1) 지식재산권이란?

사전적 의미로는 지적활동으로 인하여 발생하는 모든 재산권을 말하고 산업발전을 목적으로 하는 공업 소유권과 문화 창달을 목적으로 하는 저작권으로 나뉘어 있다고 한다. 앞에서 언급한대로 지식재산권은 저작권, 산업재산권, 신지식재산권으로 구성되어 있는 굉장히 큰 개념이다. 그러므로 기존의 유형적이고 전통적인 저작물뿐만 아니라 무형의 저작물, 지식 등 모든 것들을 아울러 보호하는 역할을 하고 있다. 과거에 지적재산권이라고 불리기도 했지만, 현재는 지식재산권으로 용어가 변경되었고 줄여서 '지재권'이라고 부르기도 한다.

(2) 지식재산권의 종류

지식재산권은 신지식재산권과 전통적 지식재산권으로 구분된다. 먼저 신지식재산권에는 컴퓨터프로그램, 생명공학, 데이터베이스, 식물기술 등 현대시대에 들어 등장한 다양한 기술들을 포함한다. 전통적 지식재산권은 기존의 저작물들을 보호하는 저작권과 특허권, 실용신안권, 디자인권, 상표권 등을 포함한 산업재산권으로 구분된다.

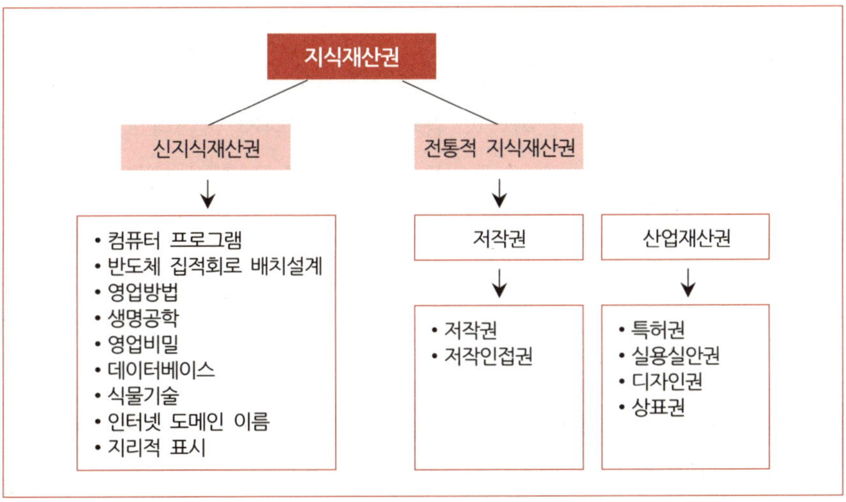

▍산업재산권

산업재산권은 산업에 이용 가치가 있는 발명 등에 관한 권리이다. 위 〈표〉에 나온 것처럼 좁은 의미에서는 특허권, 실용신안권, 디자인권, 상표권 등을 말하고, 반대로 넓은 의미에서는 노하우권, 미등록주지상표권 등을 모두 포함하고 있다.

특허청에서는 키프리스(특허정보 활용서비스) 및 공공데이터포털을 통해 산업재산권 분야의 국가중점 데이터 4종, 약 63만 건의 데이터를 신규 개방한다. 민간에서 이를 활용하여 핵심 · 원천 특허를 창출하고 사전에 유관된 특허정보를 파악함으로써 타인과의 특허분쟁을 예방할 수 있다.

- 어떤 데이터들이 개방되는 것일까?
  - 데이터 제공기관(특허청)
  - 개방데이터
  - 데이터건수
  - 제공방식

- 어떻게 활용할 수 있을까?

산업재산권 정보는 산업재산권을 출원하고자 하는 기업, 발명가 이외에도 법률전문가, 정책수립가 등 다양한 분야의 종사자들에게 유용하다. 특허 – 상품연계정보(전기 분야)를 활용하면 전문가가 복잡한 검색식을 입력하지 않더라도 일반 국민들이 상품명으로 손쉽고 빠르게 원하는 특허를 찾음으로써, 특허정보 활용 촉진을 통한 고부가가치서비스 창출에 기여할 수 있다.

과거이미지 특허 · 실용신안 공보 전자화를 통해 기존에 검색되지 않던 과거의 정보를 검색할 수 있게 함으로써 심사품질을 높이고, 특허 선도국으로써 국제적 인지도를 제고할 수 있다.

특허심판 서지정보, 등록이의신청 서지정보 등 분쟁정보 제공을 통해 민간의 특허수익 창출과 관련된 주요 기술분야에 대한 분쟁발생 내용을 파악할 수 있게 함으로써 국민의 알권리를 보장하고 특허분쟁을 방지할 수 있다.

1) 산업재산권

산업재산권은 특허권, 실용신안권, 디자인권, 상표권을 말한다. 이들 산업재산권의 종류는 모두 산업경제와 관계가 깊은 지식재산권으로서 각각 보호대상이 다르다. 즉 이들 산업재산권은 각각 「특허법」, 「실용신안법」, 「디자인보호법 및 상표법」 등 서로 다른 법률에 의해 각각의 권리를 규율한다.

먼저 특허권은 자연법칙을 이용한 기술적 사상의 창작으로서 발명 수준이 고도한 발명에 대해 부여되는 권리이다.(「특허법」 제2조제1호) 특허권의 권리는 아래 그림에 나타낸 바와 같이, 등록일(특허청 심사를 통과하여 특허결정서를 받은 후 특허권을 받기 위해 등록료를 납부한 날)로부터 발생하며, 출원일 후 20년까지 존속된다.

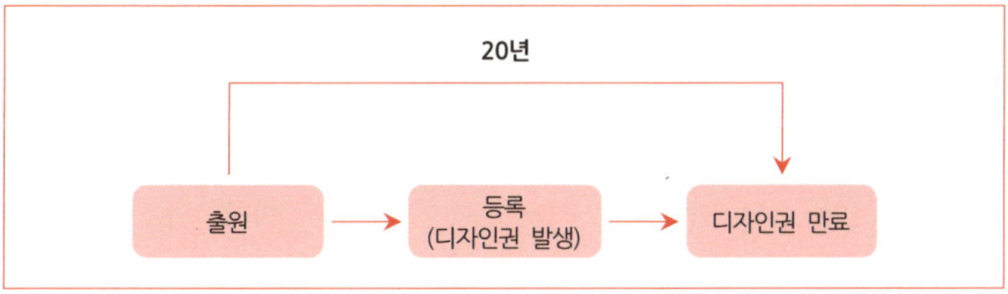

실용신안권은 물품의 형상, 구조, 조합에 관한 고안에 대해 부여되는 권리이다.(실용신안법 제2조제1호) 실용신안권의 권리는 등록일로부터 발생하며, 출원일 후 10년까지 존속된다. 실용신안권은 특허권과 마찬가지로 기술에 관한 아이디어를 보호하는 권리이지만, 특허와는 달리 기술과 관련된 아이디어 중에서도 물품의 형상, 구조 및 조합에 관한 고안만을 보호 대상으로 한다. 따라서 방법이나 소프트웨어, 물질 등과 관련된 기술은 실용신안권으로 보호받을 수 없으며, 특허권을 통해서만 보호받을 수 있다. 또한 실용신안은 등록 요건이 특허권과 거의 비슷하나, 설명할 특허요건 중 진보성의 요건은 특허에 비해 진보 정도가 낮다는 차이점이 있다.

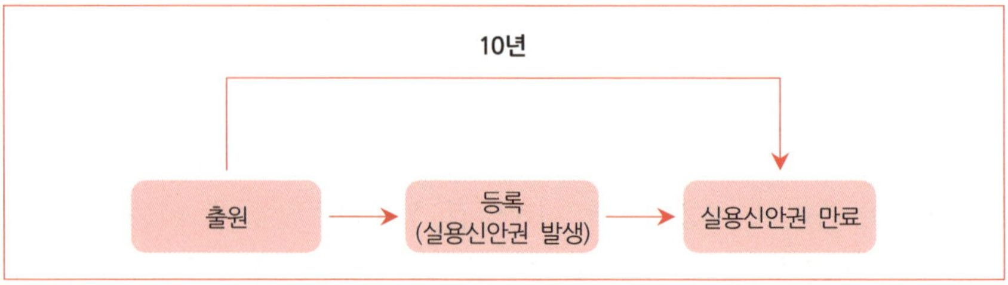

디자인권은 물품의 외관인 디자인에 대한 아이디어를 보호하는 권리이다. 즉 디자인권은 독특한 형상 · 모양 · 색채가 있는 물품의 외관에 부여되는 권리로서, 등록일로부터 발생하며 출원 후 20년까지 존속된다.(「디자인보호법」 제91조)

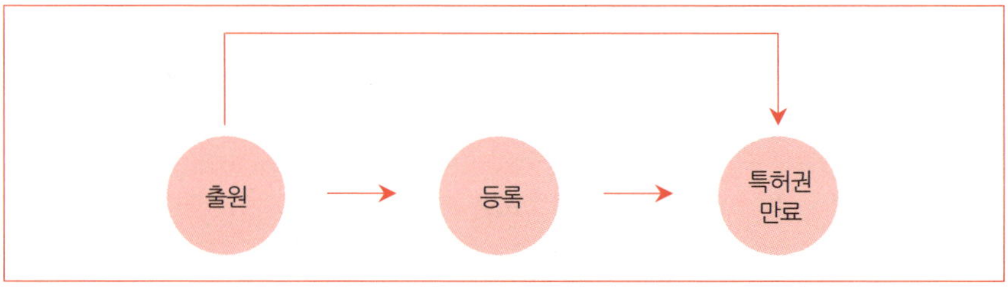

상표권은 식별력 있는 상표 또는 서비스표에 부여되는 권리이다. 상표란, 타인의 상품과 식별되도록 유형의 상품에 사용하는 표장으로 기호 · 문자 · 도형 · 입체적 형상 · 색채 · 홀로그램 · 동작 또는 이들의 결합을 말한다. 이와 달리 서비스표는 무형의 서비스에 사용하는 표장을 말한다. 상표권은 등록 후 10년까지 존속되지만, 다른 산업재산권과 달리 갱신 절차를 거쳐 10년씩 존속기간을 계속적으로 연장할 수 있다.(「상표법」 제83조)

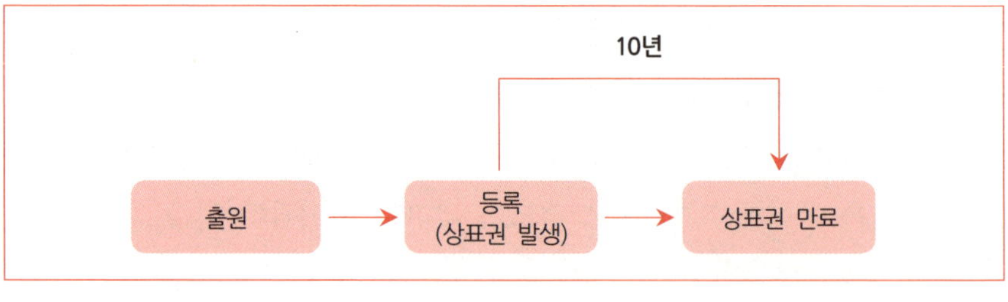

<산업재산권의 비교>

종류	특허권	실용신안	디자인	상표권
정의	자연법칙을 이용한 기술적 사상의 창작으로서 고도한 발명(대발명)	자연법칙을 이용한 기술적 사상의 창작(소발명)인 고안	물품의 형상 · 모양 · 색채 또는 이들을 결합한 것으로서 시각을 통해 미감을 일으키게 하는 것	기호 · 문자 · 도형 · 입체적 형상 · 색채 · 홀로그램 · 동작 또는 이들을 결합한 것
보호대상	모든 발명	물품의 형상 · 구조 또는 조합에 관한 고안에 한정됨	물품의 디자인	상품 및 서비스에 사용하는 표장(브랜드)
존속기간	등록일 후 출원일로부터 20년이 되는 날까지	등록일 후 출원일로부터 10년이 되는 날까지	등록일 후 출원일로부터 20년이 되는 날까지	등록일로부터 10년(10년마다 갱신 가능)

2) 산업재산권을 보호하는 이유

특허제도는 발명을 보호 · 장려함으로써 국가산업의 발전을 도모하기 위한 제도이다(「특허법」 제1조). '기술 공개의 대가로 특허권을 부여'하는 이유는 공개기술을 활용하고, 발명의욕을 고취함으로써 궁극적으로 산업발전을 도모하기 위해서이다.

- 기술 공개 → ▲기술축적, 공개기술 활용 → ▲산업발전
- 독점권 부여 → ▲사업화 촉진, 발명의욕 고취 → ▲산업발전

디자인보호제도 역시 보호를 통해 창작을 장려하여 산업발전에 이바지함을 목적으로 한다.

- 독점권 부여 → ▲사업화 촉진, 발명의욕 고취 → ▲산업발전

상표제도의 경우는 상표를 보호함으로써 상표 사용자의 업무상의 신용유지를 도모하여 산업발전에 이바지함과 아울러 수요자의 이익을 보호함을 목적으로 하기 때문에 특허제도나 디자인보호제도와는 차이가 있다.

- 독점권 부여 → ▲업무상 신용유지 → ▲산업발전, 수요자의 이익보호

3) 독점권으로서의 산업재산권

산업재산권을 등록한 사람(특허권자, 실용신안권자, 디자인권자, 상표권자)은 해당 산업재산권을 사용할 권리를 독점한다. 독점권은 시장경제의 근간인 자유경쟁에 배치되는 권리이므로 특허청은 엄격한 심사를 통해 등록을 허용하고 있다. 이처럼 산업재산권이 어렵게 획득한 독점권이라는 점 때문에 일반인들로서는 다음과 같은 사항을 잘못 알기가 쉽다.

첫째, 산업재산권을 등록한 사람은 해당 산업재산권을 사용할 수 있을까? 일반적으로는 사용이 가능하다. 그러나 특허와 실용신안의 경우에는 사용하지 못할 수도 있다. 원천기술의 특허가 유효한 경우에, 그 원천기술의 응용기술을 특허등록한 사람은 원천기술 특허권자의 허락 없이는 자신의 특허를 실시할 수 없다. 이것이 원천기술이 중요한 이유이다.

둘째, 특허청이 등록을 거절한 산업재산권은 사용할 수 없을까? 특허청이 거절한 이유가 현재 유효한 타인의 산업재산권 때문이 아니라면, 특허청이 등록 거절한 산업재산권을 사용할 수 있다. 예를 들어, 호두를 넣어 만든 과자에 대해 '호두과자'를 상표로 출원할 경우 특허청에서는 등록이 거절되겠지만, 출원인은 자기제품에 '호두과자'라고 표시할 수 있다. 다만, 이런 경우에는 다른 가게도 '호두과자'라고 표시할 수 있다는 사실에 주의해야 한다.

신지식재산권

1) 신지식재산권

신지식재산권은 단어에서도 알 수 있듯이 새로 생긴 지식재산권이다. 그럼 왜 신지식재산권이라는 것이 등장하게 되었을까? 그 이유는 과학의 발달로 컴퓨터 프로그램, 데이터베이스, 인공지능 등 많은 창작물들이 등장하면서 기존에 있었던 전통적 지식재산권의 정의와 범주 안에서는 이러한 저작물들이 보호받기가 힘들기 때문이다. 그렇기에 신지식재산권이라는 새로운 개념이 탄생했다. 특허청은 '98년 8월부터 소프트웨어를 디스켓, 시디 등에 담으면 '매체특허'로 인정하고 있고, '97년부터는 동물발명도 특허를 내주고 있다.

2) 신지식재산권의 유형

(1) 컴퓨터 프로그램

컴퓨터가 세상에 처음 나왔을 때는 하드웨어 제조업자들이 컴퓨터 시장을 주도하였으나, 이후 시장의 크기가 커지면서 마이크로소프트MS社와 같은 전문적인 소프트웨어 업체들이 주도권을 가지게 되었다. 컴퓨터 프로그램은 사상이 동일해도 표현이 다르고, 독창성이 있으면 별개의 지식정보로 분류된다.

(2) 반도체 집적회로의 배치 설계권

반도체 집적회로는 기술의 혁신 결과 고집적화가 급속하게 이루어져 현재 우리가 쓰는 모든 전자, 전기 기기에 필수적인 구성요소로 자리 잡았다. 이러한 반도체 집적회로의 개발에는 막대한 비용을 투자해야 하지만 기존 법에서는 적절한 보호를 받을 수가 없었다. 따라서 선진국에서는 새로운 특별법을 만들어 이를 보호하고 있으며, 우리나라에서도 1993년 9월 1일부터 반도체 집적회로의 배치 설계에 관한 법률을 제정하여 시행하고 있다.

(3) 영업 방법

최근 인류는 급격한 정보화시대를 살고 있고, 특히 비즈니스 영역에서는 전자상거래 기술이 점점 발전하고 있다. 이와 관련하여, 1998년 미국의 특허 전문 고등법원에서 뮤추얼펀드의 투자 관리시스템을 특허로 인정하는 판결을 내렸다. 이 판결을 계기로 이른바 비즈니스 모델에 관한 특허출원은 미국뿐만 아니라 전 세계적으로 붐을 이루고 있다.

(4) 생명공학

그동안 생명공학 분야는 생명의 존엄성이라는 윤리적인 문제와 생명체는 신의 창조물이지 인간의 발명이 아니라는 이유로 특허대상에서 제외시켜 왔었다. 그러나 1980년 미국 대법원은 'Diamond v Chakrabarty'사건에서 원유를 분해할 수 있는 인공 미생물에 대한 특허권을 인정하기에 이르렀고, 이와 함께 태양 아래 인간이 만든 모든 것은 다 특허를 받을 수 있다고 판결하였다. 그 결과 유전공학 기술과 결부된 미생물은 물론 동물에 이르기까지 광범위하게 특허를 인정하게 되었다. 한편, 2011년 9월에 개정된 미국 「특허법」에서는 인체조직에 관한 발명은 불특허 사유로 규정하고 있다.

(5) 영업 비밀

영업 비밀은 공공연히 알려져 있지 않고 독립된 경제적 가치를 가지는 것으로 상당한 노력에 의해 비밀로 유지된 생산 방법, 판매 방법, 그 밖에 영업 활동에 유용한 기술상 또는 영업상의 정보를 말한다. 영업 비밀의 보호를 위해 「부정경쟁방지 및 영업비밀보호에 관한 법률」에 관련 내용이 규정되어 있다.

(6) 데이터베이스

빅데이터를 기반으로 하는 인공지능기술 등이 중요한 사업으로 부상함에 따라 데이터베이스의 중요성이 갈수록 높아지고 있다. 기존에는 데이터베이스의 기술적 사상은 「특허법」으로 보호할 수 있고, 그 콘텐츠는 저작권으로 보호가 가능했다. 그러나 멀티미디어 데이터베이스처럼 기술적 사상과 콘텐츠의 경계가 점차 모호해지고 있다.

(7) 식물기술

식물은 「특허법」과 「종자산업법」에 의해 보호를 받는다. 식물 및 식물의 육종방법은 「특허법」에 의해 보호되고, 식물의 품종은 「종자산업법」에 의해 보호를 받는다. 이전에는 무성적으로 반복 생식할 수 있는 변종식물에 한하여 특허를 받을 수 있었지만, 2006년에 「특허법」이 개정되면서 이 규정이 폐지되어 모든 식물에 대한 특허 등록이 가능하게 되었다. 한편, 「종자산업법」에 의해 식물의 품종으로 등록되기 위해서는 신규성, 구별성, 균일성, 안정성 및 품종 명칭이 필요하며, 농촌진흥청 산하의 종자관리소에서 이를 관리하고 있다.

(8) 인터넷 도메인이름

도메인이름은 원래 인터넷주소를 나타내는 것이지만, 그 자체가 출처 표시 역할을 하는 경우도 있다. 도메인이름의 사용이 상표권을 침해하는 경우나, 유명상표를 이용한 도메인이름을 확보한 뒤 이를 상표권자에게 비싼 값에 되파는 사이버스쿼팅 등 일정한 경우에 대해서는 도메인이름 분쟁 절차에 의해 해결이 가능하다.

(9) 지리적 표시

지리적 표시란, 특정한 지리적 출처를 가지고 그 지리적 출처에서 기인하는 품질 또는 명성을 가진 상품에 부여되는 표지를 말한다. 지리적 표시로 기능하기 위해서는 해당 표지가 그 지역에서 나온 상품을 특정하는 것이어야 하며, 상품의 품질, 특징, 명성이 본질적으로 그 지리적 특성에 기인한 것이어야 한다.

김교수의
특허출원 따라하기

CHAPTER 08

특허 사례

김교수의
특허출원 따라하기

특허등록 사례('피자치즈 탕수육' 제조 방법)

(19) 대한민국특허청(KR)	(45) 공고일자 : 2013년10월07일
(12) 등록특허공보(B1)	(11) 등록번호 : 10-1315240
	(24) 등록일자 : 2013년09월30일

(51) 국제특허분류(Int. Cl.) *A23L 1/315* (2006.01) *A23L 1/31* (2006.01) *A23C 19/00* (2006.01) *A23L 1/48* (2006.01)	(73) 특허권자 : 이성영 충청남도 공주시 번영1로 194-7, 대아아이투빌아파트 112동 403호(신관동)
(21) 출원번호 : 10-2013-0077883	(72) 발명자 : 이성영 충청남도 공주시 번영1로 194-7, 대아아이투빌아파트 112동 403호(신관동)
(22) 출원일자 : 2013년07월03일 심사청구일자 : 2013년07월03일	
(56) 선행기술조사문헌 KR1020000024323 A KR1020030060363 A KR1020060102569 A KR1020060118064 A	

전체 청구항수 : 총4항 심사관 : 하혜경

(54) 발명의 명칭 : '피자치즈 탕수육의 제조 방법'

(57) 요 약

본 발명은 피자치즈의 느낌 및 맛이 나도록 하기 위해 튀긴 고기에, 내부소스를 넣고 버무려 탕수육을 만든 뒤 그 위에 치즈를 끼얹고 오븐에서 구워 치즈가 두껍게 녹아 덮개 역할을 하는 피자치즈의 형태가 되도록 하였으며, 랩 포장의 편리성을 감안하여 녹은 치즈 위에 외부소스를 다시 뿌려 랩에 녹은 치즈가 달라붙지 않도록 한 피자치즈 탕수육 제조 방법에 관한 것이다.

이를 위해 본 발명은 저지방 닭가슴살 또는 돼지고기등심에서 선택된 고기를 양념하여 재워두었다가 달걀, 전분 및 물을 넣어 반죽하고, 이후 식용유로 튀겨서 튀긴 고기를 만드는 1단계, 식초, 물, 간장, 설탕, 토마토케첩, 고추씨기름 및 캡사이신을 혼합하여 가열하고, 끓게 되면 전분 수용액을 부어서 점도를 맞춘 뒤 피망, 오이, 당근, 토마토 및 양파를 넣고 가열하여 내부소스를 완성하는 2단계, 상기 튀긴 고기와 내부소스를 섞어서 골고루 버무려 탕수육을 만드는 3단계, 상기 3단계의 탕수육을 팬 위의 은박지에 깔고, 그 위에 치즈를 얹어 오븐에서 300℃ 이상으로 4분 30초 동안 가열하여 최소 0.3cm 두께의 녹은 치즈가 만들어지도록 하는 4단계, 상기 2단계에서 사용 후 남은 내부소스를 다시 1분 동안 끓인 뒤 여기에 양파, 오이, 당근, 피망, 블랙올리브 및 옥수수를 넣고 1분 30초 동안 끓여 외부소스를 만드는 5단계, 그리고 상기 4단계에서 만들어진 탕수육은 은박지와 함께 접시에 담고, 녹은 치즈 위에는 5단계의 외부소스를 끼얹어 제품을 완성하는 6단계로 이루어진 특징이 있다.

〈대표도 – 도 3〉

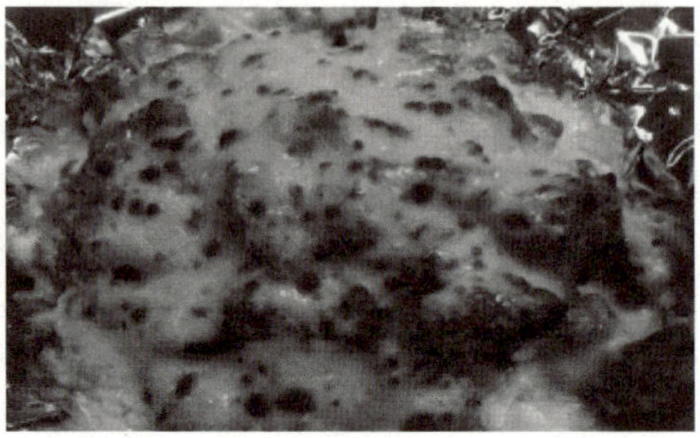

특허청구의 범위

청구항 1

저지방 닭가슴살 또는 돼지고기등심에서 선택된 고기를 양념하여 재워두었다가 달걀, 전분 및 물을 넣고 반죽하고, 이후 식용유로 튀겨서 튀긴 고기를 만드는 1단계; 식초, 물, 간장, 설탕, 토마토케첩, 고추씨기름 및 캡사이신을 혼합하여 가열하고, 끓게 되면 전분 수용액을 부어서 점도를 맞춘 뒤 피망, 오이, 당근, 토마토 및 양파를 넣고 가열하여 내부소스를 완성하는 2단계; 상기 튀긴 고기와 내부소스를 섞어서 골고루 버무려 탕수육을 만드는 3단계; 상기 3단계의 탕수육을 팬 위의 은박지에 깔고, 그 위에 치즈를 얹어 오븐에서 300℃ 이상으로 4분 30초 동안 가열하여 최소 0.3cm 두께의 녹은 치즈가 만들어지도록 하는 4단계; 상기 2단계에서 사용 후 남은 내부소스를 다시 1분 동안 끓인 뒤 여기에 양파, 오이, 당근, 피망, 블랙올리브 및 옥수수를 넣고 1분 30초 동안 끓여 외부소스를 만드는 5단계; 그리고 상기 4단계에서 만들어진 탕수육은 은박지와 함께 접시에 담고, 녹은 치즈 위에는 5단계의 외부소스를 끼얹어 제품을 완성하는 6단계들로 이루어진 것을 특징으로 하는 피자치즈 탕수육 제조 방법.

청구항 2

제1항에 있어서, 상기 5단계의 외부소스에 들어가는 오이 및 당근은 상기 2단계의 내부소스에 들어가는 오이 및 당근보다 중량비로 최소 2.7배의 함량이 사용되며, 상기 2단계의 내부소스에 들어가는 피망은 상기 5단계의 외부소스에 들어가는 피망보다 중량비로 최소 3배의 함량이 사용됨을 특징으로 하는 피자치즈 탕수육 제조 방법.

청구항 3

제1항에 있어서, 상기 5단계에서 떡볶이 또는 삶은 알밤 중 어느 한쪽을 추가로 넣고 120초 동안 끓여 외부소스에 떡볶이 또는 삶은 알밤 중 어느 한쪽이 포함되도록 한 것을 특징으로 하는 피자치즈 탕수육 제조 방법.

청구항 4
제1항에 있어서, 상기 1단계에서 고기를 튀길 때 고구마 또는 만두 중 어느 한쪽을 함께 넣고 튀기며, 또한 상기 5단계에서 외부소스를 끓일 때 고구마 또는 만두 중 어느 한쪽을 같이 넣고 3분간 끓여서, 튀긴 고기 및 외부소스에 고구마 또는 만두 중 어느 한쪽이 포함되도록 한 것을 특징으로 하는 피자치즈 탕수육 제조 방법.

명세서

기술분야
[0001]
본 발명은 피자치즈 탕수육 제조 방법에 관한 것으로서, 더욱 상세하게는 피자와 탕수육에 들어가는 야채성분들을 이용하여 내부소스를 제조하고 탕수육에 들어가는 튀긴 고기에 상기 내부소스를 버무린 뒤 그 위에 치즈를 두껍게 깔고 오븐에서 구운 후, 상기 오븐에서 나온 재료에 외부소스를 끼얹어 최종적인 피자치즈 탕수육이 만들어지도록 함으로써, 피자의 맛과 탕수육의 맛을 동시에 느낄 수 있으며, 특히 랩으로 포장할 때 녹은 치즈 위에 외부소스가 있어서 녹은 치즈가 달라붙지 않아 배달위주로 식당을 운영할 때 포장 및 운반이 편리한 피자치즈 탕수육 제조 방법에 관한 것이다.

배경기술
[0002]
일반적으로 탕수육은 한국말로서 원어는 탕추러우[糖醋肉(당초육)]이며, 탕수육을 만드는 방법은 돼지고기를 대략 2cm×5cm 크기로 썰어 앞뒤에 칼금을 넣고(오그라들지 않게 하기 위해) 간장 · 생강 · 후춧가루로 양념한 다음 참기름을 조금 둘러 잘 주물러 놓는다. 간이 잘 배었을 때 달걀흰자와 녹말가루를 묻혀 150~160℃의 기름에서 우선 튀기고 기름의 온도를 180 ℃로 높여 다시 튀겨 낸다. 양파를 4~6등분으로 썰고 당근 · 오이 · 죽순을 어슷썰기로 썰어 끓는 기름 속에 넣었다 건지거나 냄비에 기름을 두르고 고온에서 살짝 볶는다. 탕즙에 녹말가루를 풀고 설탕을 넣어 소스를 만들고 진간장과 소금으로 빛깔과 간을 맞춘 다음 준비된 채소를 넣고 식초로 맛을 들여 끓인 후 참기름을 조금 떨어뜨려 뜨거울 때 튀겨 놓은 고기 위에 부어서 만든 것이다.

[0003]
탕수육은 대부분 중국집에서 많이 만드는데, 최근에는 다양한 요리방법을 이용하여 일반식당에서도 탕수육을 만들고 있다. 국내특허 제920313호에는 아귀탕수육이 개시된 바 있다. 이는 아귀를 이용하여 탕수육을 만드는 것으로서, 탕수육에 들어가는 육고기 대신 생선인 아귀를 이용하므로 육식을 하지 않거나 또는 저지방 고단백식품을 필요로 하는 사람에게 좋은 이점이 있다.

[0004]
국내특허 제177895호 및 국내공개특허 제2006-0118064호에는 치즈소스를 이용한 탕수육이 개시된 바 있다. 이는 탕수육소스를 만들 때 치즈를 첨가하여 가열한 것으로서, 치즈의 성분이 돼지고기의 느끼한 맛을 중화시켜주고 맛과 색을 개선할 수 있는 이점이 있다. 그러나 치즈가 탕수육소스에 용융된 상태로 혼합된 것이므로 치즈가 들어간 상태를 육안으로 식별할 수 없으므로 일반 탕수육과 구별이 되지 않으며, 치즈가 탕수육소스의 일부이므로 이를 첨가하는 량에 한계가 있는 등의 단점이 있었다.

[0005]
국내특허 제411351호에는 김치를 이용한 탕수육의 제조 방법이 개시된 바 있다. 탕수육과 김치를 같이 곁들이면 김치의 고춧가루에 들어있는 캡사이신(capsaicin) 성분이 지방을 분해하게 되므로 돼지고기의 느끼한 맛을 중화시켜 주며 김치의 향이 고기의 누린내를 없애준다. 상기 김치를 이용한 탕수육 특허는 김치 이외에 치즈를 뿌려서 전자레인지에서 구운 형태로써 피자에서와 같은 치즈의 향과 고소한 맛을 살린 이점이 있다.

[0006]
그러나 상기 김치를 이용한 탕수육은 치즈를 뿌리고 전자레인지에서 가열한 뒤 김치탕수육소스를 뿌리고, 다시 그 위에 치즈를 한 번 더 뿌려 전자레인지에서 가열하여 최종적으로 탕수육을 만드는 것으로서, 치즈를 두 번에 나누어 뿌리기 때문에 공정이 복잡하고 시간이 많이 걸리는 단점이 있었다. 또한 100g의 치즈를 두 번에 나누어 뿌리기 때문에 일반 피자치즈의 절반 정도로 피자의 량이 적어 피자의 느낌을 줄 수 없는 단점이 있었다. 또한 최상층에 피자가 얇은 두께로 깔리기 때문에 투명 랩을 씌울 경우 랩에 피자가 달라붙는다. 따라서 대학가나 공장지대 및 상업지구에서 배달위주로 식당을 운영할 경우 랩에 포장할 수 없으므로 포장 및 배달에 어려움이 있는 등의 단점이 있었다.

발명의 내용

해결하려는 과제

[0007]
본 발명은 종래의 문제점을 감안하여 개발한 것으로서, 본 발명의 목적은 피자치즈의 느낌 및 맛이 나도록 하기 위해 튀긴 고기에 내부소스를 넣고 버무려 탕수육을 만든 뒤 그 위에 치즈를 끼얹고 오븐에서 구워 치즈가 두껍게 녹아 덮개 역할을 하는 피자치즈의 형태가 되도록 하였으며, 랩 포장의 편리성을 감안하여 녹은 치즈 위에 외부소스를 다시 뿌려 랩에 녹은 치즈가 달라붙지 않도록 한 피자치즈 탕수육 제조 방법을 제공함에 있다.

[0008]
본 발명의 다른 목적은 녹은 치즈 위에 외부소스를 뿌려 랩으로 포장할 때 녹은 치즈가 달라붙지 않으

므로 배달 위주로 식당을 운영 때 운반 및 포장이 편리하고, 특히 녹은 치즈가 보온 덮개의 역할을 하므로 내부의 탕수육이 쉽게 식지 않아 따끈한 탕수육을 배달할 수 있는 이점이 있는 피자치즈 탕수육 제조 방법을 제공함에 있다.

[0009]
본 발명의 또 다른 목적은 상기 내부소스와 외부소스가 녹은 치즈로 인하여 분리된 상태에서 상기 외부소스에 추가적으로 떡볶이, 고구마, 만두 및 알밤 같은 식품을 첨가하여 소비자의 다양한 입맛을 충족시킬 수 있도록 한 피자치즈 탕수육 제조 방법을 제공함에 있다.

과제의 해결 수단

[0010]
이를 위해 본 발명은 저지방 닭가슴살 또는 돼지고기등심에서 선택된 고기를 양념하여 재워두었다가 달걀, 전분 및 물을 넣고 반죽하고, 이후 식용유로 튀겨서 튀긴 고기를 만드는 1단계; 식초, 물, 간장, 설탕, 토마토케첩, 고추씨기름 및 캡사이신을 혼합하여 가열하고, 끓게 되면 전분 수용액을 부어서 점도를 맞춘 뒤 피망, 오이, 당근, 토마토 및 양파를 넣고 가열하여 내부소스를 완성하는 2단계; 상기 튀긴 고기와 내부소스를 섞어서 골고루 버무려 탕수육을 만드는 3단계; 상기 3단계의 탕수육을 팬 위의 은박지에 깔고, 그 위에 치즈를 얹어 오븐에서 300℃ 이상으로 4분 30초 동안 가열하여 최소 0.3cm 두께의 녹은 치즈가 만들어지도록 하는 4단계; 상기 2단계에서 사용 후 남은 내부소스를 다시 1분 동안 끓인 뒤 여기에 양파, 오이, 당근, 피망, 블랙올리브 및 옥수수를 넣고 1분 30초 동안 끓여 외부소스를 만드는 5단계; 그리고 상기 4단계에서 만들어진 탕수육은 은박지와 함께 접시에 담고, 녹은 치즈 위에는 5단계의 외부소스를 끼얹어 제품을 완성하는 6단계들로 이루어진 특징이 있다.

발명의 효과

[0011]
본 발명에 따르면 탕수육을 제조할 때 피자에 들어가는 피망, 토마토 및 양파 등의 야채를 이용하여 내부소스를 만들고, 이 내부소스를 튀긴 고기에 뿌려 탕수육을 만든다. 그리고 탕수육에 치즈를 골고루 뿌려 완전히 덮이도록 한 뒤 오븐에서 구워주면 녹은 치즈가 탕수육 위에 두껍게 덮인 피자치즈 탕수육이 만들어진다. 이후 포장의 편리성을 고려하여 탕수육에 들어가는 야채를 주성분으로 하는 외부소스를 녹은 치즈 위에 뿌려주면 랩으로 포장할 때 녹은 치즈가 랩에 달라붙지 않아 배달위주의 식당을 운영할 때 편리하다.

[0012]
특히 녹은 치즈가 탕수육을 덮고 있으므로 보온덮개의 역할을 한다. 따라서 장거리로 배달하거나 또는 배달시간이 지연되어 늦게 배달하였더라도 탕수육이 따뜻하게 유지되므로 튀긴 고기가 굳거나 질겨지지 않고 바삭한 식감을 줄 수 있는 이점이 있다.

[0013]
그리고 튀긴 고기의 닭 가슴살 또는 돼지고기등심은 저지방과 단백질을 많이 함유하고 있어 근육형성시 도움을 주며 다이어트용으로도 널리 사용된다. 또한 필수아미노산이 풍부하고 피자에 들어가는 치즈와 모든 야채가 들어가서 피자의 맛과 탕수육의 2가지 맛을 동시에 즐길 수 있으며 세콤, 달콤 및 메콤한 맛이 어우러져 한국인의 입맛에 딱 맞는 효과를 준다.

도면의 간단한 설명

[0014]
도 1은 본 발명 한 실시예의 탕수육의 사진
도 2는 본 발명 한 실시예의 탕수육에 치즈를 얹은 상태의 사진
도 3은 본 발명 한 실시예의 탕수육 위에 치즈가 녹은 상태를 나타낸 사진
도 4는 본 발명 한 실시예의 피자치즈 탕수육의 완성된 사진

발명을 실시하기 위한 구체적인 내용

[0015]
본 발명 한 실시예의 피자치즈 탕수육에 사용되는 재료는 저지방 닭가슴살, 돼지고기등심, 달걀, 전분, 치즈, 양파, 오이, 당근, 피망, 토마토, 식초, 간장, 설탕, 토마토케첩, 고추씨기름, 캡사이신, 블랙올리브 및 옥수수이다.

[0016]
본 발명에 사용되는 소스는 두 종류로써, 튀긴 고기와 섞이는 내부소스 및 녹은 치즈 위에 뿌려지는 외부소스로 구분된다. 내부소스에는 피자를 만들 때 필수적으로 들어가는 토마토 및 토마토케첩이 포함되어 피자치즈의 맛이 나도록 한 것이다. 내부소스에 들어가는 야채로는 피망 50g, 오이 35g, 당근 21g, 토마토 115g 및 양파 95g이 사용된다. 외부소스는 내부소스에 추가적으로 양파 90g, 오이 95g, 당근 60g, 피망 16g, 블랙올리브 8g 및 옥수수 10g을 첨가하여 가열한 것이다.

[0017]
여기서 피망, 오이, 당근 및 양파는 튀긴 고기와 혼합되는 내부소스 및 녹은 치즈에 뿌려지는 외부소스에 각각 들어가는 것인데, 상기 오이 및 당근은 외부소스가 내부소스보다 중량비로 최소 2.7배 그 함량이 더 많고 더 크게 썰어서 탕수육의 느낌이 나도록 하였다. 또한 피망은 반대로 내부소스가 외부소스보다 중량비로 최소 3배 그 함량을 많게 하여 피자의 맛과 느낌이 나도록 하였다.

[0018]
상기 내부소스는 식초, 물, 간장, 설탕, 토마토케첩, 고추씨기름 및 캡사이신을 혼합한 재료를 용기에서 서서히 가열시켜 끓이면서 전분 수용액을 넣고 소스의 점도를 적정하게 유지시킨다. 전분의 양이 너무 적으면 물처럼 흐르고 전분의 양이 너무 많으면 점도가 커서 조리하기가 불편하고 맛도 떨어지게 된다.

[0019]
소스의 점도가 적정하게 유지된 상태로 끓게 되면 야채를 넣고 살짝 익힌다. 이때 야채는 피망, 오이, 당근, 토마토 및 양파로써 가로 세로 높이가 0.5~1.5cm의 크기로 썰어서 익힌다.

[0020]
관능검사에서 적절한 신맛을 가미하고 식욕을 증진시키는 좋은 색상을 내기 위해 토마토케첩을 첨가한다. 상기케첩은 양이 너무 적으면 적정 산도를 유지하기 어렵고 붉은 색상이 잘 나타나지 않으며 너무 많이 부가하게 되면 점도가 너무 높아지고 신맛이 강하게 나타나서 pH가 너무 낮아지는 경향이 있다. 상기 고추씨기름 및 캡사이신은 지방을 분해하게 되므로 돼지고기의 느끼한 맛을 중화시키고 고기의 누린내를 없애주고 약간의 매콤한 맛을 나게 해주었다.

[0021]
본 발명 한 실시예의 탕수육에 사용되는 고기는 저지방 닭가슴살 또는 돼지고기등심이 사용되는데, 가로 및 세로가 1.5~5cm의 크기로써 전분 반죽한 것을 묻혀서 식용유로 두 번 튀기는데, 이러한 튀긴 고기는 일반적으로 탕수육을 만들 때 사용하는 방법이다.

[0022]
상기 튀긴 고기에 상기 내부소스를 붓고 골고루 버무린 다음 은박지를 깐 접시 위에 담는다. 그리고 상기 내부소스 위에 성인 3,4인분 기준으로 약 220g 정도의 치즈를 얹고 오븐에서 가열하여 녹은 치즈가 최소 0.3cm의 두께를 갖는 탕수육을 만든다. 이때 녹은 치즈는 보온 덮개의 역할을 하고, 밑면의 은박지는 단열층의 역할을 하므로 내부의 탕수육이 쉽게 식지 않아 장거리로 탕수육을 배달할 때 보온성이 향상된다. 그리고 상기 녹은 치즈 위에 외부소스를 뿌려 피자 탕수육을 완성한다.

[0023]
외부소스는 상기 내부소스를 사용하고 남은 것에 추가로 야채를 넣고 끓인 것인데, 여기에 사용되는 야채는 내부소스보다 더 크게 썰어 탕수육의 느낌이 나도록 하였다. 외부소스가 녹은 치즈를 덮고 있으므로 랩으로 탕수육을 포장할 때 녹은 치즈가 랩에 달라붙지 않아 포장 및 운반이 편리하다. 그리고 상기 외부소스 위에 추가적으로 떡볶이, 고구마, 만두 및 알밤 같은 식품을 첨가하면 소비자의 다양한 입맛을 충족시킬 수 있다.

[0024]
이하 본 발명의 바람직한 실시예를 좀 더 상세히 설명하면 다음과 같다.

[0025]
실시예 1

[0026]
(단계별로 사용되는 내용물의 양은 성인 3,4인분을 기준으로 한 것임)

[0027]
1단계 : 가로 및 세로가 1.5~5cm 크기로 절단된 고기(저지방 닭가슴살 450~500g 또는 돼지고기등심 450~500g)는 양념을 하여 재워두었다가(5~6시간) 달걀(1개), 전분(200g) 및 물(2,000CC)을 넣고 반죽(10분 이내)을 한다. 반죽을 완료한 고기는 식용유(1리터 : 온도는 160~170℃)에서 한 번 튀기고 난 후, 다시 한 번 더 튀겨서 고소한 맛의 튀긴 고기를 만든다.(약 2분 이내)

[0028]
2단계 : 탕수육을 만들 때 기본적으로 사용하는 소스(식초 7.5g, 물 55g, 간장 60g 및 설탕 35g)에 토마토케첩 20g, 고추씨기름 20g 및 캡사이신 2스푼을 넣어 끓게 되면 거기에 물 1,000cc와 전분 280g이 섞인 전분 수용액을 서서히 붓고 약 3분간 끓이면서 소스의 점도를 최적으로 맞추고, 이후 가로 · 세로 · 높이가 0.5~1.5cm의 크기로 썰어둔 피망 50g, 오이 35g, 당근 21g, 토마토 115g 및 양파 95g을 소스에 혼합하여 이들 야채가 익으면 내부소스를 완성한다.

[0029]
3단계 : 상기 튀긴 고기와 내부소스를 섞어서 골고루 버무린다.(도 1 참조)

[0030]
4단계 : 버무린 고기는 은박지를 깐 팬 위에 담고 치즈(220g)를 얹어 오븐에서 약 300℃ 이상으로 4분 30초 동안 가열한 후 치즈가 녹으면 꺼내는데, 녹은 치즈는 최소 0.3cm 두께가 유지되도록 하여 피자치즈의 느낌이 나도록 하고 또한 배달시 탕수육을 보온하는 역할을 하도록 한다.(도 2 및 도 3 참조)

[0031]
5단계 : 상기 2단계에서 사용하고 남은 내부소스를 다시 1분 동안 끓인 뒤 여기에 가로 세로 높이가 3cm 이하의 크기로 썰어둔 양파 90g, 오이 95g, 당근 60g, 피망 16g 및 블랙올리브 8g와 옥수수 10g을 같이 넣고 1분 30초 동안 끓여서 야채들이 익으면 외부소스를 완성한다. 외부소스에 들어가는 야채들은 탕수육의 양에 따라서 사용량을 증가시켜 피자치즈의 느낌 및 맛이 나도록 한다.

[0032]
6단계 : 상기 4단계에서 만들어진 탕수육은 은박지가 바닥에 깔리도록 접시에 담고 탕수육의 녹은 치즈 위에 5단계의 외부소스를 끼얹어 최종적으로 피자치즈 탕수육을 완성한다.

[0033]
상기 6단계를 거쳐 만들어진 피자치즈 탕수육은 녹은 치즈 위에 외부소스가 드레싱된 것으로서, 대학

가 주변에서 배달 위주로 식당을 운영할 경우 랩으로 포장하는 과정에서 녹은 치즈가 랩에 달라붙지 않는다. 또한 녹은 치즈가 내부의 탕수육을 보온하는 덮개 역할을 하고 접시에는 은박지가 깔려 단열층 역할을 하므로 장거리 배달시 음식물이 쉽게 식지 않는 이점이 있다.

[0034]
비교예 1('일반적인 탕수육'의 제조 방법)

[0035]
돼지고기를 살코기만 골라 300g 정량하여 가로 1cm, 세로 4cm로 절단하고 칼등으로 두드려 육질을 연하게 한 다음 물에 혼합한 전분 반죽을 입혀 160~170℃의 끓는 기름에 튀김옷을 입혀 튀겼다. 오이 100g과 당근 50g을 정량하여, 가로, 세로, 높이가 각각 1cm가 되게 절단하고 양파 50g을 정량하여 가로, 세로 각각 1cm가 되게 절단하였다. 5g의 마가린을 프라이팬에 넣어 가열하여 녹인 다음 야채를 모두 넣고 살짝 익혔다. 다시 물 150g을 붓고 전분 5g과 토마토케첩 20g을 넣고 저으면서 서서히 가열하여 탕수육 소스를 제조하였다. 탕수육 소스의 색상은 붉은 색이었고 새콤한 냄새가 났다. 탕수육 소스를 상기 튀긴 고기 위에 부어 탕수육을 만든 다음 관능검사를 실시하였다.

[0036]
관능검사는 대학가 주변에서 무작위로 선발한 대학생 30명을 대상으로 실시했으며 5점 만점법(총점 150점)을 사용하여 탕수육의 색, 향 및 맛에 대한 기호도를 검사하였으며, 그 결과를 하기 표 1에 기재하였다.

[0037]

〈표 1〉

	점수함		
	색	향	맛
실시예 1	132	143	147
비교예 1	127	131	125

[0038]
상기 표에서 색과 향은 큰 차이가 없으나 맛에서 월등히 우수함을 확인할 수 있었다.

[0039]
실시예 2

[0040]
상기 실시예 1에서 떡볶이를 5단계에 추가한 것이다. 5단계에서 떡볶이 80g(15~17개 정도)을 추가로 넣고 120초 동안 끓인다. 즉 상기 2단계에서 만들어 놓은 내부소스를 1분 동안 끓인 뒤 여기에 양파

90g, 오이 95g, 당근 60g, 피망 16g, 블랙올리브 8g, 옥수수 10g 및 떡볶이 80g을 넣고 120초 동안 끓인 뒤, 상기 4단계에서 만들어진 탕수육의 녹은 치즈 위에 떡볶이가 추가된 5단계의 외부소스를 끼얹어 최종적으로 떡볶이 피자치즈 탕수육을 완성한다.(도 4 참조)

[0041]
실시예 3

[0042]
상기 실시예 1에서 알밤을 5단계에 추가한 것이다. 5단계에서 껍질을 벗긴 잘 익은 삶은 알밤 110~140g(약 10~13알)을 추가로 넣고 120초 동안 끓인다. 즉 상기 2단계에서 만들어 놓은 내부소스를 1분 동안 끓인 뒤 여기에 양파 90g, 오이 95g, 당근 60g, 피망 16g, 블랙올리브 8g, 옥수수 10g 및 알밤 110~140g을 넣고 120초 동안 끓인 뒤, 상기 4단계에서 만들어진 탕수육의 녹은 치즈 위에 알밤이 추가된 5단계의 외부소스를 끼얹어 최종적으로 알밤 피자치즈 탕수육을 완성한다.

[0043]
실시예 4

[0044]
상기 실시예 1에서 고구마를 1단계 및 5단계에 추가한 것이다. 1단계에서 고기를 튀길 때 고구마 300g (약 5조각)을 함께 넣고 튀긴다. 또한 5단계에서 외부소스를 끓일 때 고구마 300g(약 5조각)을 같이 넣고 3분간 끓인다. 이후 고구마가 포함된 5단계의 외부소스를 상기 4단계에서 만들어진 탕수육의 녹은 치즈 위에 뿌려서 고구마 피자치즈 탕수육을 완성한다. 본 발명의 실시예 4는 녹은 치즈를 경계로 하여 안쪽에는 튀긴 고기와 고구마가 함께 섞이고, 바깥쪽에는 외부소스와 고구마가 함께 섞인 상태가 된다.

[0045]
실시예 5

[0046]
상기 실시예 1에서 만두를 1단계 및 5단계에 추가한 것이다. 1단계에서 고기를 튀길 때 만두 100g(약 4개)을 함께 넣고 튀긴다. 또한 5단계에서 외부소스를 끓일 때 만두 100g(약 4개)을 같이 넣고 3분간 끓인다. 이후 만두가 포함된 5단계의 외부소스를 상기 4단계에서 만들어진 탕수육의 녹은 치즈 위에 뿌려서 만두 피자치즈 탕수육을 완성한다. 본 발명의 실시예 5는 녹은 치즈를 경계로 하여 안쪽에는 튀긴 고기와 만두가 함께 섞이고, 바깥쪽에는 외부소스와 만두가 함께 섞인 상태가 된다.

도면

〈도면 1〉

〈도면 2〉

〈도면 3〉

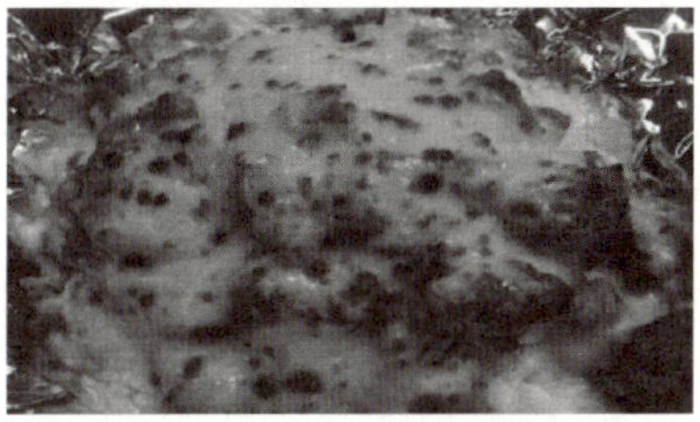

피자치즈 탕수육 제조방법
The manufacturing method of pizza cheese sweet and sour pork

상세정보 | 공고전문 | 등록사항 | **통합행정정보**

번호	서류명	접수/발송일자	처리상태	접수/발송번호
1	[특허출원]특허출원서 원본보기 ([Patent Application] Patent Application)	2013.07.03	수리 (Accepted)	1120130059944863
2	[우선심사신청]심사청구(우선심사신청)서 ([Request for Preferential Examination] Request for Examination (Request for Preferential Examination))	2013.07.04	수리 (Accepted)	1120130060372219
3	의견제출통지서 원본보기 (Notification of reason for refusal)	2013.08.09	발송처리완료 (Completion of Transmission)	9520130055244538
4	[명세서등 보정]보정서 원본보기 ([Amendment to Description, etc.] Amendment)	2013.08.13	보정승인간주 (Regarded as an acceptance of amendment)	1120130073193742
5	[거절이유 등 통지에 따른 의견]의견(답변, 소명)서 원본보기 ([Opinion according to the Notification of Reasons for Refusal] Written Opinion(Written Reply, Written Substantiation))	2013.08.13	수리 (Accepted)	1120130073194271
6	등록결정서 원본보기 (Decision to grant)	2013.09.27	발송처리완료 (Completion of Transmission)	9520130066713418
7	[설정 특허·등록료]납부서 ([Patent Registration Fee] Payment Form)	2013.09.30	수리 (Accepted)	2120130051237355
8	[연차 특허·등록료]납부서 ([Annual Patent Registration Fee] Payment Form)	2016.09.26	수리 (Accepted)	2120160058840546
9	[연차 특허·등록료]납부서 ([Annual Patent Registration Fee] Payment Form)	2017.09.19	수리 (Accepted)	2120170059471133
10	[연차 특허·등록료]납부서 ([Annual Patent Registration Fee] Payment Form)	2018.08.29	수리 (Accepted)	2120180056252251

보 정 서

【보정구분】 명세서 등 보정

【제출처】 특허청장

【제출인】

[성명] 이성영

[특허고객번호] 4-2008-026047-4

[사건과의 관계] 출원인

【사건의 표시】

[출원번호] 10-2013-0077883

【제출원인이 된 서류의 발송번호 9-5-2013-0552445-38】

【보정할 서류】 명세서 등

【보정할 사항】

[보정대상항목] 별지와 같음

[보정방법] 별지와 같음

[보정내용] 별지와 같음

【기타사항】 지정기간 단축신청

【단축이유】 빠른심사

【취지】

위와 같이 특허청장(특허심판원장, 심판장)에게 제출합니다.

제출인 : 이성영 (서명 또는 인)

의견(답변, 소명)서

【구분】 거절이유 등 통지에 따른 의견

【제출인】

[성명] 이성영

[특허고객번호] 4-2008-026047-4

[사건과의 관계] 출원인

【사건의 표시】

[출원번호] 10-2013-0077883

【제출원인이 된 서류의 발송번호 9-5-2013-0552445-38】

【의견내용】 별지와 같음

【취지】

위와 같이 특허청장(특허심판원장, 심판장)에게 제출합니다.

제출인 : 이성영 (서명 또는 인)

발송번호 : 9-5-2013-066713418
발송일자 : 2013.09.27

YOUR INVENTION PARTNER
특허청

특허결정서

출원인성명 : 이성영(출원인코드 : 420080260474)
주소 :
대리인성명 :
주소 :
발명자성명 : 이성영
주소 :

출원번호 : 10-2013-0077883
발명의 명칭 : '피자치즈 탕수육' 제조 방법
창구항수 : 4

이 출원에 대해 「특허법」 제66조에 따라 특허결정합니다.
(특허권은 특허료를 납부하여 「특허법」 제87조에 따라 설정등록을 받음으로써 발생하게 됩니다.)

[특기사항]
이 건 발명의 선출원에 대한 검색은 2013.09.26까지 출원된 자료를 대상으로 하였으며, 이 날짜 이후 조약우선권 주장을 통해 진입하는 출원에 의한 「특허법」 제29조제3항 및 제4항 또는 제36조제1항 내지 제3항 위반 여부는 판단하지 아니하였습니다. 끝.

[참고문헌]
1. KR1020000024323 A
2. KR1020030060363 A
3. KR1020060102569 A
4. KR1020060118064 A

[의견내용]
본원발명(특허출원 제2013-0077883호)의 특허청구 범위 청구항 제1항 내지 제4항은 '별난'이라는 용어를 사용하고 있으며, 또한 청구항 제2항은 중량비인지 부피비인지 불명확하므로 발명이 간결하고 명확하게

기재한 것으로 보기 어려워 「특허법」 제42조제4항제2호의 규정에 의거 특허를 받을 수 없다는 취지에 대해, 본원발명의 특허청구 범위, 발명의 상세한 설명 및 발명의 명칭에서 "별난"이라는 용어를 삭제하였으며, 또한 청구항 제2항은 중량비임을 명기한 보정서를 제출하오며, 더 이상의 추가적인 의견서 및 보정서를 제출하지 않겠사오니 이점 재심사하시어 본원발명이 특허 결정되도록 선처하여 주시기 바랍니다.

2013. 09. 27

특허청　　　특허심사1국

농림수산식품심사과　　심사관 하혜경 ________________

〈안내〉

【등록료 납부, 등록공보 확인, FD 및 특허기술상신청 안내】

1. 등록료 납부안내

○ 특허료 납부예정금액(1~3년차분) : 201,000원(1~3년차분을 정상납부기간 내에 납부하는 경우), 100,500원(50% 감면대상자인 경우), 60,300원(70% 감면대상자인 경우)

○ 특허료의 정상납부기간을 경과하여 추가납부하거나, 특허료납부기간 중 특허료의 변경요인이 있을 때에는 위 납부금액이 달라질 수 있습니다.

○ 자세한 안내는 아래의 첨부파일(특허료 납부 안내)을 참조하시기 바랍니다.

2. FD출원 후 특허결정의 등본을 받기 전에 보정을 한 자는 특허료납부서 제출 시까지 보정내용의 전부가 반영된 최종본의 FD 1통을 첨부하여 특허청에 제출해야 합니다.

3. 내국인은 매년 3월, 9월경 특허기술상 홈페이지(http://www.patent.go.kr/jsp/kiponet/mp/patentprize/index.htm)에 공지된 신청기간에 등록공고일로부터 3개월이 경과된 발명(고안)에 대해 특허기술상을 신청하실 수 있습니다.

※ 등록공보는 등록수수료를 납부하신 후 7일 전후로 특허청 홈페이지(특허마당 → 인터넷공보)에서 확인하실 수 있습니다.

※ 이 통지서의 내용에 대해 문의사항이 있으시면 특허청 ☎042-481-8450(담당심사관 하혜경)로, 서식 또는 절차에 대해는 특허고객상담센터 ☎1544-8080로 문의하시기 바랍니다.

※ 우 302-701 대전광역시 서구 청사로 189, 4동(둔산동, 정부대전청사)

특허거절 사례('자하젓 파스타' 제조 방법)

통상의 지식을 가진 사람이 쉽게 발명할 수 있는 경우

(19) 대한민국특허청(KR)
(12) 공개특허공보(A)

(11) 공개번호 : 10-2020-0107588
(43) 공개일자 : 2020년09월16일

(51) 국제특허분류(Int. Cl.)
A23L 7/113 (2016.01) *A23L 17/00* (2016.01)
A23L 17/40 (2016.01) *A23L 27/00* (2016.01)

(52) CPC특허분류
A23L 7/113 (2016.08)
A23L 17/40 (2016.08)

(21) 출원번호 : 10-2019-0026941

(22) 출원일자 : 2019년03월08일
심사청구일자 : 2019년03월08일

(71) 출원인 : 이제춘
서울특별시 서초구 고무래로 94, 201동 1701호(서초동, 서초4차현대아파트)

(72) 발명자 : 이제춘
서울특별시 서초구 고무래로 94, 201동 1701호(서초동, 서초4차현대아파트)

(74) 대리인 : 박세호

전체 청구항수 : 총3항

(54) 발명의 명칭 : '자하젓 파스타의 제조 방법'

(57) 요 약

본 발명은 자하젓을 포함하는 자하젓 파스타의 제조 방법에 관한 것으로서, 본 발명의 자하젓 파스타 제조 방법에 의하면, 먼저 각종 재료와 함께 새우를 볶고 화이트와인과 해산물 육수를 첨가하여 끓인 후 자하젓을 이용하여 간을 맞춘 후 면을 넣고 졸여 줌으로써, 볶아진 새우의 향뿐만 아니라 자하젓의 진한 새우향이 파스타 면발에 고루 배이게 되어 향미가 뛰어난 파스타를 제공할 수 있다.

〈대표도 – 도 1〉

명세서

청구범위

청구항 1

프라이팬을 약한 불에 가열하고, 상기 프라이팬에 퓨어 올리브오일과 마늘을 넣고 80~100℃로 가열하여 갈색이 나도록 볶는 제1단계; 상기 프라이팬에 새우, 마늘쫑, 쥬키니를 추가하고, 소금과 후추로 밑간하여 100~150℃에서 갈색이 나도록 볶는 제2단계; 상기 프라이팬에 화이트와인과 해산물 육수를 추가하고 끓어오르도록 가열하여 1분간 끓이는 제3단계; 상기 프라이팬에 자하젓을 추가하여 간을 맞추는 제4단계; 상기 프라이팬에 삶은 파스타면을 추가하고, 150~200℃에서 30~50초 동안 졸이는 제5단계; 상기 졸여진 파스타면에 엑스트라버진 올리브오일을 붓고 파슬리찹을 뿌리는 제6단계를 포함하는 것을 특징으로 하는 자하젓 파스타의 제조 방법

청구항 2

제1항에 있어서, 상기 삶은 파스타면 150g 당 사용되는 재료의 양이 상기 퓨어올리브오일은 30g, 상기 마늘은 10g, 상기 새우는 3마리, 상기 마늘쫑은 5g, 상기 쥬키니는 6개, 상기 소금은 2g, 상기 후추는 1g, 상기 화이트와인은 30g, 상기 해산물 육수는 180g, 상기 자하젓은 5g, 상기 엑스트라버진 올리브오일은 60g, 상기 파슬리찹은 5g의 비율인 것을 특징으로 하는 자하젓 파스타의 제조 방법

청구항 3

제1항에 있어서, 상기 파스타면은 링귀니(Linguine)인 것을 특징으로 하는 자하젓 파스타의 제조 방법

발명의 설명

기술분야

본 발명은 자하젓을 포함하는 자하젓 파스타의 제조 방법에 관한 것이다.

배경기술

파스타는 밀가루와 물을 주재료로 하여 만든 반죽을 소금물에 넣고 삶아 파스타면을 만들고 여기에 우유, 버터, 생크림, 치즈, 토마토, 육류, 해산물 등의 다양한 재료로 만든 소스를 끼얹어 버무려 먹는 면 요리의 일종으로서 국내에는 피자와 함께 이탈리아를 대표하는 요리로 잘 알려져 있다.

한편, 자하는 갑각류의 열각목에 속하는 새우과로 바다새우 중 가장 작고 연하며 몸체가 투명한 것이 특징이며, 국내에서는 주로 충남 서천에서 어획된다. 자하젓은 이러한 자하를 깨끗이 헹구고 소금과 약 5:2 비율로 버무려 항아리에 담고 저염 저온 숙성시킨 젓갈류의 음식으로서, 일반적인 새우젓에 비하여 그 맛이 짜지 않아 담백하고 깔끔하며 새우의 향이 풍부하게 느껴지는 것이 특징이다.

파스타의 조리법과 관련하여 대한민국 등록특허 제10-1367796에서는 짜장소스를 이용한 파스타의 제

조 방법을, 대한민국 등록특허 제10-1246727에서는 미역을 포함한 파스타의 제조 방법을, 대한민국 등록특허 제10-1864966에서는 멸치액젓을 이용한 파스타의 제조 방법을 나타내고 있으나, 자하젓을 활용한 파스타 제조법의 예는 찾아볼 수 없다.
본 발명의 발명자는 파스타에 자하젓을 첨가하여 지나치게 짜거나 비린 맛 없이 진한 새우향을 느낄 수 있는 자하젓 파스타의 제조 방법을 제공하고자 한다.

발명의 내용

해결하려는 과제
본 발명의 목적은 지나치게 짜거나 비린 맛 없이 진한 새우향을 느낄 수 있는 자하젓 파스타의 제조 방법을 제공하는 것이다.

과제의 해결 수단
상기 과제를 해결하기 위한 본 발명의 자하젓 파스타 제조 방법은, 프라이팬을 약한 불에 가열하고, 상기 프라이팬에 퓨어 올리브오일과 마늘을 넣고 80~100℃로 가열하여 갈색이 나도록 볶는 제1단계; 상기 프라이팬에 새우, 마늘쫑, 쥬키니를 추가하고, 소금과 후추로 밑간하여 100~150℃에서 갈색이 나도록 볶는 제2단계; 상기 프라이팬에 화이트와인과 해산물 육수를 추가하고 끓어오르도록 가열하여 1분간 끓이는 제3단계; 상기 프라이팬에 자하젓을 추가하여 간을 맞추는 제4단계; 상기 프라이팬에 삶은 파스타면을 추가하고, 150~200℃에서 30~50초 동안 졸이는 제5단계; 상기 졸여진 파스타면에 엑스트라버진 올리브오일을 붓고 파슬리찹을 뿌리는 제6단계를 포함하는 것을 특징으로 한다.

발명의 효과
본 발명의 자하젓 파스타 제조 방법에 의하면, 먼저 각종 재료와 함께 새우를 볶고 화이트와인과 해산물 육수를 첨가하여 끓인 후 자하젓을 이용하여 간을 맞춘 후 면을 넣고 졸여 줌으로써, 볶아진 새우의 향과 함께 자하젓의 진한 새우향이 파스타 면발에 고루 배이게 되어 마치 면발에 새우를 갈아 넣은 듯한 향미가 뛰어난 파스타를 제공할 수 있다. 또한 파스타 요리의 기본 재료라 할 수 있는 마늘뿐만 아니라 단단한 쥬키니 호박과 마늘쫑을 추가로 첨가하여 독특한 식감을 더하면서도 짜지 않고 담백한 맛을 느낄 수 있는, 건강에도 좋은 웰빙 파스타를 제공할 수 있다.

도면의 간단한 설명
도1은 본 발명에 따른 자하젓 파스타를 조리하여 접시에 담아 둔 사진이다.

발명을 실시하기 위한 구체적인 내용
이하 본 발명의 바람직한 실시예를 각 단계별로 더욱 상세하게 설명한다.
먼저 제1단계는 프라이팬을 약한 불에 가열하고, 프라이팬에 퓨어 올리브오일과 마늘을 넣고 80~10

0℃로 가열하여 갈색이 나도록 볶는 단계인데, 바람직하게는 후술하는 제5단계에서 첨가되는 삶은 파스타면 150g에 대해 퓨어올리브오일은 약 30g, 마늘은 약 10g 정도를 사용할 수 있으며, 이 경우 80~100℃에서 볶는 시간은 약 1분 30초 정도가 적합하다. 상기 마늘은 두께가 1~5mm 크기가 되도록 슬라이스한 것을 사용할 수 있다. 상기 퓨어 올리브오일은 산가 조정된 정제 올리브유에 엑스트라버진 올리브유를 블렌딩하여 튀김이나 볶음요리에 적합한 종류의 올리브오일로서, 시중에서 판매되는 어떠한 퓨어 올리브오일을 사용하여도 무방하다.
제2단계는 제1단계를 거친 프라이팬에 새우, 마늘쫑, 쥬키니를 추가하고, 소금과 후추로 밑간하여 100~150℃에서 갈색이 나도록 볶는 단계인데, 바람직하게는 후술하는 제5단계에서 첨가되는 삶은 파스타면 150g에 대해 새우는 3마리, 마늘쫑은 약 5g, 쥬키니는 6개, 소금은 약 2g, 후추는 약 1g 정도를 사용할 수 있으며, 이 경우 100~150℃에서 볶는 시간은 약 1분 정도가 적합하다. 더욱 바람직하게는 상기 새우는 한 입에 먹기에 적당한 크기로서 껍질이 벗겨진 것을 사용할 수 있고, 상기 마늘쫑은 4~6cm 길이로 자른 것을 사용할 수 있으며, 상기 쥬키니는 두께가 5mm 내외가 되도록 슬라이스한 것을 사용할 수 있다.
제3단계는 제2단계를 거친 프라이팬에 화이트와인과 해산물 육수를 추가하고 끓어오르도록 가열하여 1분간 끓이는 단계인데, 바람직하게는 후술하는 제5단계에서 첨가되는 삶은 파스타면 150g에 대해 화이트와인은 약 30g, 해산물 육수는 약 180g 정도를 사용할 수 있다.
제4단계는 제3단계를 거친 프라이팬에 자하젓을 추가하여 간을 맞추는 단계인데, 바람직하게는 후술하는 제5단계에서 첨가되는 삶은 파스타면 150g에 대해 자하젓 약 5g 정도를 사용할 수 있다.

이상의 제1단계 내지 제4단계의 과정을 거쳐 본 발명에 따른 자하젓 파스타에 사용되는 소스가 완성된다. 후술하는 제5단계에서 첨가되는 삶은 파스타면은, 제1단계를 시작하기 이전에 미리 삶아서 준비해 두거나 또는 제4단계를 종료한 후 삶더라도 무방하며, 바람직하게는 제1단계를 시작하기 직전에 냄비에 물과 파스타면을 넣고 가열하기 시작하여 소스를 제조하는 동안 파스타면이 알맞게 삶아지도록 할 수 있다.
상기 파스타면으로는 시중에서 구할 수 있는 종래의 어떠한 파스타면을 사용하여도 무방하다. 이러한 파스타면의 예로서 스파게티, 카펠리니, 링귀니, 페투치네, 파르펠레, 푸실리, 마카로니, 펜네 중에서 선택된 어느 하나를 사용할 수 있으며, 바람직하게는 단면이 납작하고 타원형이어서 소스가 잘 배어드는 링귀니를 사용할 수 있다.
제5단계는 제4단계를 거친 프라이팬에 삶은 파스타면을 추가하고 150~200℃에서 30~50초 동안 졸이는 단계인데, 일반적으로 성인 1인분의 파스타를 제조하려면 삶은 파스타면은 150g 정도를 사용하는 것이 바람직하며, 이 때 졸이는 시간을 너무 짧게 하면 소스가 면에 충분히 배어들지 못할 수 있고, 반대로 졸이는 시간을 너무 길게 하면 면이 말라버릴 수 있으므로 주의해야 한다.
제6단계는 제5단계를 거쳐 졸여진 파스타면에 엑스트라버진 올리브오일을 붓고 파슬리참을 뿌리는 단계인데, 바람직하게는 상기 제5단계에서 첨가된 삶은 파스타면 150g에 대해 엑스트라버진 올리브오일은 약 60g, 파슬리찹은 약 5g 정도를 사용할 수 있다.
상기 엑스트라버진 올리브오일은 올리브 열매를 으깨어 즙을 짜내 만든 압착유 중 품질이 우수한 등급으로서 생식에 적합하며, 시중에서 판매되는 어떠한 엑스트라버진 올리브오일을 사용하여도 무방하다. 상기 파슬리참은 파슬리를 잘게 다진 후 건조한 것으로 양식요리에서 고명으로 널리 사용되며, 시중에서 판매되는 것을 사용하거나 혹은 직접 제작하여 사용하여도 무방하다.

이상 본 발명의 바람직한 실시예를 예시적으로 설명하였으나, 본 발명의 권리범위는 이에 한정되지 아니하고 본 발명의 실시예와 실질적으로 균등한 범위에 있는 것에까지 본 발명의 권리범위가 미치는 것으로 이해되어야 하며, 해당분야에서 통상의 지식을 가진 자에 의해 다양한 변형 실시가 가능할 것이다.

도면

〈도면 1〉

【대응】
1차보정서(1차수수료 3만원)

보 정 서

【보정구분】 출원서 등 보정

【제출처】 특허청장

【제출일자】 2019.05.28

【제출인】

[성명] 이제춘

[특허고객번호] 4-2000-040916-8

[사건과의 관계] 출원인

【대리인】

[명칭] 박세호

[대리인번호] 9-2015-000244-8

【사건의 표시】

[출원번호] 10-2019-0026941

【제출원인이 된 서류의 발송번 1-5-2019-0088511-12호】

【보정할 서류】 [지정기간연장]기간연장(단축, 경과구제)신청서

【보정할 사항】

[보정대상항목] 수수료

[보정방법] 납부

[보정내용] 미납 수수료

2차보정서(2차수수료 6만원)

보 정 서

【보정구분】 출원서 등 보정

【제출처】 특허청장

【제출일자】 2019.07.19

【제출인】

[성명] 이제춘

[특허고객번호] 4-2000-040916-8

[사건과의 관계] 출원인

【대리인】

[명칭] 박세호

[대리인번호] 9-2015-000244-8

【사건의 표시】

[출원번호] 10-2019-0026941

【제출원인이 된 서류의 발송번 1-5-2019-0106576-81호】

【보정할 서류】 [지정기간연장]기간연장(단축, 경과구제)신청서

【보정할 사항】

[보정대상항목] 수수료

[보정방법] 납부

[보정내용] 미납수수료

3차보정서(3차수수료 12만원)

보 정 서

【보정구분】 출원서 등 보정

【제출처】 특허청장

【제출인】

[성명] 이제춘

[특허고객번호] 4-2000-040916-8

[사건과의 관계] 출원인

【대리인】

[성명] 박세호

[대리인번호] 9-2015-000244-8

【사건의 표시】

[출원번호] 10-2019-0026941

【제출원인이 된 서류의 발송번 1-5-2019-0125498-18호】

【보정할 서류】 기간연장(기간 단축, 기간 경과 구제, 절차 계속)신청서

【보정할 사항】

[보정대상항목] 수수료

[보정방법] 납부

[보정내용] 미납 수수료

【취지】

위와 같이 특허청장(특허심판원장, 심판장)에게 제출합니다.

대리인 : 박세호 (서명 또는 인)

YOUR INVENTION PARTNER

특허청

의견제출통지서

출원인성명 : 이제춘(특허고객번호: 420000409168)

주소 :

대리인성명 : 박세호

주소 :

발명자성명 : 이제춘

주소 :

출원번호 : 10-2019-0026941

발명일자 : 2019.03.08.

발명의 명칭 : '자하젓 파스타의 제조 방법'

1. 이 출원에 대한 심사결과, 다음과 같은 거절이유가 있어 「특허법」 제63조에 따라 이를 통지하오니 의견이 있거나 보정이 필요할 경우에는 상기 제출기일(2020.08.26.)까지 의견(답변, 소명)서[특허법 시행규칙 별지 제24호서식] 또는/및 보정서[특허법시행규칙 별지 제9호서식]를 제출하여 주시기 바랍니다.
2. 상기 제출기일(2020.08.26.)을 연장하려는 경우에는 지정기간연장신청을 통해 그 제출기일을 4개월까지 연장할 수 있습니다. 이 경우 연장신청은 1개월 단위로 해야 하며, 필요 시 4개월을 초과하지 않는 범위에서 2개월 이상을 일괄하여 연장신청 할 수 있습니다. 불가피한 사유의 발생(하단의 안내참조)으로 4개월을 초과하여 지정기간을 연장 받고자 하는 때에는 그 사유를 기재한 소명서를 추가로 첨부해서 연장신청을 해야 합니다.

[심사결과]

☐ 심사 대상 청구항 : 제1-3항

☐ 이 출원의 거절이유가 있는 부분과 관련 법조항

순번	거절이유가 있는 부분	관련 법조항
1	청구항 전항	특허법 제29조제2항

[구체적인 거절이유]

이 출원의 청구범위의 청구항 전항에 기재된 발명은 아래와 같이 그 출원 전에 이 발명이 속하는 기술분야에서 통상의 지식을 가진 사람이 쉽게 발명할 수 있는 것이므로 「특허법」 제29조제2항에 따라 특허를 받을 수 없습니다.

(1) 선행기술문헌

□ 인용발명 1 : 맛있는 조개파스타 레시피
(https://blog.naver.com/thekyle1?Redirect=Log&logNo=220087366038).2014.8.10.

□ 인용발명 2 : 색다른 자하젓 파스타 먹고 레스토랑 투어는 필수코스
(https://blog.naver. com/ok3171/221173379412).2017.12.29.

□ 인용발명 3 : 공개특허공보 제10-2015-0029933호(2015.03.19.)

(2) 본원의 청구항과 인용발명의 대비 판단

1) 청구항 1 발명은, 프라이팬을 약한 불에 가열하고, 상기 프라이팬에 퓨어 올리브오일과 마늘을 넣고 80~100℃로 가열하여 갈색이 나도록 볶는 제1단계; 상기 프라이팬에 새우, 마늘쫑, 쥬키니를 추가하고, 소금과 후추로 밑간하여 100~150℃에서 갈색이 나도록 볶는 제2단계; 상기 프라이팬에 화이트와인과 해산물 육수를 추가하고 끓어오르도록 가열하여 1분간 끓이는 제3단계; 상기 프라이팬에 자하젓을 추가하여 간을 맞추는 제4단계; 상기 프라이팬에 삶은 파스타면을 추가하고, 150~200℃에서 30~50초 동안 졸이는 제5단계; 상기 졸여진 파스타면에 엑스트라버진 올리브오일을 붓고 파슬리찹을 뿌리는 제6단계를 포함하는 것을 특징으로 하는 자하젓 파스타의 제조 방법에 관한 것이나, 이를 인용발명 1과 비교해 볼 때, 양 발명은 자하젓 또는 새우젓 파스타의 제조 방법을 제공하기 위한 것으로 그 목적 또는 기술분야에 공통점이 인정되고, 청구항 1 발명과 인용발명 1은 팬에 올리브오일 및 마늘을 넣고 볶은 후 소금 및 후추로 간을 하는 단계, 화이트와인 및 해산물 육수(인용발명 1의 모시조개 육수에 해당)를 넣고 가열하는 단계, 자하젓(새우젓)을 추가하여 간을 하는 단계, 파스타를 넣는 단계 및 파스타면에 파슬리 및 엑스트라버진 올리브오일을 첨가하는 단계의 구성에 공통점이 인정되며, 다만 청구항 1에서 새우, 마늘쫑, 쥬키니를 추가하는 구성(차이점 1)과 가열온도 및 시간(차이점 2)이 인용발명 1에 나타나있지 아니하나, 상기 차이점 1은 인용발명 1과 동일한 기술분야의 발명인 인용발명 2에서 자하젓 파스타에 새우, 마늘쫑, 쥬키니를 포함한 구성과 차이가 없는 것이고, 차이점 2 관련하여 인용발명 3의 파스타 제조에 이용되는 가열온도 및 시간과 일부 동일하고, 발명의 설명을 참고하여도 상기 한정된 가열시간 및 온도에 특별한 기술적, 임계적 의의를 확인할 수 없는 점 등을 고려할 때, 이는 통상의 기술자이면 파스타의 풍미, 식감 및 취식자의 기호도 등을 고려하여 반복실험을 통해 적절히 선택할 수 있는 정도의 것으로 인정되는바, 청구항 1 발명은 인용발명 1의 구성에 인용발명 2 및 3의 구성을 적용하면 도출될 수 있는 정도의 것이고, 그러한 적용에 의외성이 있다거나 그로부터 인용발명 1 내지 3을 합한 효과 이상의 특별한 상승효과가 나타난다고 볼 수도 없습니다.
따라서 청구항 1 발명은 이 발명이 속하는 기술분야에서 통상의 지식을 가진 자가 상기 인용발명 1 내지 3의 결합으로부터 용이하게 발명할 수 있는 것입니다.

2) 청구항 2 발명은, 제1항에 있어서, 상기 삶은 파스타면 150g 당 사용되는 재료의 양이 상기 퓨어올리브오일은 30g, 상기 마늘은 10g, 상기 새우는 3마리, 상기 마늘쫑은 5g, 상기 쥬키니는 6개, 상기 소금은 2g, 상기 후추는 1g, 상기 화이트와인은 30g, 상기 해산물 육수는 180g, 상기 자하젓은 5g, 상기 엑스트라버진 올리브오일은 60g, 상기 파슬리찹은 5g의 비율인 것을 특징으로 하나, 상기 재료의 함량

에 특별한 기술적, 임계적 의의를 확인할 수 없는 점 등을 고려할 때, 이는 통상의 기술자이면 파스타의 풍미, 식감 및 취식자의 기호도 등을 고려하여 반복실험을 통해 적절히 선택할 수 있는 정도의 것이고, 청구항 3 발명은 제1항에 있어서, 상기 파스타면은 링귀니(Linguine)인 것을 특징으로 하나, 이는 인용발명 2에서 링귀니를 이용한 구성과 차이가 없는 것이어서, 청구항 2 및 3 발명은 이 발명이 속하는 기술분야에서 통상의 지식을 가진 자가 상기 인용발명 1 내지 3의 결합으로부터 용이하게 발명할 수 있는 것입니다.

[첨 부]

첨부1. 맛있는 조개파스타 레시피
(https://blog.naver.com/thekyle1?Redirect=Log&logNo=220087366038).2014.8.10.

첨부2. 색다른 자하젓 파스타 먹고 레스토랑 투어는 필수코스
(https://blog.naver.com/ok3171/221173379412).2017.12.29.

첨부3. 공개특허공보 제10-2015-0029933호(2015.03.19.) 1부. 끝.

2020.6.26

특허청 특허심사기획국

식품생물자원심사과 심사관 임성택 ________________

〈안내〉

---

1. 「특허법」 제47조제2항에 따라 특허출원서에 최초로 첨부된 명세서 또는 도면에 기재된 사항의 범위 안에서 명세서 또는 도면을 보정할 수 있음을 알려드립니다.

2. 출원일이 2013년 7월 1일 이후인 출원에 대해서는, 하나의 의견제출통지에 따른 지정기간 내에 보정서를 2회 이상 제출한 경우에는, 마지막 보정 이외의 모든 보정은 취하 간주되오니 주의하시기 바랍니다.

3. 보정료 납부안내
○ 명세서 또는 도면을 보정하기 위해 명세서등 보정서를 전자문서로 제출할 경우 매건 4,000원, 서면으로 제출할 경우 매건 14,000원의 보정료를 납부해야 합니다.
○ 보정료는 접수번호를 부여받아 이를 납부자번호로 "특허료 등의 징수규칙" 별지 제1호서식에 기재하여, 접수번호를 부여받은 날의 다음 날까지 납부해야 합니다. 다만, 납부일이 공휴일(토요휴무일을 포함한다)에 해당하는 경우에는 그날 이후의 첫 번째 근무일까지 납부해야 합니다.
○ 보정료는 국고수납은행(대부분의 시중은행)에 납부하거나, 인터넷지로(www.giro.or.kr)로 납부할 수 있습니다. 다만, 보정서를 우편으로 제출하는 경우에는 보정료에 상응하는 통상환을 동봉하여 제출하시면 특허청에서 납부 해드립니다.

4. 지정기간 연장안내
연장 가능기간(4개월)을 초과하여 지정기간을 연장하고자 소명서를 첨부하여 지정기간연장신청서를 제출한 경우, 심사관은 아래의 사유에 해당되는지를 판단하여 지정기간연장의 승인 여부 및 연장할 수 있는 기간을 정하여 통지합니다.

【4개월을 초과하여 지정기간연장을 할 수 있는 사유】
① 기간만료 전 1개월 이내에 최초로 대리인을 선임하거나 선임된 대리인 모두를 해임 · 변경한 경우
② 기간만료 전 1개월 이내에 출원인변경신고서를 제출한 경우
③ 기간만료 전 2개월 이내에 외국특허청의 심사결과를 받은 경우로서 동 심사결과를 보정서에 반영하고자 하는 경우(이 경우 신청서 제출 시 해당 심사결과 사본 및 그 기초가 된 청구범위 사본도

같이 제출해야 함)

④ 의견제출통지서의 송달이 1개월 이상 지연된 경우(1개월 추가 연장 가능)

⑤ 원출원 또는 분할출원이 심판이나 소송에 계류 중인 경우

⑥ 거절이유와 관련된 시험 및 결과측정에 기간이 더 필요한 경우

⑦ 기타 불가피하게 기간연장이 필요하다고 인정되는 경우

단, 제3자가 심사청구한 때에는 ①~⑤의 경우라도 불승인

5. 온라인 영상면담 및 보정안 리뷰(심층면담)서비스 안내

○ 심사관에게 방문면담을 신청할 경우 특허청(대전)에서 출원발명에 관한 상담 서비스를 받을 수 있고, 영상면담을 신청할 경우에는 특허청(대전) 방문 없이도 상담이 가능합니다.(영상면담 장소 : 특허청 서울사무소와 강원, 경남, 경북, 광주, 부산, 울산, 인천, 전남지역지식재산센터)

○ 보정안 리뷰를 신청할 경우 심층면담을 통해 거절이유 해소 여부 등 보정안에 대한 보다 체계적인 사전검토 서비스를 받을 수 있습니다.(특허로(www.patent.go.kr) – 출원신청 메뉴)

6. 출원인의 명세서 작성 및 보정에 이해를 돕고자 아래 사이트에서 명세서 작성사례 및 기술분야별 보정매뉴얼 등을 제공하고 있습니다. 인터넷 접속이 어려울 경우, 담당 심사관에게 연락주시면 명세서 작성사례 등을 우편으로 송부해드리겠습니다.

○ 특허로(www.patent.go.kr)-명세서 작성관련 유용한 Tip

※ '특허로' 고객센터에서 알림서비스를 신청하시면 담당 심사관 지정 알림, 마감기한 알림 등 각종 민원처리 사항을 이메일과 휴대폰(SMS)로 받아 보실 수 있습니다.

※ 위에서 안내한 후속 절차 또는 신청 서식 등에 관한 사항은 특허고객상담센터 ☎1544-8080로, 이 통지서 결정 내용에 대한 사항은 특허청 ☎042-481-5627(담당심사관 임성택)로 문의하시기 바랍니다.

※ 특허청 및 특허청 직원은 법령에서 정한 법정 수수료 외에 출원인 또는 대리인으로부터 일체의 금품 · 향응 및 편의제공을 요구하거나 받지 않습니다. 이러한 요구나 사례를 인지 또는 목격하였을 경우, 특허청 홈페이지(https://www.kipo.go.kr) 공직비리신고센터(특허청-민원/참여-국민신고-공직비리신고센터)로 신고하여 주시기 바랍니다.

※ (특허청) 우 35208 대전광역시 서구 청사로 189, 4동 (둔산동, 정부대전청사)

발송번호 : 9-5-2020-087798445
발송일자 : 2020.12.15

YOUR INVENTION PARTNER
특허청

특허거절결정서

출원인성명 : 이제춘(특허고객번호: 420000409168)
주소 :
대리인성명 : 박세호
주소 :
출원번호 : 10-2019-0026941
발명자의 명칭 : '자하젓 파스타'의 제조 방법

지정기간 2020.09.26.까지 의견서 또는 보정서 제출이 없었으며, 다시 심사한바 2020.06.26.자 거절이유를 번복할 만한 사항을 발견할 수 없으므로 이 출원에 대해 「특허법」 제62조에 따라 거절 결정합니다. 끝.

2020.12.15.

특허청　　　　특허심사기획국

식품생물자원심사과　　심사관 임성택

〈재심사 청구, 거절결정 불복심판 청구 및 분할출원 안내〉

---

1. 출원인은 이 거절결정서를 송달받은 날부터 30일 이내(심판청구기간)에 보정을 하여 특허청(출원과)에 재심사를 청구하거나 특허심판원에 거절결정불복심판 청구서를 제출하여 보정 없이 심판을 청구할 수 있습니다. 또한, 심판 청구기간(재심사청구 이후는 제외)에는 분할출원도 할 수 있습니다. 재심사청구 시에는 「특허법」 제47조제2항 및 제3항에 따른 범위 내에서 보정하실 수 있습니다.

2. 심판 청구기간(재심사 청구기간)은 「특허법」 제15조제1항에 따라 연장할 수 있습니다. 심판 청구기간을 연장하려는 경우에는 심판청구기간 만료일 전까지 법정기간 연장신청서(특허법시행규칙 별지 제10호서식)를 특허청장에게 제출해 주시기 바랍니다.

3. 명세서 등의 보정은 반드시 특허법시행규칙 별지 제9호서식을 이용해야 합니다.(재심사청구 시 반드시 '재심사청구란'에 체크하시기 바랍니다.)

※ 위에서 안내한 후속절차 또는 신청서식 등에 관한 사항은 특허고객상담센터 ☎1544-8080로, 이 통지서 결정 내용에 대한 사항은 특허청 ☎042-481-5627(담당심사관 임성택)로 문의하시기 바랍니다.

※ 특허청 및 특허청 직원은 법령에서 정한 법정수수료 외에 출원인 또는 대리인으로부터 일체의 금품·향응 및 편의제공을 요구하거나 받지 않습니다. 이러한 요구나 사례를 인지 또는 목격하였을 경우, 특허청 홈페이지(https://www.kipo.go.kr) 공직비리신고센터(특허청-민원/참여-국민신고-공직비리신고센터)로 신고하여 주시기 바랍니다.

※ (특허청) 우 35208 대전광역시 서구 청사로 189, 4동(둔산동, 정부대전청사)

▍특허소멸 사례('아귀탕수육' 소멸사유 – 등록료 불납)

(19) 대한민국특허청(KR)
(12) 등록특허공보(B1)

(45) 공고일자 : 2009년10월08일
(11) 등록번호 : 10-0920313
(24) 등록일자 : 2009년09월28일

(51) Int. Cl.
A23L 1/325 (2006.01) *A23L 1/39* (2006.01)
(21) 출원번호 : 10-2009-0058777
(22) 출원일자 : 2009년06월30일
심사청구일자 : 2009년06월30일
(56) 선행기술조사문헌
KR100600889 B1
KR1019970058593 A

(73) 특허권자 : 오용민
대전 중구 대사동 250-14 즐거운집 203호
(72) 발명자 : 오용민
대전 중구 대사동 250-14 즐거운집 203호
(74) 대리인 : 이원섭

전체 청구항수 : 총5항 심사관 : 임성택

(54) 발명의 명칭 : '아귀탕수육의 제조 방법'

(57) 요 약

본 발명의 아귀탕수육 제조 방법은 아귀를 다듬어서 식용유에 튀기는 제1단계와 아귀탕수육 야채를 식물성 유지나 끓는 물에 볶는 제2단계와 아귀탕수육 소스를 만드는 제3단계와 상기 제1단계에서의 튀긴 아귀에 제2단계에서 볶은 야채를 올리고 상기 제3단계에서 제조된 탕수육 소스를 끼얹는 제4단계로 제조하는 아귀탕수육 제조 방법이다.

본 발명에 의한 아귀탕수육은 대부분의 한국인이 좋아하는 탕수육에 육고기를 좋아하지 않는 사람들이나 지방섭취를 자제해야 하는 사람들을 위해 탕수육 맛은 그대로 유지하면서 저지방 고단백식품을 제공하여, 중풍의 원인이 되는 동맥경화 및 당뇨병의 예방에 좋으며 북어를 능가하는 주독해소 작용을 하고, 정력증강에는 물론 현대인의 성인병 예방에도 좋은 효험을 나타내며, 속 쓰린 위장을 상쾌하고 시원하게 하는 해장으로 아침식사에 좋으며, 과로에 지친 사람에게 쉽게 접할 수 있는 좋은 영양식을 제공하는 효과가 있다.

〈대표도 – 도 1〉

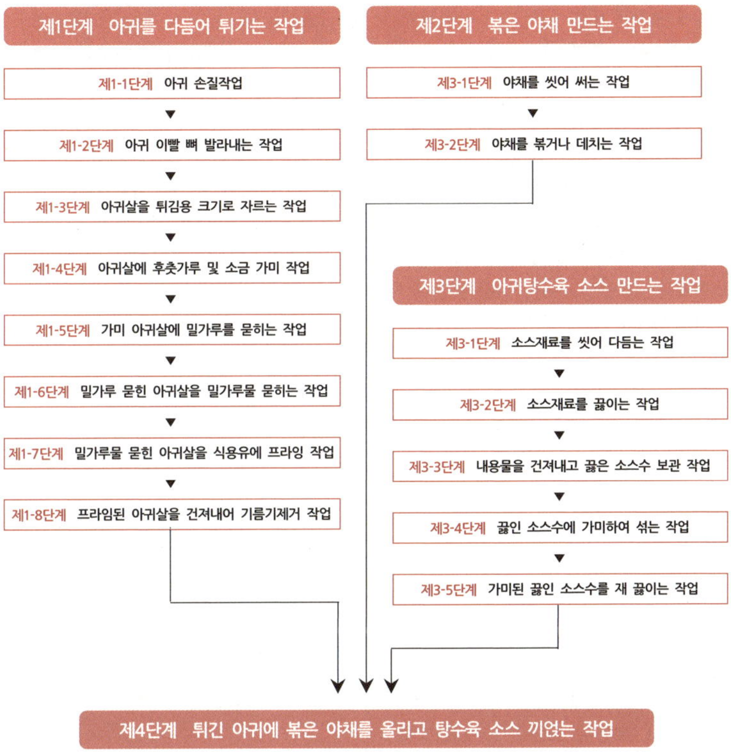

특허청구의 범위

청구항 1

아귀를 다듬어서 식용유에 튀기는 제1단계;
아귀탕수육 야채를 식물성 유지나 끓는 물에 볶는 제2단계;
아귀탕수육 소스를 만드는 제3단계;

상기 제1단계에서의 튀긴 아귀에 제2단계에서 볶은 야채를 올리고 상기 제3단계에서 제조된 탕수육 소스를 끼얹는 제4단계로 제조하는 아귀탕수육 제조 방법에 있어서, 상기 제1단계는 아귀의 내장과 꼬리를 제거하고 깨끗이 손질하는 제1-1단계와; 아귀의 이빨, 뼈를 발라내는 제1-2단계와; 아귀의 살을 아귀탕수육 튀김용으로 크기를 자르는 제1-3단계와; 튀김용으로 자른 아귀살에 후춧가루와 소금을 뿌려서 가미하는 제1-4단계와; 가미된 아귀살에 밀가루를 묻히는 제1-5단계와; 밀가루를 물에 풀어서 만든 밀가루물에 담가서 밀가루를 묻힌 아귀살에 밀가루물을 골고루 묻히는 제1-6단계와; 아귀살을 식용유를 140°~190℃로 가열한 튀김기에 넣어 프라잉하는 제1-7단계와; 프라잉된 아귀살을 건져내어 기름기를 제거하는 제1-8단계로 구성되며,
상기 제2단계는 양파, 당근, 오이, 목이버섯을 씻고 물기를 거두고 써는 제2-1단계와; 일정 크기로 썬 야채를 끓는 식용유나 끓는 물에 데쳐 내거나, 냄비에 볶는 제2-2단계로 구성되며,
상기 제3단계는 무, 파, 양파, 고추, 감초, 대추를 씻어 다듬는 제3-1단계와; 다듬은 무, 파, 양파, 고추, 감초, 대추를 용기에 넣고 물을 부어서 끓이는 제3-2단계와; 끓인 후 내용물을 건져내고 끓은 소스수를 별도의 용기에 보관하는 제3-3단계와; 끓인 소스수에 간장, 설탕, 식초, 전분을 넣어 섞는 제3-4단계와; 끓인 소스수에 간장, 설탕, 식초, 전분을 넣어 섞은 것을 다시 끓여 최종 소스를 만드는 제3~5단계로 구성되는 아귀탕수육 제조 방법

청구항 2
제1항에 있어서, 제1-3단계의 아귀의 살을 아귀탕수육 튀김용으로 자르는 크기는 가로 5~25mm, 세로 40~150mm, 두께 1.5~15mm인 것을 특징으로 하는 아귀탕수육 제조 방법

청구항 3
제1항에 있어서, 제1-7단계의 튀김기에 넣어 프라잉 하는 시간이 2분~7분인 것을 특징으로 하는 아귀탕수육 제조 방법

청구항 4
제1항에 있어서, 제2-1단계의 야채를 써는 크기는 가로 0.5~2.0cm, 세로 0.5~2.0cm, 높이 5~2.0cm인 것을 특징으로 하는 아귀탕수육 제조 방법

청구항 5
제1항에 있어서, 제3-5단계의 다시 끓이는 시간이 30초~10분인 것을 특징으로 하는 아귀탕수육 제조 방법

명세서

발명의 상세한 설명

기술분야
본 발명은 탕수육에 관한 것으로, 더욱 상세하게는 탕수육에 사용하는 돼지고기 대신에 아귀살을 사용하여 만든 아귀탕수육의 제조 방법에 관한 것이다.

배경기술

탕수육은 한국말로서 원어는 탕추러우[糖醋肉(당초육)]이며, 탕수육을 만드는 방법은 돼지고기를 대략 2×5cm 크기로 썰어 앞뒤에 칼금을 넣고(오그라들지 않게 하기 위해) 간장 · 생강 · 후춧가루로 양념한 다음 참기름을 조금 둘러 잘 주물러 놓는다. 간이 잘 배었을 때 달걀흰자와 녹말가루를 묻혀 150~160℃의 기름에서 우선 튀기고 기름의 온도를 180℃로 높여 다시 튀겨 낸다. 양파를 4~6등분으로 썰고 당근 · 오이 · 죽순을 어슷썰기로 썰어 끓는 기름 속에 넣었다 건지거나 냄비에 기름을 두르고 고온에서 살짝 볶는다. 탕즙에 녹말가루를 풀고 설탕을 넣어 소스를 만들고 진간장과 소금으로 빛깔과 간을 맞춘 다음 준비된 채소를 넣고 식초로 맛을 들여 한소끔 끓인 후 참기름을 조금 떨어뜨려 뜨거울 때 튀겨놓은 고기 위에 부어서 낸다. 탕추러우는 돼지고기로 만든 것이고 소고기로 만든 것은 탕추뉴러우[糖醋牛肉]라 한다.

한편, 아귀는 《자산어보》에 조사어(釣絲魚)라 하였고, 속명을 아구어(餓口魚)라 하였다. 일본명은 Ankou이다. 최대 몸길이 40cm이다. 몸과 머리는 납작하며 특히 머리가 비대하다. 아래턱과 머리의 배쪽 테두리를 따라 수십 개의 수염 모양 돌기가 나있다. 눈의 안쪽 가장자리에는 2개의 가시가 있고, 눈의 뒤쪽으로도 역시 2개의 가시가 있다. 입은 크며 양턱에는 날카로운 이빨이 2~3줄 나있으며, 구개골(palatine: 입천장부를 지지하는 7개의 뼈 중 하나로 가장 앞쪽에 위치)에도 날카로운 이빨이 있다. 아래턱이 위턱보다 앞쪽으로 조금 튀어나와 있으며, 등쪽에서 보면 입의 가장자리는 둥글다. 아가미구멍은 퇴화하여 작은 구멍으로 되어 있으며, 가슴지느러미 뒷쪽에 있다. 등지느러미 첫 번째 가시는 모양이 낚시와 비슷하다. 가슴지느러미 기저의 위쪽 부근에 있는 가시는 끝이 3갈래로 갈라져 있다. 가슴지느러미는 사각형이고 꼬리지느러미는 수직형에 가깝다. 몸의 등쪽은 흑갈색 바탕에 드물게 검은색 얼룩이 나타나며 배쪽은 희다. 입속은 검은색이며, 혀의 앞부분에는 둥글고 노란 반점이 많이 있다. 수온 17~20℃가 생활적수온대이며, 수심 70~250m에서 주로 서식한다. 주로 어류와 오징어류 등을 잡아먹는데, 보통 등지느러미 첫 번째 가시가 변형된 유인장치를 이용하여 먹이를 잡는다. 산란기는 4~8월이며, 중국 연안의 산란장에서는 이 시기에 한천질의 띠 모양 알들이 떠다니는 것을 볼 수 있다. 저층 트롤어업과 정치망어업 등에 의해 대부분 어획되며 상업적 가치가 높은 어종이다. 서부태평양 · 인도양 등의 아열대 및 온대 해역에 광범위하게 분포한다. 이 종은 황아귀와 겉모양이 비슷하지만 뒷지느러미 연조(soft ray: 마디가 있고 끝이 갈라져 있는 지느러미 줄기)수가 황아귀는 8~9개로 아귀와 다르다. 또 황아귀는 아귀와 달리 가슴지느러미 기저의 위쪽 부근에 있는 가시가 끝이 갈라지지 않는다. 영양 및 식품학적으로 본 아귀는 저지방 고단백식품으로 간과 위(또는 대창이라고도 함)는 고소하고 쫄깃쫄깃하며 담백한 맛은 미식가의 입을 새롭게 한다. 아가미, 지느러미, 꼬리, 살 부분 또한 특유의 맛이 있어 뼈 외에는 버릴 것이 없다. 위와 장을 튼튼하게 하고 동맥경화, 당뇨 등 성인병과 암을 예방하는 효과를 가지는 음식으로 알려지고 있다. 근래에는 혈압을 내리는 약효로도 인정되어 고혈압 환자 등이 즐겨 찾는 식품이며, 심장병, 류머티즘, 신경통, 식용증진 등의 효과가 있다. 아귀 특유의 고단백질의 흰 어육은 중풍의 원인이 되는 동맥경화 및 당뇨병의 예방에 좋으며 북어를 능가하는 주독해소 작용을 하고, 정력증강에는 물론 현대인의 성인병 예방에도 좋은 효험을 나타내며, 속쓰린 위장을 상쾌하고 시원하게 하는 해장국으로 아침식사에 좋으며, 과로에 지친 사람에게 좋다. 아귀의 큰 배는 자루처럼 마음대로 불어나 웬만한 물고기는 모두 다 삼켰다가 차례로 되새김질을 한다. 그래서 옛날에는 그물에 아귀가 걸리면 배를 가르고 그 속에 들어 있는 조기와 전어 등 생선들을 꺼내고 아귀는 버렸다고 한다. 몸무게가 무려 10kg이 넘는 것도 있고, 대개는 5~7kg에 이른다. 하지만 아무리 큰 것도 살은 꼬리 부분에 한두 토막 붙어있을 뿐, 탱크 같은 머리와 밥주걱처럼 너울거리는 지느러미, 쪽 빠진 꼬리를 제외하고 나면 먹을 것이 없다. 그런데 우리 조상들의 지혜로운 안목은 이 흉물을 세상에 없는 별미로 둔갑시켜 놓았다. 아귀의 큰 머리와 아가미살, 지느러미와 꼬리, 그리고 풍성한 뱃살을 하나도 버리지 않고 맛과 영양분을 동시에 얻어내고 있다. 그것이 바로 지금의 아귀찜이다. 뱃전에 팽개쳤던 것도 황태처럼 마르면 다시 거두어 툭툭 토막 내어 콩나물과 미나리를 넣고 고춧가루로 양념해 볶아 먹었던 것이 아귀를 말렸다가 찜을 하는 지금의 아귀찜의 유래가 됐고, 생것을 다듬어 뻘겋게 찜을 해 낸 것은 생아귀찜인 것이다.

발명의 내용

해결 하고자하는 과제

본 발명은 대부분의 한국인이 좋아하는 탕수육에 육고기를 좋아하지 않는 사람들이나 지방 섭취를 자제해야 하는 사람들을 위해 탕수육 맛은 그대로 유지하면서 저지방 고단백식품인 아귀를 이용하여 아귀탕수육을 제조하는 방법을 제공하는 것이다.

과제 해결수단

본 발명의 아귀탕수육 제조 방법은 본 발명은 아귀를 다듬어서 식용유에 튀기는 제1단계와; 아귀탕수육 야채를 식물성 유지나 끓는 물에 볶는 제2단계와; 아귀탕수육 소스를 만드는 제3단계와; 상기 제1단계에서의 튀긴 아귀에 제2단계에서 볶은 야채를 올리고 상기 제3단계에서 제조된 탕수육 소스를 끼얹는 제4단계로 제조하는 아귀탕수육 제조 방법이다.
상기 제1단계는 아귀의 내장과 꼬리를 제거하고 깨끗이 손질하는 제1-1단계와; 아귀의 이빨, 뼈를 발라내는 제1-2단계와; 아귀의 살을 아귀탕수육 튀김용으로 크기를 자르는 제1-3단계와; 튀김용으로 자른 아귀살에 후춧가루와 소금을 뿌려서 가미하는 제1-4단계와; 가미된 아귀살에 밀가루를 묻히는 제1-5단계와; 밀가루를 물에 풀어서 만든 밀가루물에 담가서 밀가루를 묻힌 아귀살에 밀가루물을 골고루 묻히는 제1-6단계와; 식용유를 140~190℃로 가열한 튀김기에 넣어 프라잉하는 제1-7단계와; 프라잉된 아귀살을 건져내어 기름기를 제거하는 제1-8단계로 구성된다.
상기 제2단계는 무, 파, 양파, 고추, 감초, 대추를 씻어 다듬는 제2-1단계와; 다듬은 무, 파, 양파, 고추, 감초, 대추를 용기에 넣고 물을 부어서 끓이는 제2-2단계와; 끓인 후 내용물을 건져내고 끓은 소스수를 별도의 용기에 보관하는 제2-3단계와; 끓인 소스수에 간장, 설탕, 식초, 전분을 넣어 섞는 제2-4단계와; 끓인 소스수에 간장, 설탕, 식초, 전분을 넣어 섞은 것을 다시 끓여 최종 소스를 만드는 제2-5단계로 구성되는 아귀탕수육 제조 방법으로 본 발명의 과제를 해결할 수 있다.

효 과

이와 같이, 본 발명에 의한 아귀탕수육은 대부분의 한국인이 좋아하는 탕수육에 육고기를 좋아하지 않는 사람들이나 지방 섭취를 자제해야 하는 사람들을 위해 탕수육 맛은 그대로 유지하면서 저지방 고단백식품을 제공하여, 중풍의 원인이 되는 동맥경화 및 당뇨병의 예방에 좋으며 북어를 능가하는 주독해소 작용을 하고, 정력증강에는 물론 현대인의 성인병 예방에도 좋은 효험을 나타내며, 속 쓰린 위장을 상쾌하고 시원하게 하는 해장으로 아침식사에 좋으며, 과로에 지친 사람에게 쉽게 접할 수 있는 좋은 영양식을 제공하는 효과가 있다.

발명의 실시를 위한 구체적인 내용

본 발명의 아귀탕수육 제조 방법은 아귀를 다듬어서 식용유에 튀기는 제1단계와 아귀탕수육 야채를 식물성 유지나 끓는 물에 볶는 제2단계와 아귀탕수육 소스를 만드는 제3단계와 상기 제1단계에서의 튀긴 아귀에 제2단계에서 볶은 야채를 올리고 상기 제3단계에서 제조된 탕수육 소스를 끼얹는 제4단계로 제조하는 아귀탕수육 제조 방법이다.

상기 제1단계는 아귀의 내장과 꼬리를 제거하고 깨끗이 손질하는 제1-1단계와; 아귀의 이빨, 뼈를 발라내는 제1-2단계와; 아귀의 살을 아귀탕수육 튀김용 크기인 가로 5~25mm, 세로 40~150mm, 두께 1.5~15mm로 자르는 제1-3단계와; 튀김용으로 자른 아귀살에 후춧가루와 소금을 뿌려서 가미하는 제1-4단계와; 가미된 아귀살에 밀가루를 묻히는 제1-5단계와; 밀가루를 물에 풀어서 만든 밀가루물에 담가서 밀가루를 묻힌 아귀살에 밀가루물을 골고루 묻히는 제1-6단계와; 아귀살을 식용유를 140~190℃로 가열한 튀김기에 넣어 2분~7분 동안 프라잉하는 제1-7단계와; 프라잉된 아귀살을 건져내어 기름기를 제거하는 제1-8단계로 구성된다.

상기 제2단계는 양파, 당근, 오이, 목이버섯을 씻고 물기를 거두고 써는 제2-1단계와; 일정 크기로 썬 야채를 끓는 식용유나 끓는 물에 데쳐내는 제2-2단계로 구성되며, 제2-1단계의 야채를 써는 크기는 가로 0.5~2.0cm, 세로 0.5~2.0cm, 높이 5~2.0cm로 한다.

상기 제3단계는 무, 파, 양파, 고추, 감초, 대추를 씻어 다듬는 제3-1단계와; 다듬은 무, 파, 양파, 고추, 감초, 대추를 용기에 넣고 물을 부어서 끓이는 제3-2단계와; 끓인 후 내용물을 건져내고 끓은 소스수를 별도의 용기에 보관하는 제3-3단계와; 끓인 소스수에 간장, 설탕, 식초, 전분을 넣어 섞는 제3-4단계와; 끓인 소스수에 간장, 설탕, 식초, 전분을 넣어 섞은 것을 30초~10분 동안 다시 끓여 최종 소스를 만드는 제3-5단계로 구성된다.

이하, 본 발명을 〈도 1〉의 본 발명에 따른 아귀탕수육 제조 방법에 관한 순서도에 따라 상세히 설명한다.

아귀를 다듬어서 식용유에 튀기는 제1단계를 세분해서 설명하면 다음과 같다.

제1-1단계의 아귀 손질작업은 먼저 매단 후 입에 물을 부어 넣어서 배를 팽창시켜서 몸체를 안정시키고 가슴지느러미는 잘라내고, 배를 갈라 내장(간과 장)을 꺼내고 위, 아가미를 떼어내고 꼬리지느러미를 제거한다. 아귀는 날카로운 뼈가 있으니 손으로 문질러 씻다가는 큰 상처를 입으므로 굵은 소금 팍팍 뿌려서 그릇을 이리저리 굴리고 나무볶음저로 이리저리 문지르듯이 잘 굴려준 다음 씻는다. 약간의 끈적이는 것은 괜찮으며 탕을 하건 찜을 하건 프라이를 하건 열이 가해지면 그 끈적임은 해소가 된다. 내장도 탕수육 재료로 쓸 수 있는 것과 없는 것을 분리하고 쓸개는 터지지 않게 제거한다. 제1-2단계의 아귀의 이빨, 뼈를 발라내는 작업은 먼저 억센 주둥이 부분을 잘라내어 이빨을 제거하는데 너무 억센 이빨 때문에 손이나 입 다치는 것을 예방하기 위해 입 주위를 가위로 주둥이 제거 후 살을 발라내어 뼈만 남도록 해야 한다. 잘라내면 더 쉽게 작업할 수 있으며, 제1-3단계의 튀김용 크기로 자르는 작업은 아귀의 살이나 내장을 아귀탕수육 튀김용으로 크기인 가로 5~25mm, 세로 40~150mm, 두께 1.5~15mm로 자르되 자른 크기가 되도록 일정하도록 크기를 맞추어 자르고, 자른 후 잘 씻어 다음 작업을 할 수 있게 그릇에 담는다.

제1-4단계의 가미작업은 튀김용으로 자른 아귀살에 후춧가루와 소금을 뿌려서 간을 맞추고 맵고 향기로운 특이한 풍미가 있고 비린내를 제거하기 위해 후춧가루를 뿌린다.

제1-5단계의 밀가루 묻히는 작업은 가미된 아귀살에 밀가루를 묻힐 때 앞뒤로 골고루 묻혀지도록 몇 번 뒤집어 묻히는 작업을 시행한다. 밀가루의 선택은 밀가루에 들어있는 밀단백질로 쫄깃한 식감을 내는 글루텐의 함량에 따라 박력분, 중력분, 강력분으로 나누는데 쫄깃한 식감을 많이 내기 위해서는 중력분 이상의 이 많은 강력분은 튀김이 너무 질겨지는 문제가 생길 수도 있다. 밀가루를 사용할 수도 있다. 너무 글루텐 바삭한 식감을 내기 위해서는 글루텐 함량을 낮춘 박력분에 전분을 섞어서 만드는 튀김가루를 사용하는 경우도 있으나, 탕수육은 튀김 자체를 바로 먹는 것이 아니라 소스를 묻혀서 먹더라도 밀가루보다는 튀김가루가 더 나을 수 있다.

제1-6단계는 밀가루물을 묻히는 작업으로 밀가루를 물에 풀어서 만든 밀가루물에 밀가루가 묻은 아귀살을 담가서 아귀살에 밀가루물을 골고루 묻히는 작업이다. 튀김옷의 두께는 얇은 게 더 맛이 나고 좋다. 튀김옷이 두껍다면 고기 맛을 느끼기보다는 튀김옷이 더 많은 맛을 내기 때문이다.

제1-7단계는 프라잉 작업으로 식용유를 140~190℃로 가열한 튀김기에 아귀살을 넣어 2~7분 동안 튀긴다. 튀김이 튀김기에 달라붙는다는 건 온도가 낮아서 튀김이 가라앉는다는 것이거나 식용유의 양이 적다든지 할 때 일어나는 현상이므로 식용유의 온도를 측정하거나 아니면 가열한 기름에 튀김을 조금 떨어뜨려 가라앉지 않고 기름표면에서 뿌지직하면서 튀겨질 때 고기를 넣으면 된다. 튀김은 2번을 튀겨야 바삭하고 기름이 많이 빠진다. 첫 번째 튀길 때는 기름을 빨아드리고 두 번째 튀길 때는 기름을 내뱉는 성질이 있기 때문이다.

제1-8단계는 기름기를 제거하는 작업으로 프라잉된 아귀살을 건져내어 기름기를 제거하기 위해 약간 구멍이 큰 용기에 넣되 많은 층으로 쌓는 것은 좋지 않다.

아귀탕수육 볶음야채를 만드는 제2단계 작업에 대해 세부적 단계로 설명하면 다음과 같다.

제2-1단계의 야채를 씻어 써는 작업은 양파, 당근, 오이, 목이버섯을 깨끗이 씻고 물기를 완전히 뺀 후에 가로 0.5~2.0cm, 세로 0.5~2.0cm, 높이 0.5~2.0cm의 크기로 썰어 그릇에 담는다. 상기 야채에는 홍피망나 사과, 귤 등의 과일을 추가할 수도 있다.

제2-2단계의 야채를 볶거나 데치는 작업은 끓는 식용유나 끓는 물에 데쳐 내거나, 냄비에 식용유를 두른 뒤 단단한 순서대로 볶으나, 양파는 향을 위해 당근과 같이 먼저 넣고 홍피망, 오이, 목이버섯을 추가로 넣어 볶아서 용기에 저장한다. 생야채를 좋아하는 사람들을 위해 상기 야채를 볶지 않고 생으로 사용할 수도 있다.

아귀탕수육 소스를 만드는 제3단계 작업에 대해 세부적 단계로 설명하면 다음과 같다.
제3-1단계는 소스재료를 씻어 다듬어 손질하는 작업으로 무, 파, 양파, 고추, 감초, 대추를 씻은 후 다듬어 적당한 크기로 썬다.
제3-2단계는 소스재료를 끓이는 작업으로 다듬은 무, 파, 양파, 고추, 감초, 대추를 용기에 넣고 물을 부어서 끓이되 물이 끓으면 불은 낮추어 30~60분 정도 끓여서 물이 1/3정도 졸아 소스재료의 향이나 성분이 물에 충분히 우러나오게 한다.
제3-3단계는 내용물을 건져내고 소스수를 보관하는 작업으로 소스재료를 약한 불에 충분히 끓인 후 육질의 내용물을 건져내고 별도의 용기에 보관한다.
제3-4단계는 끓인 소스수에 가미하여 섞는 작업으로 간장, 설탕, 식초, 전분을 넣어 충분히 섞는다.
제3-5단계는 가미된 소스수를 다시 끓이는 작업으로 끓인 소스수에 간장, 설탕, 식초, 전분을 넣어 섞은 것을 전분이 완전히 풀어지도록 30초~10분 동안 다시 끓여 최종 소스를 만든다.

〈탕수육 소스 만드는 작업 레시피 실시예〉
재료 : 무 150g, 파 50g, 고추 20g, 감초 50g, 대추 50g, 물 1500g, 간장, 설탕, 식초, 전분을 이용하여 약 1,000g의 탕수육 소스를 만들 수 있다.
제4단계는 최종 아귀탕수육을 완성하기 위해 상기 제1단계에서의 튀긴 아귀를 접시에 올리고 제2단계에서 볶은 야채를 튀긴 아귀 위에 올리고 다시 상기 제3단계에서 제조된 탕수육 소스를 끼얹으면 음식이 완성된다.

도면의 간단한 설명
도 1은 본 발명에 따른 아귀탕수육 제조 방법에 관한 순서도

도면

〈도면 1〉

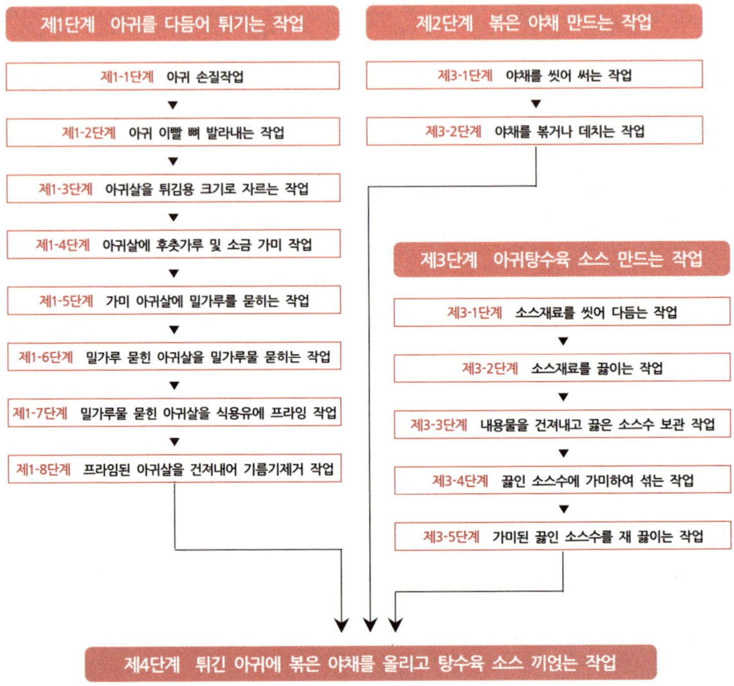

〈도면 2〉

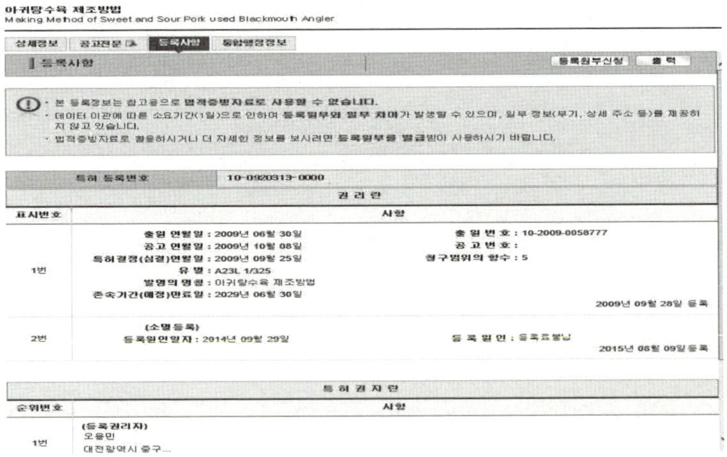

아귀탕수육 제조방법
Making Method of Sweet and Sour Pork used Blackmouth Angler

상세정보 | 공고전문 | 등록사항 | 통합행정정보

등록사항 등록원부신청 출력

- 본 등록정보는 참고용으로 **법적증빙자료로 사용할 수 없습니다.**
- 데이터 이관에 따른 소요기간(1일)으로 인하여 **등록원부와 일부 차이**가 발생할 수 있으며, 일부 정보(부기, 상세 주소 등)를 제공하지 않고 있습니다.
- 법적증빙자료로 활용하시거나 더 자세한 정보를 보시려면 **등록원부를 발급**받아 사용하시기 바랍니다.

특허 등록번호	10-0920313-0000

권리란

표시번호	사항
1번	출원 연월일 : 2009년 06월 30일 공고 연월일 : 2009년 10월 08일 특허결정(심결)연월일 : 2009년 09월 25일 유 별 : A23L 1/325 발명의 명칭 : 아귀탕수육 제조방법 존속기간(예정)만료일 : 2029년 06월 30일 출 원 번 호 : 10-2009-0058777 공 고 번 호 : 청구범위의 항수 : 5 2009년 09월 28일 등록
2번	(소멸등록) 등록원인일자 : 2014년 09월 29일 등 록 원 인 : 등록료불납 2015년 08월 09일 등록

특허권자란

순위번호	사항
1번	(등록권리자) 오용민 대전광역시 중구...

특허취하 사례

(19) 대한민국특허청(KR) (11) 공개번호 : 10-2015-0029933
(12) 공개특허공보(A) (43) 공개일자 : 2015년03월19일

(51) 국제특허분류(Int. Cl.)
A23L 1/16 (2006.01) *A23L 1/315* (2006.01)
A23L 1/31 (2006.01)
(21) 출원번호 : 10-2013-0108989
(22) 출원일자 : 2013년09월11일
심사청구일자 : 없음

(71) 출원인 : 김정수
대전광역시 서구 청사로65, 112동 1406호(월평동, 황실타운)
(72) 발명자 : 김정수
대전광역시 서구 청사로65, 112동 1406호(월평동, 황실타운)

전체 청구항수 : 총 4항

(54) 발명의 명칭 : '불갈비를 포함하는 불갈비 파스타 및 이의 제조 방법'

(57) 요 약

본 발명은 불갈비를 포함하는 불갈비 파스타(sea mustard pasta) 및 이의 제조 방법에 관한 것으로서, 보다 상세하게는 파스타에 있어서 불갈비를 포함하는 불갈비 파스타 및 파스타의 제조 방법에 있어서, 불갈비를 첨가하는 단계를 포함하는 불갈비 파스타의 제조 방법에 관한 것이다. 본 발명에서 불갈비 파스타는 파스타에 있어서 불갈비(sea mustard)를 포함하는 파스타를 의미한다. 본 발명에 의해 제조한 불갈비 파스타는 불갈비이 함유하고 있는 우수한 영양성분을 섭취할 수 있어 관능성이 우수할 뿐만 아니라 기능성 또한 우수한 불갈비 파스타를 제공할 수 있다.
본 발명의 불갈비 파스타는 불갈비 이외에 닭을 포함하고 있어 닭이 함유하고 있는 영양성분 또한 용이하게 섭취할 수 있어 관능성 및/또는 기능성이 우수한 불갈비 파스타를 제공할 수 있다.

〈대표도〉

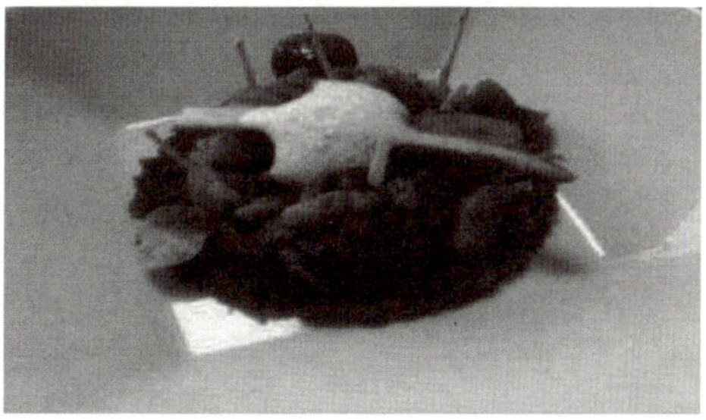

특허청구의 범위

청구항 1
팬에 오일을 첨가한 다음, 후술하는 제3단계에서 첨가되는 파스타 100 중량부에 대해 마늘 슬라이스 0.5~3중량부, 마늘 분말 0.5~3중량부, 다진 양파 0.5~5중량부, 알새우 5~30중량부, 자숙된 닭 5~30중량부, 불갈비 5~30중량부를 넣고 80~100℃에서 5~30분 동안 볶은 다음 와인으로 후람베(flambe)를 하는 제1단계; 상기 1단계 후 후술하는 제3단계에서 첨가되는 파스타 100중량부에 대해 치킨스탁 5~10중량부, 다진 청양고추 0.1~3중량부, 분쇄된 칠리페퍼 0.1~3중량부를 팬에 넣고 80~100℃에서 5~30분 동안 끓여 주는 제2단계; 삶은 파스타를 상기 팬에 첨가하고 파스타 100중량부에 대해 소금 0.1~3중량부, 후추 0.1~3중량부를 첨가하여 간을 맞추는 제3단계를 포함하는 것을 특징으로 하는 불갈비를 포함하는 불갈비 파스타의 제조 방법.

청구항 2
제1항에 있어서, 불갈비는 불갈비를 4~6cm로 자른 것이고, 치킨스탁은 닭 100중량부에 대해 정제수 100~500중량부, 대파 5~20중량부, 파슬리 5~20중량부, 마늘 5~10중량부, 양파 5~10중량부, 칠면초(七面草, Suaeda japonica) 10~50중량부, 청주 1~5중량부를 첨가하고 90~100℃에서 10~40분 동안 끓여서 얻은 것임을 특징으로 하는 불갈비를 포함하는 불갈비 파스타의 제조 방법.

청구항 3
제1항에 있어서, 파스타는 페페로치니면, 스파게티(Spaghetti), 링귀니(Linguine), 페델리니(Fedelini), 카펠리니(Capellini), 탈리아텔레, 라사냐(Lasagna), 리가토니(Rigatoni), 펜네(Penne), 로텔레(Rotelle), 푸질리, 마카로니, 파르팔레(Farfalle) 중에서 선택된 어느 하나인 것을 특징으로 하는 불갈비를 포함하는 불갈비 파스타의 제조 방법.

청구항 4
청구항 제1항, 제3항 및 제4항 중에서 선택된 어느 한 항의 방법에 의해 제조한 불갈비를 포함하는 불갈비 파스타.

명세서

기술분야
본 발명은 불갈비를 포함하는 불갈비 파스타(Sea mustard pasta) 및 이의 제조 방법에 관한 것으로서 보다 상세하게는 파스타의 제조 방법에 있어서, 불갈비를 첨가하는 단계를 포함하는 불갈비 파스타의 제조 방법 및 동 발명에 의해 제조한 불갈비를 포함하는 불갈비 파스타에 관한 것이다. 본 발명에서 불갈비 파스타는 파스타에 있어서 불갈비(Sea mustard)를 포함하는 파스타를 의미한다.

배경기술

1970년대 이후의 급격한 산업발전과 경제적인 면에서 점차 발전함에 따라 1980년대 이후 식생활적인 면에서 햄버거로 대표되는 패스트푸드가 국내에서 판매되기 시작하였다. 이러한 패스트푸드는 음식을 미리 조리시킨 것을 섭취하기 때문에 빠른 시간에 간편히 섭취할 수 있고, 어린이 및 청소년들의 입맛에 맞아 1990년 이후 급격한 성장이 이루어졌다. 1990년대 이후에는 햄버거 이외에 다양한 음식 관련 회사가 국내에서 영업을 시작하였다. 이러한 대표적인 음식으로는 특히 피자, 파스타, 커피 등이 있다. 피자, 커피는 점차적으로 한국인의 입맛에 동화되면서 그 수요가 이미 많아졌으나, 면 요리인 파스타는 2000년 이후 점차적으로 증가하고 있으나, 아직까지 피자, 커피 등에 비해서는 많지 않는 실정이다. 파스타(pasta)는 피자와 함께 이탈리아를 대표하는 음식이자 이탈리아인(人)의 주식으로, 기원전 3000년경 중국에서 처음 만들어졌고 1295년경 마르코 폴로가 이탈리아로 들여왔다고 전해진다. 그밖에 밀가루 반죽을 먹기 쉽도록 잘라서 굽다가 점차 발전하였다. 이탈리아에는 대략 11세기에 소개된 것으로 추정되는데, 이후 도시 간 무역에서 중요한 상품으로 거래되었다고 한다. 특히 캄파니아주(州) 나폴리에서는 건조한 기후와 소맥재배를 하고 있던 여건 때문에 건조된 파스타 면의 대량생산이 가능했으며, 양배추와 고기로 만든 전통 소스 대신 치즈로 양념을 하기 시작하였다.

1830년경에는 미국으로부터 토마토가 수입되면서 더욱 다양한 양념과 조리법을 갖추게 되었다. 파스타 제조기술은 17세기 후반 이탈리아에서 유럽 각지로 퍼지게 되었다. 천일건조에서 인공건조의 변화로 인해 기후에 관계없이 제조가 가능하게 되고 이탈리아인의 이민과 함께, 스위스, 독일, 프랑스로 전해지게 되었다.

19세기 말에는 이탈리아인의 미국으로의 이민이 급증하여 1880~1920년까지의 40년간 400만 명이 미국에 상륙해 이탈리아에서 먹던 습관을 미국으로 가져오게 되었다. 그 영향으로 미국은 이탈리아에서 대량의 파스타를 수입하게 되었다. 그러나 제1차 세계대전으로 인해 이탈리아로부터의 수입이 줄어들어, 미국 국내에서도 본격적으로 경질밀을 생산하여 파스타를 만들기 시작했다.

오늘날 미국의 파스타산업은 이탈리아에 이어 세계 제2의 생산국가가 되었다. 파스타에는 면 요리이지만 면 이외에 여러 가지 재료가 첨가되어 독특한 풍미를 지닌 음식이다. 본 발명의 발명자는 파스타에 첨가되는 성분으로 상기에서 언급한 바와 같이 영양성분이 우수한 불갈비를 포함하는 파스타(이하 "불갈비 파스타"라고 약칭함) 및 이의 제조 방법을 제공하여 우수한 영양성분이 함유된 불갈비 파스타를 제공하고자 한다. 한편, 본 발명과 관련된 선행기술로서 한국공개특허 제1999-0006898호에 건조 파스타 또는 건면을 습열 가열하여 표층부를 α-전분으로 전화시키고, 파스타 또는 면선 표면을 건조시킨 후, 파스타 또는 면선을 물과 함께 밀봉성 용기에 충전하여 실링하고, 이어서 파스타 또는 면선을 재가열하는 것으로 이루어지는 즉석 조리 파스타 또는 면의 제조 방법을 나타내고 있다. 또한 한국공개특허 제2007-0045775호에 배전한 소맥, 호밀 또는 오트밀의 껍질분말(밀기울) 또는 쌀겨의 어느 것인가와 글루텐 및 질경이씨 껍질(사이리움)의 분말을 주성분으로 하며, 실질적으로 당질을 함유하지 않은 식품소재를 물로 혼합반죽하고, 얇게 펴서 적당한 형상으로 커트하는 것을 특징으로 하는 면 파스타의 제조 방법을 나타내고 있다. 그러나 본 발명과 상기 선행기술들은 발명의 기술적 특징이 서로 달라 발명의 구성이 서로 다른 발명이다.

발명의 내용

해결하려는 과제

본 발명의 목적은 파스타의 제조 방법에 있어서, 불갈비를 첨가하는 단계를 포함하는 불갈비 파스타의 제조 방법을 제공하고자 한다. 본 발명의 다른 목적은 상기에서 언급한 방법에 의해 제조한 불갈비 파스타를 제공하고자 한다.

과제의 해결 수단

본 발명은 파스타의 제조 방법에 있어서, 불갈비를 첨가하는 단계를 포함하는 것을 특징으로 하는 불갈비 파스타의 제조 방법을 나타낸다. 본 발명은 팬에 오일을 첨가한 다음 후술하는 제3단계에서 첨가되는 파스타 100중량부에 대해 마늘 슬라이스 0.5~3중량부, 마늘 분말 0.5~3중량부, 다진 양파 0.5~5중량부, 알새우 5~30중량부, 자숙된 닭 5~30중량부, 불갈비 5~30중량부를 넣고 80~100℃에서 5~30분 동안 볶은 다음 와인으로 후람베(flambe)를 하는 제1단계; 상기 1단계 후 후술하는 제3단계에서 첨가되는 파스타 100중량부에 대해 치킨스탁 5~10중량부, 다진 청양고추 0.1~3중량부, 분쇄된 칠리 페퍼 0.1~3중량부를 팬에 넣고 80~100℃에서 5~30분 동안 끓여주는 제2단계; 삶은 파스타를 상기 팬에 첨가하고 파스타 100중량부에 대해 소금 0.1~3중량부, 후추 0.1~3중량부를 첨가하여 간을 맞추는 제3단계를 포함하는 것을 특징으로 하는 불갈비를 포함하는 불갈비 파스타의 제조 방법을 나타낸다. 본 발명은 상기에서 언급한 방법에 의해 제조한 불갈비를 포함하는 불갈비 파스타를 나타낸다.

발명의 효과

본 발명에 의해 제조한 불갈비를 포함하는 불갈비 파스타는 불갈비가 함유하고 있는 우수한 영양성분을 섭취할 수 있어 관능성이 우수할 뿐만 아니라 기능성 또한 우수한 불갈비 파스타를 제공할 수 있다.
본 발명의 불갈비를 포함하는 불갈비 파스타는 불갈비 이외에 닭을 포함하고 있어 닭이 함유하고 있는 영양성분 또한 용이하게 섭취할 수 있어 관능성 및/또는 기능성이 우수한 불갈비 파스타를 제공할 수 있다.
한편, 본 발명의 불갈비를 포함하는 불갈비 파스타는 기능성 성분으로서 칠면초(七面草) 및/또는 금앵자금앵자(金櫻子)를 포함할 수 있는 종래 파스타에 비해 기능성이 우수한 불갈비 파스타를 제공할 수 있다.

도면의 간단한 설명

도 1은 실시예 1에서 제조한 불갈비 파스타를 접시에 담아 놓은 것을 나타낸 사진이다.

발명을 실시하기 위한 구체적인 내용

본 발명은 불갈비를 포함하는 불갈비 파스타의 제조 방법을 나타낸다. 본 발명은 파스타의 제조 방법에 있어서, 불갈비를 첨가하는 단계를 포함하는 불갈비 파스타의 제조 방법을 나타낸다. 본 발명은 팬에 오일을 첨가한 다음 후술하는 제3단계에서 첨가되는 파스타 100중량부에 대해 마늘 슬라이스 0.5~

3중량부, 마늘 분말 0.5~3중량부, 다진 양파 0.5~5중량부, 알새우 5~30중량부, 자숙된 닭 5~30중량부, 불갈비 5~30중량부를 넣고 80~100℃에서 5~30분 동안 볶은 다음 와인으로 후람베(flambe)를 하는 제1단계; 상기 1단계 후 후술하는 제3단계에서 첨가되는 파스타 100중량부에 대해 치킨스탁 5~10중량부, 다진 청양고추 0.1~3중량부, 분쇄된 칠리페퍼 0.1~3중량부를 팬에 넣고 80~100℃에서 5~30분 동안 끓여주는 제2단계; 삶은 파스타를 상기 팬에 첨가하고 파스타 100중량부에 대해 소금 0.1~3중량부, 후추 0.1~3중량부를 첨가하여 간을 맞추는 제3단계를 포함하는 불갈비 파스타의 제조 방법을 나타낸다.

상기에서 오일은 식용유지를 사용할 수 있으며, 이러한 식용유지의 일예로서 대두유, 올리브유, 포도씨유, 미강유, 옥수수유, 유채유, 면실유 중에서 선택된 어느 하나 이상을 파스타 100중량부에 대해 0.5~10중량부를 사용할 수 있다. 상기에서 마늘 슬라이스는 마늘을 두께가 1~5mm 크기가 되도록 잘라서 슬라이스(slice) 처리한 것을 사용할 수 있다. 상기에서 마늘 슬라이스는 마늘을 두께가 5mm 크기가 되도록 잘라서 슬라이스 처리한 것을 사용할 수 있다. 상기에서 마늘 분말은 마늘을 입자크기가 0.1~1mm가 되도록 분쇄시켜 분말화한 것을 사용할 수 있다. 상기에서 마늘 분말은 마늘을 입자크기가 0.5±0.1mm가 되도록 분쇄시켜 분말화한 것을 사용할 수 있다. 상기에서 자숙된 닭은 닭 100중량부에 대해 정제수 100~500중량부를 첨가하고 90~100℃에서 10~60분 동안 끓여서 얻은 닭을 사용할 수 있다. 상기에서 자숙된 닭은 닭 100중량부에 대해 정제수 300중량부를 첨가하고 95℃에서 30분 동안 끓여서 얻은 닭을 사용할 수 있다. 상기에서 불갈비는 불갈비를 불갈비 중량 대비 5~10배 중량의 정제수에 침지하여 1~24시간 동안 불린 후 4~6cm로 자른 것을 사용할 수 있다. 상기에서 불갈비는 불갈비를 불갈비 중량 대비 8배 중량의 정제수에 침지하여 6시간 동안 불린 후 5±0.5cm로 자른 것을 사용할 수 있다. 상기에서 와인은 레드 와인, 화이트 와인 중에서 선택된 어느 하나 이상을 사용할 수 있다. 상기에서 치킨스탁은 닭을 정제수에 넣고 소정의 첨가물을 첨가한 후 끓여서 얻은 것을 사용할 수 있다. 상기에서 치킨스탁의 일예로서 닭 100중량부에 대해 정제수 100~500중량부, 대파 5~20중량부, 파슬리 5~20중량부, 마늘 5~10중량부, 양파 5~10중량부, 칠면초(七面草, Suaeda japonica) 10~50중량부, 청주 1~5중량부를 첨가하고 90~100℃에서 10~40분 동안 끓여서 얻은 것을 사용할 수 있다. 상기에서 치킨스탁의 일예로서 닭 100중량부에 대해 정제수 300중량부, 대파 10중량부, 파슬리 10중량부, 마늘 7중량부, 양파 10중량부, 칠면초(七面草, Suaeda japonica) 25중량부, 청주 3중량부를 첨가하고 90℃에서 30분 동안 끓인 후 25±5℃가 되도록 냉각시킨 것을 사용할 수 있다. 상기에서 분쇄된 칠리페퍼는 칠리페퍼(chili peppers)를 입자크기가 0.1~1mm가 되도록 분쇄시켜 얻은 것을 사용할 수 있다. 상기에서 분쇄된 칠리페퍼는 칠리페퍼를 입자크기가 0.5±0.1mm가 되도록 분쇄시켜 얻은 것을 사용할 수 있다. 상기에서 파스타는 종래 파스타 제조시 사용하는 것을 사용할 수 있으며, 이러한 파스타의 일예로서 페페로치니면, 스파게티(Spaghetti), 링귀니(Linguine), 페델리니(Fedelini), 카펠리니(Capellini), 탈리아텔레, 라사냐(Lasagna), 리가토니(Rigatoni), 펜네(Penne), 로텔레(Rotelle), 푸질리, 마카로니, 파르팔레(Farfalle) 중에서 선택된 어느 하나를 사용할 수 있다. 상기에서 파스타의 일예로 90~100℃ 온도의 물에 3~4분 동안 페페로치니면을 삶은 다음 상기에서 오일로서 상기에서 언급한 식용유지를 페페로치니면 중량 대비 5~20% 바르고 5~15℃에서 24~48시간 동안 숙성시킨 후 튀김기에 넣고 5~10초(second) 동안 튀겨낸 뒤 90~100℃ 온도의 물에 튀겨진 면을 헹군 것을 사용할 수 있다.

본 발명은 불갈비를 포함하는 불갈비 파스타 제조시 기능성 성분을 추가로 더 첨가하는 단계를 포함한다. 본 발명은 불갈비를 포함하는 불갈비 파스타 제조시 기능성 성분으로 금앵자(金櫻子, Rosa laevigata Michaux) 추출물을 추가로 더 첨가하는 단계를 포함한다. 상기에서 기능성 성분은 파스타 100중량부에 대해 금앵자(金櫻子, Rosa laevigata Michaux) 추출물 5~10중량부를 제2단계에서 추가로 더 첨가할 수 있다. 상기에서 금앵자 추출물은 수세 후 이물질을 제거한 금앵자를 금앵자 중량 대비 3~10배 중량으로 50~95부피%농도의 에탄올(ethanol)에 넣고 50~80℃에서 1~5시간 동안 추출한 후 상기 추출물을 90~100℃에서 5~10분 동안 가열하여 에탄올을 제거한 것을 사용할 상기에서 금앵자 추출물은 수세 후 이물질을 제거한 금앵자를 금앵자 중량 대비 3~10배 중량으로 50~95부피%농도의 에탄올(ethanol)에 넣고 50~80℃에서 1~5시간 동안 추출한 후 여과한 1차 추출물을 1차 추출물 부피 대비 10~50%가 되도록 농축한 다음 상기 농축출물을 90~100℃에서 5~10분 동안 가열하여 에탄올을 제거한 것을 사용할 수 있다. 본 발명은 상기에서 언급한 불갈비를 포함하는 불갈비 파스타의 제조 방법에 의해 제조한 불갈비를 포함하는 불갈비 파스타를 포함한다.

본 발명의 불갈비를 포함하는 불갈비 파스타 및 이의 제조 방법에 대해 다양한 조건으로 실시한바, 본 발명의 목적을 달성하기 위해서는 상기에서 언급한 조건에 의해 불갈비를 포함하는 불갈비 파스타 및 이의 제조 방법을 제공하는 것이 바람직하다. 이하 본 발명의 내용을 〈실시예〉 및 〈시험예〉를 통해 구체적으로 설명한다. 그러나 이들은 본 발명을 보다 상세 하게 설명하기 위한 것으로 본 발명의 권리범위가 이들에 의해 한정되는 것은 아니다.

〈실시예 1〉

팬에 후술하는 제3단계에서 첨가되는 파스타 100중량부에 대해 올리브유 5중량부를 첨가한 다음 마늘 슬라이스 2중량부, 마늘 분말 2중량부, 다진 양파 3중량부, 알새우 20중량부, 자숙된 닭 25중량부, 불갈비 15중량부를 넣고 90℃에서 15분 동안 볶은 다음 와인으로 후람베(flambe)를 하였다. 상기의 후람베 후 후술하는 제3단계에서 첨가되는 파스타 100중량부에 대해 치킨스탁 10중량부, 다진 청양고추 1중량부, 분쇄된 칠리페퍼 1중량부를 팬에 넣고 90℃에서 10분 동안 끓였다. 삶은 파스타를 상기 팬에 첨가하고 파스타 100중량부에 대해 소금 0.5중량부, 후추 0.3중량부를 첨가하여 간을 맞추어 불갈비를 포함하는 불갈비 파스타를 제조하였으며, 제조한 불갈비 파스타를 접시에 담은 것을 〈도 1〉에 나타내었다.

상기에서 마늘 슬라이스는 마늘을 두께가 5mm 크기가 되도록 잘라서 슬라이스 처리한 것을 사용하였다. 상기에서 마늘 분말은 마늘을 입자크기가 0.5±0.1mm가 되도록 분쇄시켜 분말화한 것을 사용하였다. 상기에서 자숙된 닭은 닭 100중량부에 대해 정제수 300중량부를 첨가하고 95℃에서 30분 동안 끓여서 얻은 닭을 사용하였다. 상기에서 불갈비는 불갈비를 불갈비 중량 대비 8배 중량의 정제수에 침지하여 6시간 동안 불린 후 5±0.5cm로 자른 것을 사용하였다. 상기에서 치킨스탁은 닭 100중량부에 대해 정제수 300중량부, 대파 10중량부, 파슬리 10중량부, 마늘 7중량부, 양파 10중량부, 칠면초(七面草, Suaeda japonica) 25중량부, 청주 3중량부를 첨가하고 90℃에서 30분 동안 끓인 후 25±5℃가 되도록 냉각시킨 것을 사용하였다. 상기에서 분쇄된 칠리페퍼는 칠리페퍼를 입자크기가 0.5±0.1mm가 되도록 분쇄시켜 얻은 것을 사용하였다.

〈실시예 2〉

팬에 후술하는 제3단계에서 첨가되는 파스타 100중량부에 대해 올리브유 5중량부를 첨가한 다음 마늘 슬라이스 2중량부, 마늘 분말 2중량부, 다진 양파 3중량부, 알새우 20중량부, 자숙된 닭 25중량부, 불갈비 15중량부를 넣고 90℃에서 15분 동안 볶은 다음 와인으로 후람베(Flambe)를 하였다. 상기의 후람베 후 후술하는 제3단계에 서 첨가되는 파스타 100중량부에 대해 치킨스탁 10중량부, 다진 청양고추 1중량부, 분쇄된 칠리페퍼 1중량부 및 금앵자(金櫻子, Rosa laevigata Michaux) 추출물 5중량부를 팬에 넣고 90℃에서 10분 동안 끓였다. 삶은 파스타를 상기 팬에 첨가하고 파스타 100중량부에 대해 소금 0.5중량부, 후추 0.3중량부를 첨가하여 간을 맞추어 불갈비를 포함하는 불갈비 파스타를 제조하였다. 상기에서 마늘 슬라이스는 마늘을 두께가 5mm 크기가 되도록 잘라서 슬라이스 처리한 것을 사용하였다. 상기에서 마늘 분말은 마늘을 입자크기가 0.5±0.1mm가 되도록 분쇄시켜 분말화한 것을 사용하였다. 상기에서 자숙된 닭은 닭 100중량부에 대해 정제수 300중량부를 첨가하고 95℃에서 30분 동안 끓여서 얻은 닭을 사용하였다. 상기에서 불갈비는 불갈비를 불갈비 중량 대비 8배 중량의 정제수에 침지하여 6시간 동안 불린 후 5±0.5cm로 자른 것을 사용하였다. 상기에서 치킨스탁은 닭 100중량부에 대해 정제수 300중량부, 대파 10중량부, 파슬리 10중량부, 마늘 7중량부, 양파 10중량부, 칠면초(七面草, Suaeda japonica) 25중량부, 청주 3중량부를 첨가하고 90℃에서 30분 동안 끓인 후 25±5℃가 되도록 냉각시킨 것을 사용하였다. 상기에서 분쇄된 칠리페퍼는 칠리페퍼를 입자크기가 0.5±0.1mm가 되도록 분쇄시켜 얻은 것을 사용하였다. 상기에서 금앵자 추출물은 수세 후 이물질을 제거한 금앵자를 금앵자 중량 대비 5배 중량으로 80부피% 농도의 에탄올(Ethanol)에 넣고 70℃에서 3시간 동안 추출한 후 상기 추출물을 95℃에서 10분 동안 가열하여 에탄올을 제거한 것을 사용하였다.

부호의 설명

상기 사진은 불갈비를 이용하여 만든 파스타에 대한 사진이다.

도면

〈도면 1〉

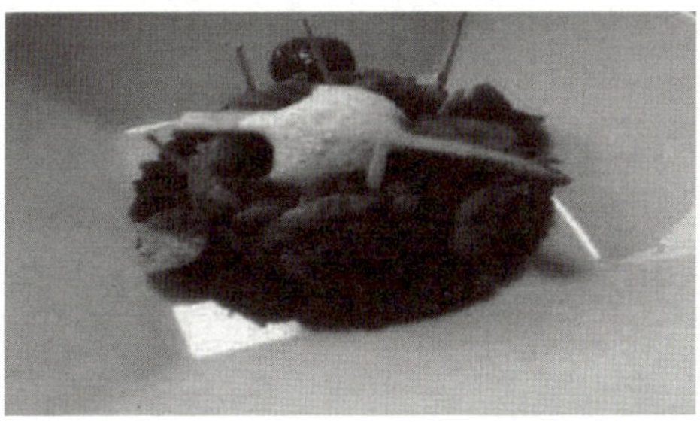

〈심사 미청구로 인한 취하 사유 사례〉

불갈비를 포함하는 불갈비 파스타 및 이의 제조방법
spagettini with seafood and spicy beef-rib

상세정보 | 공개전문 | 통합행정정보

서지정보 인명정보 행정처리 청구항 지정국 인용/피인용 패밀리정보 국가R&D연구정보

다운로드 크게보기

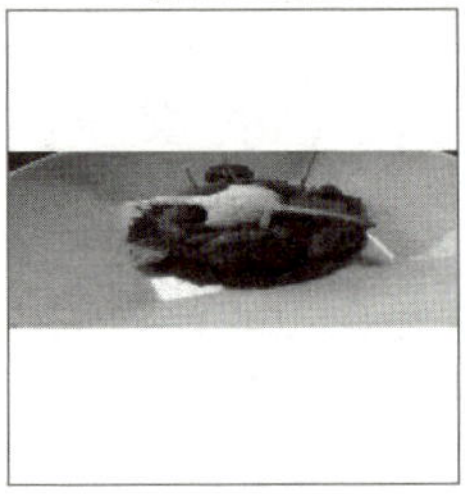

(51) Int CL	A23L 7/109(2016.01.01) A23L 17/60(2016.01.01) A23L 19/00(2016.01.01) A23L 13/50(2016.01.01) A23L 13/30(2016.01.01)
(52) CPC	A23L 7/109(2013.01) A23L 17/60(2013.01) A23L 19/03(2013.01) A23L 13/50(2013.01) A23L 13/30 (2013.01)
(21) 출원번호/일자	1020130108989 (2013.09.11)
(71) 출원인	김정수
(11) 등록번호/일자	
(65) 공개번호/일자	1020150029933 (2015.03.19) 전문다운
(11) 공고번호/일자	
(86) 국제출원번호/일자	
(87) 국제공개번호/일자	
(30) 우선권정보	
법적상태	취하
심사진행상태	취하(심사미청구)
심판사항	
구분	국내출원/신규
원출원번호/일자	
관련 출원번호	
기술이전 희망	
심사청구여부/일자	N
심사청구항수	4

DOI DOI 복사
QR QR 다운로드

청구항의 거절사례

사례 1 추상적인 아이디어로만 기재되어 있는 경우

(19) 대한민국특허청(KR) (12) 공개특허공보(A)	(11) 공개번호 : 10-2015-0045343 (43) 공개일자 : 2015년04월28일
(51) 국제특허분류(Int. Cl.) *A23L 1/16* (2006.01) *A23L 1/01* (2006.01) *A23L 1/22* (2006.01) (21) 출원번호 : 10-2013-0124949 (22) 출원일자 : 2013년10월18일 심사청구일자 : 없음	(71) 출원인 : 김정수 대전광역시 서구 청사로65, 112동 1406호(월평동, 황실타운) (72) 발명자 : 김정수 대전광역시 서구 청사로65, 112동 1406호(월평동, 황실타운)

전체 청구항 수 : 총4항

(54) 발명의 명칭 : '비스큐 소스를 첨가한 뇨끼 파스타'의 제조 방법

(57) 요 약

본 발명은 비스큐 소스를 포함하는 비스큐 소스 파스타 및 이의 제조 방법에 관한 것으로서 보다 상세하게는 파스타에 있어서 비스큐 소스를 포함하는 비스큐 소스 파스타 및 파스타의 제조 방법에 있어서, 비스큐 소스를 첨가하는 단계를 포함하는 비스큐 소스 파스타의 제조 방법에 관한 것이다. 본 발명에서 비스큐 소스 파스타는 파스타에 있어서 비스큐 소스를 포함하는 파스타를 의미한다. 본 발명에 의해 제조한 비스큐 소스 파스타는 비스큐 소스가 함유하고 있는 우수한 영양성분을 섭취할 수 있어 관능성이 우수할 뿐만 아니라 기능성 또한 우수한 비스큐 소스 파스타를 제공할 수 있다. 본 발명의 비스큐 소스 파스타는 비스큐 소스 이외에 피쉬를 포함하고 있어 피쉬가 함유하고 있는 영양성분 또한 용이하게 섭취할 수 있어 관능성 및/또는 기능성이 우수한 비스큐 소스 파스타를 제공할 수 있다.

[구체적인 거절이유]

청구항 제1항은 발명의 과정이 일반적인 소스조리과정으로 추상적인 아이디어로만 청구하고 있을 뿐 아이디어를 실현하기 위한 구체적 방법이 없으므로 「특허법」상 발명에 해당하지 않는다.

명세서

청구범위

청구항 1

팬에 오일을 첨가한 다음 후술하는 제3단계에서 첨가되는 뇨끼 100중량부에 대해 마늘 슬라이스 15중량부, 샬롯 20중량부, 해산물 40중량부를 넣고 80~100도에서 3분가량 볶은 다음 와인으로 후람베(flambe)를 하는 제1단계; 상기1단계 후 후술하는 제3단계에서 첨가되는 뇨끼 100중량부에 대해 피쉬스탁 20~30중량를 넣고 80~100도에서 3분 동안 끓여주는 제2단계; 삶은 뇨끼를 상기 팬에 첨가하고 뇨끼 100중량부에 대해 소금 3중량부, 후추 3중량부, 허브 5중량부, 비스큐 소스 100중량부, 생크림 20중량부를 넣고 간을 맞추는 제3단계;를 포함하는 것을 특징으로 하는 비스큐 소스를 포함하는 뇨끼 파스타의 제조 방법.

▸청구항에 기재된 고안이 통상의 지식을 가진 사람이 극히 쉽게 고안할 수 있는 경우

「실용신안법」 제4조제2항

2. 실용신안등록출원 전에 국내 또는 국외에서 반포된 간행물에 게재되었거나 전기통신회선을 통해 공중(公衆)이 이용할 수 있는 고안

② 실용신안등록출원 전에 그 고안이 속하는 기술분야에서 통상의 지식을 가진 사람이 제1항 각 호의 어느 하나에 해당하는 고안에 의해 극히 쉽게 고안할 수 있으면 그 고안에 대해서는 제1항에도 불구하고 실용신안등록을 받을 수 없다.

사례 2 보냉용 김치 저장통 거절 의견서

YOUR INVENTION PARTNER

특허청

의견제출통지서

출원인성명 : 한종휘(특허고객번호: 419980262519)
주소 :
대리인성명 :
주소 :
고안자성명 : 한종휘
주소 :
출원번호 : 20-2018-0004077
출원일자 : 2018.09.03.
고안의 명칭 : 보냉용 김치 저장통

1. 이 출원에 대한 심사결과 다음과 같은 거절이유가 있어 「실용신안법」 제14조에 따라 이를 통지하오니 의견이 있거나 보정이 필요할 경우에는 상기 제출기일(2020.05.30.)까지 의견(답변, 소명)서[특허법시행규칙 별지 제24호서식] 또는/및 보정서[특허법시행규칙 별지 제9호서식]를 제출하여 주시기 바랍니다.
2. 상기 제출기일(2020.05.30.)을 연장하려는 경우에는 지정기간연장신청을 통해 그 제출기일을 4개월까지 연장할 수 있습니다. 이 경우 연장신청은 1개월 단위로 해야 하며, 필요 시4개월을 초과하지 않는 범위에서 2개월 이상을 일괄하여 연장신청 할 수 있습니다. 불가피한 사유의 발생(하단의 안내참조)으로 4개월을 초과하여 지정기간을 연장 받고자 하는 때에는 그 사유를 기재한 소명서를 추가로 첨부해서 연장신청을 해야 합니다.

[심사결과]

☐ 심사대상 청구항 : 제1-9항

☐ 이 출원의 거절이유가 있는 부분과 관련 법조항

순번	거절이유가 있는 부분	관련 법조항
1	청구항 제1항 내지 제9항	실용신안법 제4조제2항

[구체적인 거절이유]
이 출원의 청구범위의 청구항 제1항 내지 제9항에 기재된 고안은 아래와 같이 그 출원 전에 이 고안이 속하는 기술분야에서 통상의 지식을 가진 사람이 극히 쉽게 고안할 수 있는 것이므로 「실용신안법」 제4조제2항에 따라 실용신안등록을 받을 수 없습니다.

— 아 래 —

수신 :20-2018-0004077

— 2 —

○ 인용고안 1: 공개특허공보 제10-2008-0091984호(2008.10.15.)
○ 인용고안 2: 공개실용신안공보 제20-2015-0004577호(2015.12.24.)
○ 인용고안 3: 공개실용신안공보 제20-2017-0003972호(2017.11.24.)

1-1. 제1항 고안과 인용고안 1은 아래 [구성 대비표]와 같이 각 구성이 대비됩니다.

[구성 대비표]

제1항 고안		인용고안 1 (문단식별번호 27-35, 도면 3 참조)	비고
구성 1	본체와 뚜껑을 가지는 통상의 김치 저장통에 있어서	외부용기(10), 내부용기(200) 및 외부용기(10)를 커버하는 커버(100)를 포함하는 김치냉장고용 저장용기(1)에서	실질적 동일
구성 2	상기 본체는 김치통의 외벽을 이루는 외통(10)과 김치를 담게 되는 내통(20)으로 구성되며	상기 외부용기(10)에 수용되는 내부용기(100)인 것으로	실질적 동일
구성 3	상기 내통(20)은 외통(10)보다 작은 형태로 외통(10) 내측에 수납되어 사방 측면에 소정 간격을 두고 안착되며	PE재질로 사출성형된 외부용기(10)는 내부용기(200)와 밀착되어 면접촉함	차이 1
구성 4	상기 외통(10)과 내통(20)의 사이 공간에는 아이스팩(30)이 수납됨	—	차이 2

다만, 제1항 고안은 내통(20)이 외통(10) 내측에 수납되어 사방 측면에 소정 간격을 두고 안착되는 점, 외통(10)과 내통(20)의 사이 공간에는 아이스팩(30)이 수납되는 점에서 인용고안 1과 차이가 있으나, 이는 인용고안 2에서 용기 본체(100)는 내부 측벽마다 측벽으로부터 내향 일정거리를 가지고 일정두께로 내부공간과 공간을 분리시키는 분리가이드(150)가 형성되어 분리가이드(150)와 용기본체(100) 내벽 사이에 일정 용적을 가지는 공간이 형성되며, 상기 공간에 축냉·온 겸용 팩(330)이 선택적으로 삽입 고정되는 특징과 실질적으로 동일합니다.(문단식별번호 45-50, 도면 6 참조)
한편, 인용고안 1은 김치냉장고용 저장용기 및 그 제작방법, 인용고안 2는 냉장 및 온장 겸용 식품보관 밀폐용기에 관한 것으로 이 출원고안과 기술분야가 유사하므로, 통상의 기술자라면 인용고안 1과 2를

결합하는데 현저한 어려움이 없습니다. 따라서 제1항 고안은 인용고안 1과 2의 결합으로부터 극히 쉽게 고안할 수 있습니다.

1-2. 제2항 고안은 청구항 1에 있어서, 상기 아이스팩(30)은 냉매제가 충진된 비닐팩 또는 합성수지팩으로 된 특징을 기재한 것이나, 이는 인용고안 2에서 용기용 축냉온 겸용 팩(310)은 내부에 고흡수성 폴리머를 주입하여 충전시킨 후 물을 일정량 주입하여 혼합 충전된 팩으로 구성되는 특징과 실질적으로 동일합니다.(문단식별번호 42 참조) 따라서 제2항 고안은 인용고안 1과 2의 결합으로부터 극히 쉽게 고안할 수 있습니다.

1-3. 제3항 고안은 청구항 1에 있어서, 상기 내통(20)의 상, 하단부에는 뚜껑형태의 상부수납함(21) 또는 서랍식의 하부수납함(22)이 더 형성되는 특징을 기재한 것이나, 이는 인용고안 2에서 용기본체(100)는 용기용 축냉·온 겸용 팩(310)이 선택적으로 삽입 고정되도록 외측 하부에 측방향으로부터 고정슬롯(310)이 관통 형성되며, 상기 고정슬롯(130)은 용기본체(100)의 외측 하단부에 측방향으로부터 일정 면적을 가지고 관통형성되는 기재가 있으므로 (문단식별번호 34-35, 도면 4 참조), 통상의 기술자라면 인용고안 2의 상기 기재를 채용하여 제3항 고안에 한정된 사항인 '내통의 하단부에 서랍식의 하부수납함(22)이 더 형성되는 것'을 도출하는데 특별한 기술적 어려움이 없는 것으로 판단됩니다. 따라서 제3항 고안은 인용고안 1과 2의 결합으로부터 극히 쉽게 고안할 수 있습니다.

1-4. 제4항 고안은 청구항 3에 있어서, 상기 하부수납함(22)은 내통의 바닥면에 수평의 격리판(23)을 형성하여 그 하부 공간부에 서랍식으로 형성되는 특징을 기재한 것이나, 이는 인용고안 2에서 용기본체(100)의 고정슬롯(130)은 용기본체(100)의 외측 하부에 측방향으로부터 관통 형성되며, 용기 내측과 고정슬롯(130)을 격리시키는 부분(번호 미도시)이 형성된 특징과 실질적으로 동일합니다.(문단식별번호 38-40, 도면 5 참조) 따라서 제4항 고안은 인용고안 1과 2의 결합으로부터 극히 쉽게 고안할 수 있습니다.

1-5. 제5항 고안은 청구항 1에 있어서, 상기 외통(10)의 바닥면 저부에는 서랍식의 하부수납함(22a)이 더 형성되는 특징을 기재한 것이나, 이는 앞의 거절이유 1-3에서 살펴본 바와 같이 인용고안 2에서 용기본체(100)는 용기용 축냉·온 겸용 팩(310)이 선택적으로 삽입 고정되도록 외측 하부에 측방향으로부터 고정슬롯(310)이 관통 형성되며, 상기 고정슬롯(130)은 용기본체(100)의 외측 하단부에 측방향으로부터 일정 면적을 가지고 관통형성되는 기재가 있으므로(문단식별번호 34-35, 도면 4 참조), 통상의 기술자라면 인용고안 2의 상기 기재를 채용하여 제5항 고안에 한정된 사항을 도출하는데 특별한 기술적 어려움이 없는 것으로 판단됩니다. 따라서 제5항 고안은 인용고안 1과 2의 결합으로부터 극히 쉽게 고안할 수 있습니다.

1-6. 제6항 고안은 청구항 1에 있어서, 상기 내통(20)의 각 모서리 면에는 스페이스 날개(24)가 더 형성되며, 상기 스페이스 날개(24)는 내통의 모서리 면을 직각방향으로 더 연장하여 형성시킨 특징을 기재한 것이나, 이는 인용고안 2에서 용기본체(100)는 내부 측벽마다 측벽으로부터 내향 일정거리를 가지

고 일정두께로 내부공간과 공간을 분리시키는 분리가이드(150)가 형성되는 특징이 기재되어 있으므로 [문단식별번호 45, 도면 6 참조], 통상의 기술자라면 인용고안 2의 분리가이드(150)를 응용하여 제6항 고안에 한정된 사항인 스페이서 날개(24)는 고안을 구체적으로 실시하는 과정에서 다양하게 변경 가능한 단순 설계사항인 것으로 보입니다. 따라서 제6항 고안은 인용고안 1과 2의 결합으로부터 극히 쉽게 고안할 수 있습니다.

1-7. 제7항 고안은 청구항 6에 있어서, 상기 스페이스 날개(24)가 형성한 공간에는 이산화 흡수제(40) 또는 탈취제(50)가 더 구비되는 특징을 기재한 것이나, 이는 인용고안 3에서 수납체(40)의 구조는 바닥판(42)과 테두리벽(43)으로 이루어져 내측에 제습제나 아이스팩을 수납하는 수납공간(41)이 형성된 특징이 기재되어 있으므로[문단식별번호 19 참조], 통상의 기술자라면 인용고안 3의 수납공간에 수납된 제습제를 채용하여 제7항 고안에 한정된 사항인 '스페이스 날개(24)가 형성한 공간에는 이산화 흡수제(40) 또는 탈취제(50)가 더 구비 20-2018-0004077. 첨부1 공개특허공보 제10-2008-0091984호(2008.10.15.) 1부. 첨부2 공개실용신안공보 제20-2015-0004577호 (2015.12.24.) 1부. 첨부3 공개실용신안공보 제20-2017-0003972호(2017.11.24.) 1부. 끝. 되는 특징'은 특별한 기술적 어려움 없이 도출할 수 있는 것으로 판단됩니다. 한편, 인용고안 1은 김치냉장고용 저장용기 및 그 제작방법, 인용고안 2는 냉장 및 온장 겸용 식품보관 밀폐용기, 인용고안 3은 보관된 음식물이 눅눅해지거나 상하게 되는 것을 방지하도록 제습이나 냉각기능을 갖는 밀폐용기에 관한 것으로 이 출원고안과 기술분야가 유사하므로, 통상의 기술자라면 인용고안 1 내지 3을 결합하는데 현저한 어려움이 없습니다. 따라서 제7항 고안은 인용고안 1 내지 3의 결합으로부터 극히 쉽게 고안할 수 있습니다.

1-8. 제8항 고안은 청구항 1에 있어서, 상기 내통(20)의 측벽 양 상단부에는 손잡이홀(25)을 더 형성된 특징을 기재한 것이나, 이는 인용고안 3에서 수납체(40)의 바닥판(42)과 테두리벽(43)이 직교된 좌우 양측에는 수납체(40)를 결합하거나 탈착할 때 파지를 위해 내측으로 내입하는 파지부(45)를 형성하는 특징이 기재되어 있으므로[문단식별번호 21 참조], 통상의 기술자라면 인용고안 3의 파지부(45)를 응용하여 제8항 고안에 한정된 사항인 손잡이홀을 도출하는데 특별한 기술적 어려움이 있는 것으로 보이지 않습니다. 따라서 제8항 고안은 인용고안 1 내지 3의 결합으로부터 극히 쉽게 고안할 수 있습니다.

1-9. 제9항 고안은 청구항 1에 있어서, 상기 아이스팩(30)의 외측부 공간에는 단열시트(60)가 더 구비되는 특징을 기재한 것이나, 이는 인용고안 1에서 외부용기(10)와 내부용기(200)는 소정의 이격 간격을 두고 결합하여 에어층(300)을 형성하여 외부로부터의 열전달을 차단하는 기재가 있으므로[문단식별번호 37-38, 49 참조], 통상의 기술자라면 인용고안 1에서 외부로부터의 열전달을 차단하기 위해 외부용기와 내부용기 사이에 에어층을 형성하는 것을 응용하여 제9항 고안에 한정된 사항인 '아이스팩(30)의 외측부 공간에는 단열시트(60)가 더 구비되는 것'을 도출하는 데 특별한 기술적 어려움이 있는 것으로 보이지 않습니다. 따라서 제9항 고안은 인용고안 1과 2의 결합으로부터 극히 쉽게 고안할 수 있습니다.

[판단 기준]

1) '그 발명이 속하는 기술분야에서 통상의 지식을 가진 자'의 의미

- '그 발명이 속하는 기술분야에서 통상의 지식을 가진 자'란 "그 출원에 속하는 기술분야에서 보통 정도의 기술적 이해력을 가진 자, 즉 평균적 기술자"를 의미하는 것으로 봅니다.

2) '실시할 수 있을 정도'의 의미

- '실시할 수 있을 정도'는 물건의 발명에서는 그 물건을 제조할 수 있고 그 물건을 사용할 수 있어야 하며, 방법의 발명에 있어서는 그 방법을 사용할 수 있고, 물건을 생산하는 방법의 발명에 있어서는 그 방법에 의해 그 물건을 제조할 수 있을 정도를 말합니다.
- 발명의 상세한 설명에만 기재되어 있고 청구항과는 관련 없는 발명의 경우에는 발명의 상세한 설명에만 기재되어 있는 발명이 실시 가능하게 기재되어 있지 않더라도 상세한 설명에 대한 기재조건 위반이 되지는 않습니다.

3) '쉽게 실시할 수 있을 정도'의 의미

- '쉽게 실시할 수 있을 정도'는 그 발명이 속하는 기술분야에서 통상의 지식을 가진 자가 과도한 시행착오나 반복 실험 등을 거치지 않고 그 발명을 정확하게 이해할 수 있고 재현할 수 있을 정도를 말합니다.

4) '발명의 배경이 되는 기술'의 기재 요건(「특허법」 제42조제3항제2호)

- 발명의 배경이 되는 기술(배경기술)이라 함은 발명의 기술상의 의의를 이해하는 데에 도움이 되고 선행기술 조사 및 심사에 유용하다고 생각되는 종래의 기술을 의미합니다.
- 배경기술의 구체적 설명을 기재해야 하고, 배경기술이 개시된 선행기술문헌 정보도 기재해야 합니다.

[관련 판례]

특허청구 범위의 기재만으로 특허를 받고자 하는 발명의 기술적 구성을 알 수 없거나 알 수 있더라도 기술적 범위를 확정할 수 없는 경우에는 발명의 상세한 설명이나 도면 등 명세서의 다른 기재부분을 보충하여 명세서 전체로서 특허발명의 기술내용을 실질적으로 확정해야 하며, 특허의 명세서에 기재되는 용어는 그것이 가지고 있는 보통의 의미로 사용하고 동시에 명세서 전체를 통해 통일되게 사용해야 하지만, 어떠한 용어를 특정한 의미로 사용하려고 하는 경우에는 그 의미를 정의해 사용하는 것이 허용되는 것이므로, 용어의 의미가 명세서에 정의된 경우에는 그에 따라 해석하면 족하다고 할 것이다.

사례 3 기술적 구성간의 상호 결합관계가 불명료한 경우

(19) 대한민국특허청(KR)
(12) 공개특허공보(A)

(51) Int. Cl.[6]
A23L 1/333

(11) 공개번호 : 특1997-0058593
(43) 공개일자 : 1997년08월12일

(21) 출원번호 : 특1996-0001368
(22) 출원일자 : 1996년01월23일

(71) 출원인 : 대림수산 주식회사 오치남
서울특별시 서초구 방배동 482-2
(72) 발명자 : 강재만
부산광역시 연제구 연산동 395번지 한양아파트 5동 703호
(74) 대리인 : 문창화

심사청구 : 있음

(54) 발명의 명칭 : '오징어를 이용한 탕수육 및 그 제조 방법'

(요 약)
본 발명은 탕수육 및 그 제조 방법에 관한 것으로, 돈육 또는 우육 등의 축육을 사용하지 않고 오징어를 원료로 탕수육을 제조함으로써 그 취식감 및 미감을 향상시켜 오징어의 취식을 촉진할 뿐만 아니라 냉동돌결 유통시키기에 용이한 탕수육 및 그 제조 방법을 제공하기 위한 것으로, 더욱 상세하게는 정제수, 마늘, 양파, 당근, 배추, 설탕, 식염을 배합한 후 야채가 익을 때까지 가열하는 제1공정, 상기 야채가 익은 후 정제수에 풀어둔 전분과 오이를 넣고, 전분이 완전히 호화(糊化)될 때까지 가열하는 제2공정, 식초간장을 넣고 약 1분 30초에서 2분 30초간 가열하는 제3공정 및 이렇게 제조된 소스를 5~10℃ 냉각하여 기밀포장하고 급속 동결하는 제4공정으로 이루어진 탕수육 소스의 제조공정 및 오징어를 할복하여 내장, 눈 및 입 등을 제거하고 청결히 세척한 후 세척 후 탈피하는 오징어 전처리 공정, 상기 오징어를 취식에 용이한 크기로 잘라내는 절라내는 절단공정과 별도로 정수제에 감자전분, 포도당, 천연색소, 전란, 냉동난백, M, S, G, 식염, 소맥분을 투입한 후 교반하는 튀김옷의 배합공정 및 상기 오징어 절단과정에서 제조한 오징어육에 상기 튀김옷을 입힌 후 유탕에서 튀겨내고 냉각하여 급속 동결을 실시하는 튀김공정으로 이루어진 탕수육 내용물의 제조공정을 포함함을 특징으로 하는 탕수육의 제조 방법 및 탕수육에 관한 것이다.

명세서

발명의 명칭
오징어를 이용한 탕수육 및 그 제조 방법

본 내용은 요부공개 건이므로 전문 내용을 수록하지 않았음

(57) 청구의 범위

청구항 1
정제수, 마늘, 양파, 당근, 배추, 설탕, 식염을 배합한 후 야채가 익을 때까지 가열하는 제1공정, 상기야채가 익은 후 정제수에 풀어둔 오이를 넣고, 전분이 완전히 호화(호화)될 때까지 가열하는 제2공정, 식초, 간장을 넣고 약 1분 30초에서 2분 30초에서 가열하는 제3공정 및 이렇게 제조된 소스를 5~10℃로 냉각하여 기밀포장하고 급속동결하는 제4공정으로 이루어진 탕수육 소스의 제조공정 및 오징어를 할복하여 내장, 눈, 및 입 등을 제거하고 청결히 세척 후 탈피하는 오징어 전처리 공정, 상기 오징어를 취식에 용이한 크기로 잘라내는 절단과정과 별도로 정제수에 감자전분, 포도당, 천연색소, 전란, 전란, 냉동난백, M, S, G, 식염, 소맥분을 투입한 후 교반하여 배합하는 튀김옷의 배합공정 및 상기 오징어 절단과정에서 제조한 오징어육에 상기 튀김옷을 입힌 후 유탕에서 튀겨내고 냉각하여 급속동결을 실시하는 튀김공정으로 이루어진 탕수육 내용물의 제조공정을 포함함을 특징으로 하는 탕수육의 제조 방법

청구항 2
제1항에 있어서, 상기 탕수육 소스의 제조공정 중 제1공정의 가열이 80~90℃에서 8~10분간 행하여짐을 특징으로 하는 방법

청구항 3
제1항에 있어서, 상기 탕수육 소스의 제조공정 중 제2공정의 가열온도가 70~80℃임을 특징으로 하는 방법

청구항 4
제1항에 있어서, 상기 탕수육 내용물의 제조공정에서 튀김공정은 160~200℃의 유탕에서 2~3분간 이루어짐을 특징으로 하는 방법

청구항 5
오징어 20-25중량부, 전분 12-15중량부, 양파 6-8중량부, 설탕 5-7중량부, 냉동난백 2-4중량부를 포함함을 특징으로 하는 오징어를 주재료로 한 탕수육
※참고사항 : 최초출원 내용에 의해 공개하는 것임

오징어를 이용한 탕수육 및 그 제조방법

상세정보 | 공개전문 | 책자공고 | 통합행정정보

서지정보 | 인명정보 | 행정처리 | 청구항 | 지정국 | 인용/피인용 | 패밀리정보 | 국가R&D연구정보

(51) Int CL	A23L 17/50(2016.01.01) A23L 17/00(2016.01.01) A23L 23/00(2016.01.01) A23L 5/10(2016.01.01)
(52) CPC	A23L 17/50(2013.01) A23L 17/75(2013.01) A23L 23/00(2013.01) A23L 5/11(2013.01) A23V 2002/00 (2013.01) A23V 2300/20(2013.01) A23V 2250/5118 (2013.01)
(21) 출원번호/일자	1019960001368 (1996.01.23)
(71) 출원인	주식회사 사조대림
(11) 등록번호/일자	
(65) 공개번호/일자	1019970058593 (1997.08.12) 전문다운
(11) 공고번호/일자	
(86) 국제출원번호/일자	
(87) 국제공개번호/일자	
(30) 우선권정보	
법적상태	거절
심사진행상태	거절결정(일반)
심판사항	
구분	국내출원/신규
원출원번호/일자	
관련 출원번호	
기술이전 희망	
심사청구여부/일자	Y(1996.01.23)
심사청구항수	5

No Image

DOI | DOI 복사
QR | QR 다운로드

다. 특허청구 범위 기재요건

[관련 규정]

특허출원(「특허법」 제42조)

④ 제 2항에 따른 청구범위에는 보호를 받고자 하는 사항을 적은 항(이하 '청구항' 이라고 한다)이 하나 이상 있어야 하며, 그 청구항은 다음 각호의 요건을 모두 충족해야 한다.

1. 발명의 설명에 의해 뒷받침될 것
2. 발명이 명확하고 간결하게 적혀 있을 것

⑧ 제2항 제4호의 규정에 의한 특허청구 범위의 기재방법에 관하여 필요한 사항은 대통령령으로 정한다.

특허청구 범위의 기재방법(「특허법시행령」 제5조)

1. 법 제42조 제8항에 따른 특허청구 범위의 청구항(이하 '청구항'이라 한다)을 기재할 때에는 독립청구항 (이하 '독립항'이라 한다)을 기재해야 하며, 그 독립항을 한정하거나 부가하여 구체화하는 종속청구항(이하 '종속항'이라 한다)을 기재할 수 있다. 이 경우 필요한 때에는 그 종속항을 한정하거나 부가하여 구체화하는 다른 종속항을 기재할 수 있다.
2. 청구항은 발명의 성질에 따라 적정한 수로 기재해야 한다.
3. 삭제
4. 다른 청구항을 인용하는 청구항은 인용되는 항의 번호를 적어야 한다.
5. 2 이상의 항을 인용하는 청구항은 인용되는 항의 번호를 택일적으로 기재해야 한다.
6. 2 이상의 항을 인용한 청구항에서 그 청구항의 인용된 항은 다시 2 이상의 항을 인용하는 방식을 사용하여서는 아니 된다. 2 이상의 항을 인용한 청구항에서 그 청구항의 인용된 항이 다시 하나의 항을 인용한 후에 그 하나의 항이 결과적으로 2 이상의 항을 인용하는 방식에 대해도 또한 같다.
7. 인용되는 청구항은 인용하는 청구항보다 먼저 기재해야 한다.
8. 각 청구항은 항마다 행을 바꾸어 기재하고, 그 기재하는 순서에 따라 아라비아숫자로 일련번호를 붙여야 한다.

[판단기준]

1) 발명의 상세한 설명에 의해 뒷받침될 것

- 발명의 상세한 설명은 기술 공개서로서의 역할을 하는바, 발명의 상세한 설명에 기재하지 않는 사항을 특허청구 범위에 기재하여 특허권이 부여되면 공개하지 않는 발명에 대해 특허권이 부여되는 결과가 되므로 이와 같은 문제를 방지하기 위해 '발명의 상세한 설명에 의해 뒷받침 될 것'(「특허법」 제42조제4항제1호)를 규정하고 있다.
- 특허를 받고자 하여 청구항에 기재한 발명이 발명의 상세한 설명에 기재한 것인가는 그 발명이 속하는 기술분야에서 통상의 지식을 가진 자의 입장에서 청구항에 기재된 발명과 대응되는 사항이 발명의 상세한 설명에 기재되어 있는가에 의해 판단된다.

2) 발명이 명확하고 간결하게 기재될 것

- 내용이 불명확하거나 간결하지 않은 청구항에 대해 특허권이 부여되면 발명의 보호범위가 불명확하게 되고 특허요건의 판단 등도 불가능하게 되므로 이와 같은 문제를 방지하기 위해 '발명이 명확하고 간결하게 기재될 것'(「특허법」 제42조제4항제2호)을 규정하고 있다.
- 청구항에 기재된 발명이 명확하고 간결하게 기재되어 있는가의 여부는 원칙적으로 청구항의 기재를 기준으로 판단하며, 발명의 상세한 설명 및 도면의 기재, 출원시의 기술상식 등을 고려하여 그 발명이 속하는 기술분야에서 통상의 지식을 가진 자의 입장에서 판단해야 한다. 그리고 발명이 간결하게 기재되어야 함은 청구항의 기재 그 자체가 간결해야 한다는 것으로 발명 자체의 개념이 간결해야 한다는 것은 아니다.

[구체적인 판단 방법]

청구항에 기재된 사항이 발명의 상세한 설명에 직접적으로 기재되어 있지 않고 암시도 되어 있지 않으면 발명의 상세한 설명에 의해 뒷받침되지 않게 된다.

구체적인 예는 다음과 같다.

- 발명의 상세한 설명과 청구항에 기재된 발명 상호 간에 용어가 통일되어 있지 않아서 양자의 대응관계가 불명료한 경우
- 청구항에 기재된 사항이 특정 기능을 수행하기 위한 수단 또는 공정으로 기재되어 있으나 이들 수단 또는 공정에 대응하는 구체적인 구성이 발명의 상세한 설명에 기재되어 있지 않은 경우

발명이 명확하고 간결하게 기재되지 않는 구체적인 예는 다음과 같다.

- 청구항에 각 구성요소가 단순히 나열되어 있을 뿐 그 결합관계가 기재되어 있지 않은 경우
- 청구항의 기재가 너무 장황하여 보호받고자 하는 발명이 불명확한 경우
- 청구항에 발명의 구성을 불명확하게 하는 표현이 있는 경우
- 발명 구성요소의 지시 대상이 불명확한 경우

[관련 판례]

「특허법」 제42조제4항제1호는 '특허청구 범위가 발명의 상세한 설명에 의해 뒷받침될 것'을 요구하고 있는데, 그 의미는 청구항을 특허출원 당시의 기술 수준을 기준으로 하여 통상의 기술자의 입장에서 볼 때 그 특허청구 범위와 발명의 상세한 설명의 각 내용이 일치하여 그 명세서만으로 특허청구 범위에 속한 기술구성이나 그 결합 및 작용효과를 일목요연하게 이해할 수 있어야 한다는 것이다.

사례 4 청구항의 기재 자체가 명확하지 않은 경우

YOUR INVENTION PARTNER

특허청

의견제출통지서

출원인성명 : 소담푸드웰 주식회사(특허고객번호: 120190043595)
주소 :
대리인성명 : 정두승
주소 :
발명자성명 : 양승일
주소 :

출원번호 : 10-2019-0013521
출원일자 : 10-2019-0013521
발명의 명칭 : '양념 떡갈비 및 이의 제조 방법'

1. 이 출원에 대한 심사결과 다음과 같은 거절이유가 있어 「특허법」 제63조에 따라 이를 통지하오니 의견이 있거나 보정이 필요할 경우에는 상기 제출기일(2020.08.18.)까지 의견(답변, 소명)서[특허법 시행규칙 별지 제24호서식] 또는/및 보정서[특허법시행규칙 별지 제9호서식]를 제출하여 주시기 바랍니다.

2. 상기 제출기일(2020.08.18.)을 연장하려는 경우에는 지정기간연장신청을 통해 그 제출 기일을 4개월까지 연장할 수 있습니다. 이 경우 연장신청은 1개월 단위로 해야 하며, 필요 시 4개월을 초과하지 않는 범위에서 2개월 이상을 일괄하여 연장신청 할 수 있습니다. 불가피한 사유의 발생(하단의 안내참조)으로 4개월을 초과하여 지정기간을 연장받고자 하는 때에는 그 사유를 기재한 소명서를 추가로 첨부해서 연장신청을 해야 합니다.

[심사결과]

☐ 심사 대상 청구항 : 제1-10항

☐ 이 출원의 거절이유가 있는 부분과 관련 법조항

순번	거절이유가 있는 부분	관련 법조항
1	청구항 제7항	특허법 42조제4항제2호
2	청구항 제1항	특허법 제29조제1항제2호
3	청구항 제1항 내지 제4항, 제6항 내지 제8항, 제10항	특허법 제29조제2항

□ 특허 가능한 청구항 : 제5, 9항

※ 위 특허 가능한 청구항은 의견제출통지시점에서의 심사의견이며 추후 변경될 수 있습니다. 이 출원이 특허결정을 받기 위해서는 이 출원에 대해 지적된 거절이유가 모두 해소되어야 합니다.

[구체적인 거절이유]

1. 이 출원은 청구범위의 청구항 제7항의 기재가 아래에 지적한 바와 같이 불비하여 「특허법」 제42조제4항제2호에 따른 요건을 충족하지 못하므로 특허를 받을 수 없습니다.

— 아 래 —

청구항 7은 청구항 6을 인용하면서 '상기 양념단계'를 기재하고 있으나, 인용되는 1 및 6에는 '양념단계'가 아닌 '양념을 배합하는 배합육제조단계'만 기재되어 있어, '상기 양념단계'는 '배합육제조단계'의 오기인지 아니면 다른 '양념단계'가 더 있다는 것인지 알 수 없으므로 '상기 양념단계'가 지시하는 바와 양념을 배합하는 단계의 유기적 결합관계가 불명확합니다. 따라서 상기 청구항은 보호받고자 하는 사항을 명확하게 기재한 것으로 볼 수 없습니다.

2. 이 출원의 청구범위의 청구항 제1항에 기재된 발명은 아래와 같이 그 출원 전에 국내 또는 국외에서 반포된 간행물에 게재된 발명이거나 전기통신회선을 통해 공중이 이용가능하게 된 발명이므로 「특허법」 제29조제1항제2호에 해당되어 특허를 받을 수 없습니다.

— 아 래 —

가. 선행문헌

(1) 인용발명 1 : 공개특허공보 제10-2009-0027850호(2009.03.18. 공개)에 게재된 '미강으로부터 추출한 식이섬유 혼합물을 이용한 떡갈비 맛육제품의 제조 방법'에 관한 발명

나. 출원발명의 신규성 여부

(1) 구성 대비

(가) 청구항 제1항(독립항)

청구항 1 발명은 원료육을 분쇄하여 분쇄육으로 만드는 민스(Mince)단계; 상기 분쇄육과 양념을 배합하여 배합육을 제조하는 배합육제조단계; 상기 배합육을 떡갈비 형상으로 성형하는 성형단계; 상기 성형된 배합육을 포장하는 포장단계; 및 상기 포장된 배합육을 냉장보관하는 냉장단계;를 포함하는 양념떡갈비 제조 방법입니다.

한편, 인용발명 1에는 돈육과 등지방을 분쇄기로 분쇄하는 단계, 분쇄육에 양념액을 첨가하여 완전하게 혼합하는 단계, 양념육을 떡갈비 성형기를 이용하여 성형하는 단계, 성형된 떡갈비를 폴리에텔린/나일론 포장지에 넣어 진공포장하는 단계, 진공포장 후 4℃에서 냉장보관 하는 단계로 이루어진 떡갈비 제조 방법이 기재되어 있어(청구항 1, 식별번호 [0019], [0056] 참조), 양 발명의 구성이 실질적으로 동일합니다.

(2) 결론
따라서 청구항 1 발명은 인용발명 1과 실질적으로 동일합니다.

3. 이 출원의 청구범위의 청구항 제1항 내지 제4항, 제6항 내지 제8항, 제10항에 기재된 발명은 아래와 같이 그 출원 전에 이 발명이 속하는 기술분야에서 통상의 지식을 가진 사람(이하 '통상의 기술자'라 함)이 쉽게 발명할 수 있는 것이므로 「특허법」 제29조제2항에 따라 특허를 받을 수 없습니다.

– 아 래 –

가. 선행문헌

(1) 인용발명 1 : 공개특허공보 제10-2009-0027850호(2009.03.18. 공개)에 게재된 '미강으로부터 추출한 식이섬유 혼합물을 이용한 떡갈비 맛육제품의 제조 방법'에 관한 발명

(2) 인용발명 2 : 미국 특허출원공개공보 US2007/0160742호(2007.07.12. 공개)에 게재된 'Methods and materials for inhibiting the development of warmed-over flavor in meat'에 관한 발명

(3) 인용발명 3 : 햄버거패티만들기. 그리고 동그랑땡, 네이버 블로그. [online] 2013.7.14. 공개, [2020.6.17. 검색], 〈URL: http://blog.naver.com/ksolji7/120194057403〉

나. 출원발명의 진보성 여부

(1) 목적의 대비
출원발명과 인용발명 1은 영양 및 기호도가 향상된 기능성 떡갈비를 제조하고자 하는 점에서 목적에 공통점이 있고, 출원발명과 인용발명 2 및 3은 샬롯 또는 아스파라거스를 이용하여 가공육의 향미를 개선시키고자 하는 점에서 목적에 공통점이 있습니다.

(2) 구성 및 효과의 대비

(가) 청구항 제1항(독립항)
청구항 1 발명은 상기 거절이유 2에서 살펴본 바와 같이 신규성이 없으므로 당연히 진보성도 인정되지 않습니다.

(나) 청구항 제2항
청구항 2 발명은 청구항 1 발명에 있어서, 원료육은, 우육 5 내지 5.4 중량부, 돈육 3.4 내지 3.8 중량부 및 우지방 0.9 내지 1.6 중량부로 구성된 것을 특징으로 하고 있습니다.

한편, 상기 구성은 원료육의 조성물 및 중량비를 한정한 것으로 인용발명 1에 원료육분쇄 시 돈육 70~90%, 등지방 10~30%를 혼합하는 구성이 있어(청구항 3 참조), 이를 참고하여 통상의 기술자가 최적의 원료육 중량비를 어렵지 않게 한정할 수 있는 사항에 해당하고, 그로 인해 새롭거나 현저하게 나은 효과가 발휘된다고 보기 어렵습니다. 따라서 청구항 2 발명은 통상의 기술자가 인용발명 1로부터 쉽게 발명할 수 있습니다.

(다) 청구항 제3항
청구항 3 발명은 청구항 1 발명에 있어서, 민스단계는, 분쇄기를 통해 상기 원료육을 분쇄하며, 상기 분쇄육은, 상기 분쇄기에 구성되며, 8 내지 12mm의 지름으로 형성된 절삭홀을 포함하는 절삭망에 의해 8 내지 12mm의 지름으로 분쇄되는 것을 특징으로 하고 있습니다.
한편, 상기 구성은 민스단계를 한정한 것으로 인용발명 1에 돈육을 분쇄기로 분쇄하며 입자육은 8mm 플레이트가 장착된 분쇄기를 이용하는 구성이 있어(식별번호 [0053] 참조), 이를 참고하여 통상의 기술자가 어렵지 않게 한정할 수 있는 사항에 해당하고, 그로 인해 새롭거나 현저하게 나은 효과가 발휘된다고 보기 어렵습니다.
따라서 청구항 3 발명은 통상의 기술자가 인용발명 1로부터 쉽게 발명할 수 있습니다.

(라) 청구항 제4항
청구항 4 발명은 청구항 1 발명에 있어서, 배합육 제조단계 전에, 상기 분쇄육 100 중량부에, 샬롯즙 5 내지 10 중량부 및 샬롯술 7 내지 12 중량부 중 어느 하나를 혼합하고, 2 내지 4 시간 동안 숙성시켜 잡내를 제거하는 잡내제거단계;를 더 포함하는 것을 특징으로 하고 있습니다.
한편, 상기 구성은 배합육제조 전에 잡내제거단계를 부가한 것으로 기능성 및 관능적 특성이 향상된 육류 제조 방법에 관한 동일 목적의 인용발명 2에 샬롯을 포함한 물질의 추출물로 육류의 향미를 개선하는 구성이 있어(청구항 4 및 식별번호 [0020] 참조), 이를 참고하여 통상의 기술자가 어렵지 않게 한정할 수 있는 사항에 해당하고, 그로 인해 새롭거나 현저하게 나은 효과가 발휘된다고 보기 어렵습니다.
따라서 청구항 4 발명은 통상의 기술자가 인용발명 1 및 2를 단순 결합하여 쉽게 발명할 수 있습니다.

(마) 청구항 제6항
청구항 6 발명은 청구항 1 발명에 있어서, 배합육 제조단계는, 상기 분쇄육 100 중량부에, 스테이크시즈닝 8 내지 12 중량부 및 정제수 4 내지 8 중량부의 조성으로 이루어진 양념으로 수행하는 것을 특징으로 하고 있습니다.
한편, 상기 구성은 배합육 제조단계를 한정한 것으로 통상의 기술자가 인용발명 1의 간장, 솔비톨, 마늘분말, 양파분말, 후추, 아질산나트륨을 포함한 떡갈비용 양념을 참고하면서 이 기술분야의 통상적인 떡갈비용 시즈닝을 단순 부가하여 어렵지 않게 한정할 수 있는 사항에 해당하고, 그로 인해 새롭거나 현저하게 나은 효과가 발휘된다고 보기 어렵습니다.
따라서 청구항 6 발명은 통상의 기술자가 인용발명 1로부터 쉽게 발명할 수 있습니다.

(바) 청구항 제7항

청구항 7 발명은 청구항 6 발명에 있어서, 양념단계는, 상기 분쇄육 100 중량부에, 양파즙 2 내지 10 중량부를 더 포함하여 이루어진 양념으로 수행하는 것을 특징으로 하고 있습니다.

한편, 상기 구성은 양념단계를 한정한 것으로 통상의 기술자가 인용발명 1의 1.0 중량%로 첨가된 양파 분말(식별번호 [0058] 참조)을 참고하여 어렵지 않게 한정할 수 있는 사항에 해당하고, 그로 인해 새롭거나 현저하게 나은 효과가 발휘된다고 보기 어렵습니다.

따라서 청구항 7 발명은 통상의 기술자가 인용발명 1로부터 쉽게 발명할 수 있습니다.

(사) 청구항 제8항

청구항 8 발명은 청구항 1 발명에 있어서, 배합육제조단계는, 상기 분쇄육 100 중량부에, 아스파라거스 분말 및 일정 길이로 절단된 아스파라거스 중 적어도 하나를 5 내지 10 중량부 더 포함하여 혼합하는 것을 특징으로 하고 있습니다.

한편, 상기 구성은 배합육제조단계에 아스파라거스를 부가한 것으로 패티 제조 방법에 관한 동일기술 분야에 속하는 인용발명 3에 패티에 다진 아스파라거스(=일정 길이로 절단된 아스파라거스)를 첨가하는 구성이 있어(본문 1-3 페이지 참조), 이를 참고하여 통상의 기술자가 어렵지 않게 한정할 수 있는 사항에 해당하고, 그로 인해 새롭거나 현저하게 나은 효과가 발휘된다고 보기 어렵습니다.

따라서 청구항 8 발명은 통상의 기술자가 인용발명 1 및 3을 단순 결합하여 쉽게 발명할 수 있습니다.

(아) 청구항 제10항

청구항 10 발명은 청구항 8 발명에 있어서, 절단된 아스파라거스는, 5 내지 10mm의 길이로 절단된 것을 특징으로 하고 있습니다.

한편, 상기 구성은 아스파라거스를 한정한 것으로 통상의 기술자가 인용발명 3에 첨가된 다져진 아스파라거스에 착안하여 어렵지 않게 한정할 수 있는 사항에 해당하고, 그로 인해 새롭거나 현저하게 나은 효과가 발휘된다고 보기 어렵습니다.

따라서 청구항 10 발명은 통상의 기술자가 인용발명 1 및 3을 단순 결합하여 쉽게 발명할 수 있습니다.

보 정 서

【보정구분】 명세서 등 보정

【제출처】 특허청장

【제출인】

[명칭] 소담푸드웰 주식회사

[특허고객번호] 1-2019-004359-5

[사건과의 관계] 출원인

【대리인】

[성명] 정두승

[대리인번호] 9-2014-001034-1

[포괄위임등록번호] 2019-007265-1

【사건의 표시】

[출원번호] 10-2019-0013521

【제출원인이 된 서류의 발송번 9-5-2020-0418585-43호】

【보정할 서류】 명세서 등

【보정할 사항】

[보정대상항목] 별지와 같음

[보정방법] 별지와 같음

[보정내용] 별지와 같음

【기타사항】 지정기간단축신청

【단축이유】 신속처리

사례 5 각 단계의 행위 주체가 명확하지 않은 경우

[사례 1]

시험신청을 접수받은 조리기능사 관련 시험정보를 통합적으로 관리하여 통신망을 통해 제공하는 시험관리 방법에 있어서, 시험접수를 받아 신청번호를 부여하고, 시험내용에 따른 시험코드로 구분하여 시험정보를 입력하는 단계, 각 시험에 대한 수수료를 산정한 후 그 수수료 정보를 입력 및 관리하여, 통신망을 통해 각 시험에 대한 수수료의 조회와 따라 해당 수수료정보를 제공하는 단계, 현재 시험 진행 중인 각 시험에 담당자를 지정하여, 해당 담당자가 각 시험의 진행 현황정보를 입력 및 관리하여 통신망을 통해 각 시험에 대한 전체 현황의 조회에 따라 해당 시험 현황정보를 제공하는 단계 및 각종 시험에 사용되는 시험장비에 대한 이력정보를 입력 및 관리하여 통신망을 통해 각 시험장비에 대한 이력정보의 조회에 따라 해당 시험장비 이력정보를 제공하는 단계로 이루어진 것을 특징으로 하는 조리기능사 시험 통합 관리방법.

[해설]

- 청구항 제1항에는 조리기능사 시험 통합 관리방법을 청구하고 있으나, 그에 열거된 수순을 처리하기 위한 하드웨어 자원에 대해 구체적으로 기재하고 있지 않을 뿐만 아니라 그 수순이 사람에 의한 처리인지, 장치적 처리인지 명확하게 기재되어 있지 않다.
- 청구항 제1항의 시험통합관리방법의 수순이 장치적 처리에 의함을 명확하게 기재하여 청구항이 명확하고 간결하게 기재되지 않았다는 거절이유를 해소할 수 있다.

[사례 2]

인터넷 사용자가 통합마일리지 추첨서버에 접속하여 신상정보를 입력하고 회원으로 가입한 후, 상기 회원의 해당 마일리지 제공요청이 있으면 다수의 회원사의 마일리지 서버에서 통합 마일리지 추첨서버로 마일리지를 전공 받는 마일리지 제공단계, 통합 마일리지 추첨서버에 적립된 마일리지를 추첨을 하는 추첨단계 및 통합 마일리지 추첨서버에서 추첨을 통해 당첨된 회원에게 적립하여 주는 것을 특징으로 하는 마일리지 통합 및 그 추첨 방법.

[해설]

- 청구항 제1항에는 마일리지 제공을 통한 마일리지 통합 및 추첨 방법을 청구하고 있으나, 그에 열거된 수순을 처리하기 위한 하드웨어 자원에 대해서 구체적으로 기재하고 있지 않아, 그 수순이 사람에 의한 처리인지, 장치적 처리인지 불명료할 뿐만 아니라 추첨을 통해 당첨된 회원에게 무엇을 얼마만큼 적립하여 주는 것인지 등이 불명료하므로 발명이 명확하고 간결하게 기재된 것으로 볼 수 없다.
- 마일리지 제공을 통한마일리지 통합 및 추첨 방법의 각 단계의 행위 주체가 하드웨어 수단이 되도록 정정함으로써 거절이유를 극복할 수 있다.

사례 6 다른 특정분야에 적용이 용이한 경우

【발명의 명칭】 건나물 파스타의 제조 방법 및 이에 의해 제조된 건나물 파스타

【거절의견서】

YOUR INVENTION PARTNER
특허청
의견제출통지서

출원인성명 : 정은희(특허고객번호: 420190273253)
주소 :
대리인명칭 : 특허법인 테헤란
주소 :
지정된변리사 : 백상희
발명자성명 : 정은희
주소 :
출원번호 : 10-2019-0060892
출원일자 : 2019.05.23

발명의 명칭 : '건나물 파스타의 제조 방법 및 이에 의해 제조된 건나물 파스타'

1. 이 출원에 대한 심사결과 다음과 같은 거절이유가 있어 「특허법」 제63조에 따라 이를 통지하오니 의견이 있거나 보정이 필요할 경우에는 상기 제출기일(2019.09.25.)까지 의견(답변, 소명)서[특허법 시행규칙 별지 제24호서식] 또는/및 보정서[특허법시행규칙 별지 제9호서식]를 제출하여 주시기 바랍니다.

2. 상기 제출기일(2019.09.25.)을 연장하려는 경우에는 지정기간연장신청을 통해 그 제출기일을 4개월까지 연장할 수 있습니다. 이 경우 연장신청은 1개월 단위로 해야 하며, 필요 시 4개월을 초과하지 않는 범위에서 2개월 이상을 일괄하여 연장신청 할 수 있습니다. 불가피한 사유의 발생(하단의 안내참조)으로 4개월을 초과하여 지정기간을 연장받고자 하는 때에는 그 사유를 기재한 소명서를 추가로 첨부해서 연장신청을 해야 합니다.

[심사결과]
☐ 심사 대상 청구항 : 제1-4항
☐ 이 출원의 거절이유가 있는 부분과 관련 법조항

순번	거절이유가 있는 부분	관련법 조항
1	청구항 전항	특허법 제29조제2항

【구체적인 거절이유】
이 출원의 청구범위의 청구항 전항에 기재된 발명은 아래와 같이 그 출원 전에 이 발명이 속하는 기술분야에서 통상의 지식을 가진 사람(이하 '통상의 기술자'라 함)이 쉽게 발명할 수 있는 것이므로 「특허법」 제29조제2항에 따라 특허를 받을 수 없습니다.

【거절의 상세한 설명】
1. 제1항 발명은 건나물을 준비한 후 물에 불려줌으로써 불린 건나물을 준비하는 건나물 전처리 단계(S100), 소고기를 포함하는 양념을 제조하는 소고기양념 제조 단계(S200), 닭뼈에서 우려낸 닭뼈 육수를 제조하는 닭뼈 육수 제조 단계(S300) 및 상기 불린 건나물, 소고기 양념, 닭뼈 육수 및 파스타 면을 포함하는 재료를 이용하여 파스타를 제조하는 파스타 제조 단계(S400)를 포함하는 것을 특징으로 하는 건나물 파스타의 제조 방법을 청구하고 있습니다.
한편 제1항 발명과 가까운 선행기술인 인용발명 1에는 '참나물, 양념한 소고기 및 파스타면을 이용하여 건나물 파스타를 제조하는 방법'이 개시되어 있습니다.
양 발명은 나물 파스타 제조 방법인 점에서 기술분야가 동일하고, 나물, 소고기 및 파스타면을 포함하는 점에서 구성이 공통됩니다.
다만 ① 제1항 발명은 파스타 면에 물에 불린 건나물을 첨가하는 반면, 인용발명 1은 참나물을 첨가하는 점, ② 제1항 발명은 닭뼈에서 우려낸 닭뼈 육수를 파스타 면에 추가로 첨가하는 점에서 인용발명 1과는 구성상의 차이가 있습니다.
그러나 차이 ①과 관련하여 나물류는 주로 생것, 데친 것 또는 건조된 나물을 물에 불린 형태로 각종 요리에 사용된다는 것이 널리 알려져 있는 기술상식에 해당하고, 인용발명 1에 '파스타 면에 참나물을 사용하는 구성'이 개시되어 있음을 감안할 때, 통상의 기술자라면 이로부터 물에 불린 건나물을 파스타 면에 사용하는 구성을 착안해냄에 있어 의외성이나 곤란함이 있다고 보기가 어려운 것으로 판단됩니다.
또한 차이 ②와 관련하여 인용발명 2에는 '닭뼈에서 우려낸 닭뼈 육수를 사용하여 치킨스톡 마카로니를 제조하는 방법'이 개시되어 있습니다.
그러므로 통상의 기술자가 인용발명 1의 '참나물 소고기 파스타 제조 방법'과 인용발명 2의 '치킨스톡 마카로니 제조 방법'을 결합하면 제1항 발명을 어려움 없이 구성해 낼 수 있으며, 그 효과 역시 인용발명 1과 2의 조합으로부터 충분히 예측 가능한 범위 내에 있다 할 것입니다.
따라서 제1항 발명은 통상의 기술자가 인용발명 1과 2의 단순한 결합으로부터 쉽게 발명할 수 있는 것입니다.

2. 제2항 발명은 제1항에 있어서, 상기 건나물 전처리 단계(S100)에서 상기 건나물은 건조 호박나물 및 건조 취나물이 이용되고, 상기 소고기 양념 제조 단계(S200)에서 소고기 양념은 소고기, 간장, 설탕 및 올리브 오일로 이루어진 재료들을 준비한 후, 상기 재료들을 150 내지 200℃ 온도의 팬에서 5 내지 15분 동안 볶아줌으로써 제조되되, 상기 재료들은 소고기 1500 내지 2500 중량부, 간장 30 내지 50 중량부, 설탕 10 내지 20 중량부 및 올리브 오일 10 내지 20 중량부의 중량 비율로 배합되는 것으로 한정하고 있습니다.
그러나 인용발명 1에 '참나물을 준비하고, 양념된 쇠고기를 제조하는 단계로 소고기는 소금, 후추간을 하여 구워준 후 한입 크기로 잘라 준비하는 단계를 포함하는 참나물 소고기 파스타 제조 방법'이 개시되어 있고, 취나물은 널리 사용되는 산나물 종류 중의 하나임을 고려할 때, 통상의 기술자가 파스타에 참나물 대신 취나물을 사용하는 정도는 기호도를 고려하여 어려움 없이 구성해 낼 수 있는 사항으로 판단됩니다. 간장, 설탕은 소고기 양념에 널리 사용되는 재료이므로 맛과 풍미를 고려하여 어려움 없이 부가할 수 있는 사항으로 판단됩니다. 올리브오일 역시 파스타 면에 널리 사용되는 오일임을 고려할 때, 통상의 기술자가 파스타 면의 풍미를 고려하여 쇠고기 양념에 올리브오일을 사용하는 정도는 특별한 어려움 없이 착안해 낼 수 있는 재료로 보입니다. 쇠고기 양념 제조시의 볶음 온도와 시간 및 각 재료의 배합비 역시 파스타 면의 기호도를 고려하여 적절히 조절할 수 있는 사항입니다.
다만 제2항 발명은 건나물 파스타의 재료로 건조 호박나물을 추가로 사용하는 점에서 인용발명 1, 2와는 구성상의 차이가 있으나, 인용발명 3에 '말린 호박을 사용하여 봄나물 파스타를 제조하는 방법'이 개시되어 있습니다.
그러므로 통상의 기술자가 인용발명 1의 '참나물 소고기 파스타 제조 방법'과 인용발명 2의 '치킨스톡 마카로니 제조 방법'에 인용발명 3의 '봄나물 파스타 제조 방법'을 결합하면 제2항 발명을 어려움 없이 구성해 낼 수 있으며, 그 효과 역시 인용발명 1 내지 3의 조합으로부터 충분히 예측 가능한 범위 내에 있다 할 것입니다.
따라서 제2항 발명은 통상의 기술자가 인용발명 1 내지 3의 단순한 결합으로부터 쉽게 발명할 수 있는 것입니다.

3. 제3항 발명은 제2항에 있어서, 상기 닭뼈 육수 제조 단계(S300)에서 상기 닭뼈 육수는 닭뼈 500 내지 1500 중량부, 정제수 8000 내지 12000 중량부, 양파 200 내지 400 중량부, 셀러리(celery) 50 내지 200 중량부, 당근 50 내지 200 중량부, 통후추 5 내지 15 중량부, 월계수잎 1 내지 10 중량부 및 소금 30 내지 70 중량부의 중량 비율로 배합되어 제조되고, 상기 파스타 제조 단계(S400)에서 상기 파스타는 불린 호박나물 30 내지 40 중량부, 불린 취나물 25 내지 35 중량부, 마늘 슬라이스 10 내지 20 중량부, 소고기 양념 15 내지 25 중량부, 분말 후추 1 내지 3 중량부, 식용유 2 내지 4 중량부, 페페론치노 5 내지 8 중량부, 닭뼈 육수 50 내지 100 중량부, 파스타 면 100 내지 200 중량부, 그라나 파다노 치즈 4 내지 8 중량부 및 올리브유 2 내지 5 중량부의 중량 비율로 배합되어 제조된 것으로 한정하고 있습니다. 그러나 인용발명 2에 '닭뼈, 물, 양파, 당근, 월계수잎을 사용하여 닭뼈 육수를 제조하는 단계를

포함하는 치킨스톡마카로니를 제조하고, 육수의 재료로 샐러리를 사용할 수 있다는 내용'이 기재되어 있으며, 인용발명 1에는 '참나물, 마늘 슬라이스, 양념된 소고기, 통후추, 올리브유, 페퍼론치노, 파스타 면, 그라나빠다노를 배합하여 참나물 소고기 파스타를 제조하는 방법'이 개시되어 있습니다. 또한 통후추, 소금은 육수 제조를 위해 널리 사용되는 조미용 양념 재료에 해당하여 특징적인 점이 없으며, 식용유는 통상적으로 사용되는 파스타 재료에 불과합니다. 그뿐 아니라 닭뼈 육수와 건나물 파스타 각 재료의 배합비는 기호도를 고려하여 적절히 조절할 수 있는 사항에 해당하고, 그 효과 역시 인용발명 1 내지 3의 조합으로부터 충분히 예측 가능한 범위 내에 있다 할 것입니다.
따라서 제3항 발명은 통상의 기술자가 인용발명 1 내지 3의 단순한 결합으로부터 쉽게 발명할 수 있는 것입니다.

4. 제4항 발명은 제1항 내지 제3항 중 어느 하나의 제조 방법으로 제조된 것을 특징으로 하는 건나물 파스타를 청구하고 있으나, 제1항 내지 제3항 발명이 인용발명 1과 2 또는 인용발명 1 내지 3의 단순한 결합으로부터 쉽게 발명할 수 있는 것이므로 이러한 제조 방법에 의해 제조된 물건(건나물 파스타) 역시 그 진보성을 인정하기가 곤란합니다. 이에 더하여 제4항 발명의 '건나물 파스타'가 인용발명 1과 2 또는 인용발명 1 내지 3의 단순한 결합으로부터 도출될 수 있는 결과물과 비교하여 구성에 특징적인 차이가 있다고 볼 수 없고, 그 효과도 인용발명 1과 2 또는 인용발명 1 내지 3의 단순한 결합으로부터 충분히 예측 가능한 범위 내에 있다 할 것입니다.
따라서 제4항 발명은 통상의 기술자가 인용발명 1과 2 또는 인용발명 1 내지 3의 단순한 결합으로부터 쉽게 발명할 수 있는 것입니다.

청구항의 해결사례

(19) 대한민국특허청(KR)
(12) 공개특허공보(A)

(11) 공개번호 : 10-2016-0137212
(43) 공개일자 : 2016년11월30일

(51) 국제특허분류(Int. Cl.)
A23L 13/50 (2016.01) *A23L 23/00* (2016.01)
A23L 27/10 (2016.01) *A23L 5/10* (2016.01)
(52) CPC특허분류
A23L 13/50 (2016.08)
A23L 23/00 (2016.08)
(21) 출원번호 : 10-2015-0072017
(22) 출원일자 : 2015년05월22일
심사청구일자 : 2015년05월22일

(71) 출원인 : 노영승
서울특별시 용산구 효창원로25나길 13, 2층 201호(용문동)
(72) 발명자 : 노영승
서울특별시 용산구 효창원로25나길 13, 2층 201호(용문동)
(74) 대리인 : 황정현

전체 청구항수 : 총12항

(54) 발명의 명칭 : '빠네치킨의 제조 방법'

(57) 요 약

본 발명은 빠네치킨의 제조 방법에 관한 것으로써, 개시된 제조 방법은 상부 일부를 잘라낸 후 그 속을 파내어 내부에 공간이 형성되도록 빠네를 준비단계와, 닭다리의 순살을 이용하여 치킨을 준비하는 단계와, 크림소스에 토마토소스가 2:1의 비율로 혼합된 크림 토마토소스를 준비하는 단계와, 상기 크림 토마토소스와 상기 치킨을 함께 볶는 단계와, 상기 크림 토마토소스와 어우러진 치킨을 상기 빠네의 내부 공간에 집어넣고, 그 위에 치즈를 토핑한 다음 오븐기에 넣어 굽는 단계가 포함되어 구성됨을 특징으로 한다.
본 발명에 의할 경우, 단순한 치킨의 형태를 벗어나 시각적으로 소비자의 다양한 욕구를 충족시킬 수 있으며, 크림 토마토소스와 치킨과 치즈와 먹기 편하게 잘려진 빠네를 곁들여 함께 시식할 수 있어 풍부한 향미를 느끼면서 치킨을 즐길 수 있는 효과가 있다.

〈대표도 – 도 1〉

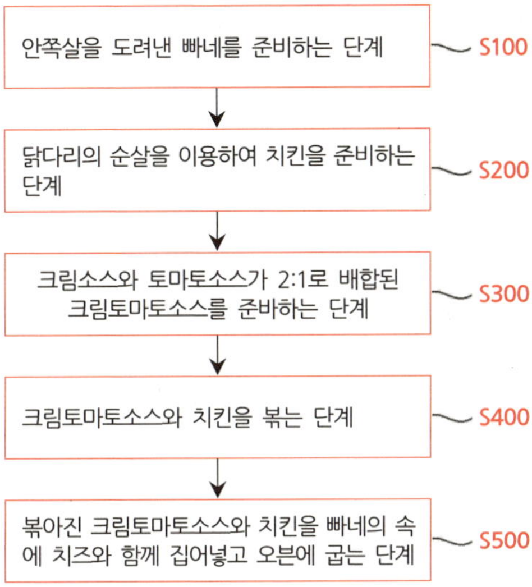
안쪽살을 도려낸 빠네를 준비하는 단계
S100
닭다리의 순살을 이용하여 치킨을 준비하는 단계
S200
크림소스와 토마토소스가 2:1로 배합된 크림토마토소스를 준바하는 단계
S300
크림토마토소스와 치킨을 볶는 단계
S400
볶아진 크림토마토소스와 치킨을 빠네의 속에 치즈와 함께 집어넣고 오븐에 굽는 단계
S500

의견(답변, 소명서)

【구분】 거절이유 등 통지에 따를 의견

【제출인】

[성명] 노영승

[특허고객번호] 4-2015-024243-3

[사건과의 관계] 출원인

【대리인】

[성명] 양정현

[대리인번호] 9-2005-000041-7

【사건의 표시】

[출원번호] 10-2015-0072017

【제출원인이 된 서류의 발송번호】 9-5-2016-0908389-88

【의견내용】 별지와 같음

【취지】

위와 같이 특허청장(특허심판원장, 심판장)에게 제출합니다.

대리인 양정현 (서명 또는 인)

【구체적인 거절이유】

1. 이 출원은 청구범위의 청구항 전항의 기재가 아래에 지적한 바와 같이 불비하여 「특허법」 제42조제4항제2호에 따른 요건을 충족하지 못하므로 특허를 받을 수 없습니다.

– 아 래 – 생략

2. 이 출원의 청구범위의 청구항 전항에 기재된 발명은 아래와 같이 그 출원 전에 이 발명이 속하는 기술분야에서 통상의 지식을 가진 사람(이하 '통상의 기술자'라 함)이 쉽게 발명할 수 있는 것이므로 「특허법」 제29조제2항에 따라 특허를 받을 수 없습니다.

【거절에 대한 소명서】

【보정 후 특허결정서】

2. 보정내용

귀 심사관님께서 지적하신 거절이유 1 내지 2를 해소하기 위해, 본원 발명의 특허청구 범위 제1항을, (a) 상부 일부를 잘라낸 후 그 속을 파내어 내부에 공간이 형성되도록 빠네를 준비단계; (b) 닭다리의 순산을 이용하여 치킨을 준비하는 단계; (c) 크림소스에 토마토소스가 2:1의 중량비로 혼합된 크림 토마토소스를 준하는 단계; 및 (d) 상기 c단계에 따른 크림 토마토소스와 상기 치킨을 함께 볶는 단계; 및 (e) d단계에 의해 만들어진 크림 토마토소스와 어울어진 치킨을 상기 빠네의 내부공간에 집어넣고, 그 위에 치즈를 토핑한 다음 오븐기에 넣어 굽는 단계가 포함되며, 상기 c단계의 토마토소스는, 조리용기에 올리브오일을 넣고 강한 불로 가열하는 과정; 상기 올리브오일의 온도가 올라간 상태에서 불을 중간불로 조절한 다음 상기 조리 용기에 다진 양파를 넣고 볶는 과정; 상기 다진 양파의 색깔이 투명해지는 시점에서 다진 마늘을 넣고 볶는 과정

YOUR INVENTION PARTNER

특허청

특허결정서

【출원인성명】 노영승(특허고객번호: 420150242433)

【주소】

【대리인성명】 황정현

【주소】

【발명자성명】 노영승

【주소】

【출원번호】 10-2015-0072017

【발명의 명칭】 빠네치킨의 제조 방법

【청구항수】 7

이 출원에 대해 「특허법」 제66조에 따라 특허결정 합니다.

(특허권은 특허료를 납부하여 「특허법」 제87조에 따라 설정등록을 받음으로써 발생하게 됩니다.) 끝.

특허청구 범위에 대한 더 깊은 이해

강한 특허를 만드는 핵심기술은 '특허청구 범위'의 작성과 깊은 관련이 있다. 강한 특허를 설계하기 위해서는 공지기술에 대한 완전한 검색과 더불어 경쟁자가 생각해낼 수 있는 회피방법들에 대해서도 깊이 있게 생각해 보아야 한다. 이 두 가지 중 어느 하나를 소홀히 하게 되면 강한 특허를 만들 수 없게 된다.

출원인은 특허심사를 받을 때는 청구범위를 좁게 감축하여 보정함으로써 어떻게 해서든지 특허를 받고자 한다. 그러나 이렇게 등록된 특허는 특허권을 행사할 때 권리범위가 협소하여 권리행사를 제대로 할 수 없게 될 가능성이 크다. 또한 협소한 권리범위를 가진 특허는 경쟁자가 쉽게 피해갈 수 있을 것이므로, 그 특허는 무용지물인 것이다. 이미 등록된 특허의 청구범위는 감축하여 정정할 수 있을 뿐 변경하거나 확장하도록 정정할 수는 없으므로, 심사단계에서 어떻게 청구범위를 설계해야 특허 등록이 용이하면서도 타인이 그 보호범위를 쉽게 회피할 수 없도록 할 것인지에 대해서 깊이 생각해야 한다.

앞에서 말했듯이, 명세서에 청구범위를 기재하는 제도는 원래 미국에서 유래된 것으로서, 청구범위로부터 특허의 보호범위를 해석하는 원칙 또한 미국에서와 같이, 필수구성요소 완비의 원칙(All element Rule)에 따라서 해석한다. 필수구성요소 완비의 원칙이란 하나의 청구항에 기재된 발명은 각 구성이 개별적으로 보호를 받는 것이 아니라, 각 구성들이 유기적인 결합에 의해서 형성된 전체가 하나의 발명으로서 보호를 받는다는 의미이다.

그러므로 하나의 청구항을 작성할 때는 꼭 필요한 구성요소들 위주로 포함시켜야 하고, 선택적으로 부가하거나 한정할 수 있는 사항들은 종속 청구항 형식으로 기재하는 것이 지혜로운 것이다. 만약 청구항에 불필요한 구성을 필수구성요소로 포함시킴으로 인해서 권리범위가 좁아진 것에 대해서는 출원인 자신에게 책임이 있으므로 다른 누구를 탓할 수 없는 것이다.

「특허법」 제97조에서도 '특허의 보호범위는 청구범위에 적혀 있는 사항에 의해 정하여진다.'라고 명시되어 있고, 실무적으로도 청구범위에 기재된 대로 권리범위를 해석하고 있다. 그러므로 우리나라 특허실무에서 적용하고 있는 특허의 권리범위는 청구항에 기재된 모든 구성이 유기적으로 결합되어 전체로서 하나의 발명을 이루는 것이기 때문에, 어느 한 가지라도 생략된 경우에는 원칙적으로 그 보호범위가 미치지 않는다고 본다. 다만 경쟁자가 나의 특허발명과 유사한 제품을 생산한다고 가정할 때, 두 가지 경우를 생각할 수 있다. 첫째는 내 특허의 청구항에 기재된 구성 중 일부 구성을 생략하는 경우이고, 둘째는 일부 구성을 변경하는 경우이다.

진보성

진보성의 관련규정

특허요건(「특허법」 제29조)

② 특허출원 전에 그 발명이 속하는 기술분야에서 통상의 지식을 가진 사람이 제1호 각호의 어느 하나에 규정된 발명에 의해 쉽게 발명할 수 있으면 그 발명에 대해서는 제1항에도 불구하고 특허를 받을 수 없다.

판단기준

1) 기본원칙
진보성은 청구항에 관련된 발명이 속하는 기술분야의 출원 시 기출 수준을 정확하게 파악한 다음, 그 분야의 통상의 지식을 가진 자가 청구항에 관련된 발명을 인용발명에 근거해 용이하게 생각해낼 수 있는 것이라는 논리를 부여할 수 있는지 여부에 따라 판단한다.
세부적으로는, 첫째) 청구항에 관련된 발명 및 인용발명(하나 또는 복수)을 인정한다. 둘째) '청구항에 관련된 발명' 과 '널리 부여에 가장 적합한 하나의 인용발명'을 대비해 청구항에 관련된 발명을 특정하기 위한 사항과 인용발명을 특정하기 위한 사항의 일치점 및 차이점을 명확히 한다. 셋째) 이 인용발명과 다른 인용발명의 내용 및 기술 상식으로부터 청구항에 관련된 발명에 대해 진보성을 존재를 부정할 수 있는 논리의 구출을 시도하여 판단한다.
논리는 여러 가지의 관점에서 부여할 수 있는데, 예를 들면 청구항에 관련된 발명이 인용발명으로부터 최적인 구성의 선택, 설계 변경, 단순히 모아 놓은 것 등에 해당하는지 또는 인용발명의 내용에 동기 부여가 될 수 있는 것이 있는지 여부를 검토한다.
그 결과 논리를 부여할 수 있는 경우는 청구항에 관련된 발명의 진보성이 부정되고, 논리를 부여할 수 없는 경우는 청구항에 관련된 발명의 진보성이 부정되지 않는다.
또한, 소정의 목적을 달성하기 위해 어떤 분야에 이용되고 있는 방법, 수단 등을 조합하거나 특정분야에 적용하는 것은 일반적으로 시도 되고 있는 것이므로, 조합과 적용에 기술적인 곤란성이 없고 이로부터의 효과도 현저하지 않는 한 진보성이 부정된다.

2) '그 발명이 속하는 기술분야에서 통상의 지식을 가진 자'의 의미
조리 특허에서 통상의 지식을 가진 자는 '그 특정분야에 관한 상식과 일반 상식 및 '조리 관련 기술분야의 기술 상식(예를 들면, 대용량 생산 기술)'을 가지고 있고, 연구 및 개발을 위한 통상의 기술적 수단을 이용할 수 있고, 설계 변경을 포함한 통상의 창작 능력을 발휘할 수 있으며, 그 발명이 속한 기술분야(특정분야와 조리 관련 기술분야)의 출원 시 기술 수준에 있는 것 모두를 자신의 지식으로

할 수 있는 자를 의미한다.

구체적인 판단방법

특정분야에 관한 조리 관련 발명에 사용되고 있는 단계 또는 수단은 적용 분야에 관계없이 기능 또는 작용이 공통인 것이 많다. 이러한 경우 어느 특정분야의 조리 관련 발명의 단계 또는 수단을 다른 특정분야에 적용하려고 하는 것은 해당분야의 지식을 가진 자의 통상의 창작 능력 발위에 해당한다.
시스템의 구성요소로서 널리 알려지고 사용되는 것을 부가하거나 시스템의 구성요소의 일부를 균등수단으로 치환하고자 하는 것은 해당분야의 통상의 지식을 가진 자의 통상의 창작 능력 발휘에 해당한다.
조리사가 일반적으로 수행하는 업무를 시스템화하여 컴퓨터에 의해 매뉴얼화하는 것은 통상의 시스템 분석 방법을 이용한 일상적 작업으로 가능한 정도의 것이면 해당분야의 통상의 지식을 가진 자의 통상의 창작 능력 발휘에 해당한다.
널리 알려진 기술을 공유 공간에서 재현하는 것은 통상의 조리시스템 분석 수법 및 시스템 설계 수법을 이용한 일상적 작업으로 가능한 정도의 것이라면 해당분야의 통상의 지식을 가진 자의 통상의 창작 능력 발휘에 해당한다.
청구항에 관련된 발명과 인용발명의 차이점이 일반인에게 이미 알려진 사실 또는 관습에 근거할 경우, 그 차이점이 인용발명, 기술 상식, 일반 상식 등을 고려해 본래 해당분야의 통상의 지식을 가진 자가 적절히 결정할 수 있는 성격의 것이고 조합에 기술적 저해 요인이 없을 때는, 그 차이점은 해당분야의 통상의 지식을 가진 자가 필요에 따라 정하는 설계상의 변경에 지나지 않아 통상의 창작 능력 발휘에 해당한다.

관련판례

어떤 발명의 진보성이 부정되는지 여부를 판단하기 위해서는 통상의 기술자를 기준으로 하여 그 발명의 출원 당시의 선행공지발명으로부터 그 발명을 용이하게 발명할 수 있는지를 보아야 할 것이고, 진보성이 부정되는지 여부의 판단대상이 된 발명의 명세서에 개시되어 있는 기술을 알고 있음을 전제로 하여 사후적으로 통상의 기술자가 그 발명을 용이하게 발명할 수 있는지를 판단하여서는 아니 된다.

김교수의

특허출원 따라하기

CHAPTER 09

특허 명세서의 이해와 작성

▌특허출원 명세서는 어떻게 작성해야 하는가?

누구나 새로운 아이디어를 순간순간 떠올리며 살아간다. 그러다가 정말 괜찮은 아이디어라고 생각되는 순간 하루빨리 특허출원을 해야 한다는 생각에 사로잡힌다. 그 순간부터 마음이 조급해지고 어떻게든 다른 사람이 출원하기 전에 빨리 해야 한다는 성급한 마음에 가슴이 콩닥거리기까지 한다. 문제는 이 기발한 아이디어를 어떻게 특허 명세서로 풀어 쓸 것인가 하는 점이다.

첫째, 명세서의 앞부분에는 배경기술, 종래기술, 종래기술의 문제점을 기재한다. 즉 내가 특허출원하고자 하는 아이디어가 어떤 기술분야에 속한 것인지와 그 기술분야에서 일반적인 기술 형태를 소개하면서 시작할 필요가 있다. 그리고 구체적으로 자신의 발명을 착안하게 된 종래기술이 가지는 문제점을 지적해주면 된다. 여기서 종래기술은 일반적으로 선행기술조사에 따라서 확인된 것을 요약해서 작성하면 되는데, 종래기술은 특허공보만을 의미하는 것은 아니므로 다양하게 자신이 개선하고자 했던 기술에서 문제점 부분을 부각시켜 기재해주면 좋다.

대부분의 초보들은 이 종래기술 부분에서 명세서의 반 이상을 기재한다. 왜냐하면, 평소 종래기술의 문제점에 대해서 가장 많이 생각했기 때문이다. 그러나 필자는 이 부분은 A4용지로 1장 정도면 충분하다고 생각한다. 물론 종래기술이 하나가 아니고 여러 개가 있을 경우 이 부분에 대한 기재가 좀 더 늘어날 수는 있다. 또한 종래기술의 문제점에서는 추상적인 언어들로 문제점을 지적하기보다는 실질적으로 종래기술이 가지는 한계를 기재함으로써 자신의 발명이 가지는 장점 내지 효과를 부각시켜 기재할 수 있다. 즉 종래기술의 문제점이 또렷할수록 자신 발명의 장점이 두드러지게 된다.

특히 현대에 있어서 발명이라 함은 완전히 새로운 개척발명이라기보다는 대부분 종래의 발명들을 개선한 것인 소위 개량발명이 많다. 이러한 개량발명은 쉽게 특허성을 인정받기가 어려울 수도 있다. 그래서 어떤 출원인들은 유사한 종래기술을 명세서에 기재하지 않으려는 경향이 있다. 이는 종래기술에 대한 기재가 오히려 자신의 개량발명이 특허 받는데 걸림돌로 작용할 것이라고 여기기 때문이다. 그러나 필자의 생각은 반대이다. 오히려 가장 근접한 종래기술을 적시하고 이 종래기술이 가지는 문제점을 해결했다고 하는 점에서 해결과제 및 해결수단을 명확하게 적시하면 심사관은 다른 동일한 선행기술에 의하지 않고서는 쉽게 진보성을 부정하지 못하기 때문이다. 방이 어두울수록 빛은 더욱 눈부시다.

둘째, 해결과제의 구체적인 수단, 즉 '과제해결수단'에 대해 기재하는 것이다. 앞에서 언급한 종래기술의 문제점을 발견하고 또한 이를 해결할 수 있는 핵심적인 열쇠Key가 무엇인지에 대해 기재함으로써 자신이 착안한 발명의 핵심적인 기술사상이 무엇인지 설명하는 것이다. 그러나 종래기술의 문제점이 여러 가지라면 핵심적인 해결수단도 하나만 존재하는 것은 아니다. 핵심적인 해결수단이 있는가 하면 그 발명을 더 좋게 하기 위해 부가된 작은 해결수단들도 존재할 수 있다. 그러므로 과제해결수단이라는 항목에는 핵심적인 큰 열쇠뿐만 아니라 작은 열쇠들도 함께 간단히 기재해 두는 것이 좋다. 왜냐하면 심사과정에서 그 핵심적인 해결수단이 이미 공지된 것이라는 점이 드러날 경우, 아무것도 주장할 수 없으면 안 되기 때문이다. 핵심적인 해결수단이 이미 타인에 의해서 공지된 경우라면, 그보다 작은 특징들에 관한 작은 해결수단을 가지고 특허성을 주장할 수 있는 길을 마련해 두어야 한다는 것이다.

외국의 다국적 기업들은 이러한 점에 있어서 매우 능숙하다. 특히 그들은 특유한 해결수단을 찾아내는데 발명자가 얼마나 많은 각고의 노력을 했는지에 대해서 명세서에 담아내려고 한다. 특히 실패의 사례들을 열거하면서 자신의 발명이 쉽게 착안될 수 있는 것이 아님을 자랑한다. 그럼으로써 심사관으로부터 지지를 받을 수 있다고 생각하기 때문이다.

미국 특허청에서는 이러한 발명자들의 노력에 대해서 가볍게 여기지 않는 경향이 있다. 발명가들의 창의성을 존중하는 문화가 바탕에 깔려있다 보니 심사과정에서나 소송 중에서라도 발명가의 노력은 항상 존중받는다. 그러므로 기왕 명세서를 작성할 바에는 종래기술의 문제점들을 해결하기 위해서 발명가가 기울인 노력과 시행착오들을 명세서에 담아내어 기재하는 것은 중대한 출원전략 중 하나라고 할 것이다.

무엇보다 여기서의 해결과제는 다음에서 살펴볼 구체적인 실시의 예와는 달리, 좀 더 상위 개념의 해결원리를 제시하는 형식으로 기재하는 것이 좀 더 바람직하다. 실제 다양한 발명의 구체적인 실시의 예를 포괄할 수 있는 청구범위를 작성하기 위해서는 발명에 대한 명확한 이해가 선행되어야 한다. 발명의 원리를 제대로 이해하지 못하고 청구범위를 작성하게 되면 권리범위가 너무 좁게 설정될 수가 있다는 점에서 유의해야 한다.

셋째, 구체적인 실시의 예를 기재하는 항목이다. 이 부분은 가장 일반적인 부분으로서 자신이 착안한 핵심적인 해결수단을 적용한 사례를 장치나 물건의 구조에 의해서 설명하는 부분이다. 또한 장치나 물건의 발명에서는 도면을 가장 먼저 작성하고 도면에 따라서 구체적인 실시의 예를 작성하는 것이 편리할 때가 많다. 발명을 이루는 구체적인 구조를 기재하는 것뿐만 아니라, 발명의 각 구성들이 어떠한 상호유기적인 결합관계를 가지고 있는 것이고, 작동 시에 어떠한 원리에 의해서 작동되는지, 그리고 나아가 이들의 작용에 의해서 어떠한 유익한 효과를 발휘하게 되는지에 대해서 가능한 구체적으로 기재해야 하는 것이다.

넷째, 청구범위를 작성한다. 청구범위는 등록 이후에 권리의 보호범위를 기재하는 항목으로서 가장 중요하다고 여겨지는 부분이다. 그러므로 가장 많은 시간을 투자해서 고민해야 하는 부분이므로 다음에 좀 더 구체적으로 살펴보기로 한다. 발명의 설명 부분에 기재된 것과 똑같은 내용을 반복해서 청구범위에 기재해야 하는 것을 이상하게 여기는 이도 있다. 그러나 실상 발명의 설명 부분과 청구범위 부분은 서로 목적이 다른 것이다. 발명의 설명 부분은 기술을 공개하기 위한 것이고 청구범위는 발명의 보호범위를 규정하는 것이다. 특허의 권리범위에 의해서 보호받을 수 있는 것은 발명의 설명 부분을 통해서 공개한 기술사상 안에서 가능한 것이므로 청구범위와 발명의 설명 부분이 중복되는 것은 당연한 것이다. 만약 청구범위에 기재된 내용이 발명의 설명 부분에 기재되어 있지 않다면, 보호받고자 하는 내용을 공개하지 않는 것이 되어서 명세서의 작성에 하자가 있는 것이라 하여 거절이유에 해당하게 되고 심사관으로부터 의견제출통지를 받게 된다.

이상과 같이, 특허출원 명세서를 작성하는 요령에 대해서 알아보았다. 이러한 기재요건을 고려하여 손수 작성해보는 것도 추천할 만하다. 다만 개인이나 회사의 운명을 좌우할 만한 중요한 발명에 대해서는 전문가를 통해서 작성하거나 사정이 여의치 않아 직접 작성했다면 전문가를 통해서 검수 받을 것을 권장한다.

특허출원의 서류

특허를 출원하는 방법은 두 가지가 있다. 첫 번째는 우편을 이용해서 접수하는 방식이다. 특허출원에 필요한 서류를 작성하고 프린트 한 후 특허청에 보내면 출원이 된다. 두 번째 방법은 특허청에서 배포하는 전자출원 프로그램을 이용해서 전자출원을 하는 것이다. 전자출원은 주말이나 공휴일과 상관없이 24시간 접수가 가능하며 어디서든 서류를 작성해서 인터넷에 올리면 간단하게 출원이 된다.

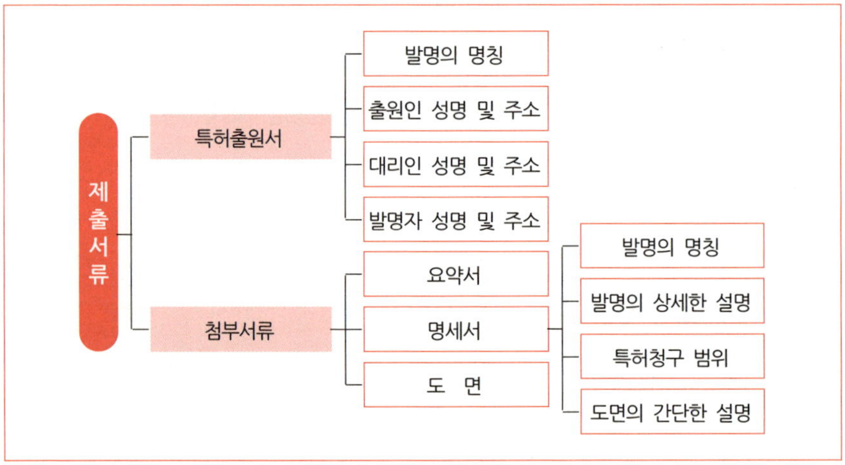

- 특허출원에 필요한 필수서류는 특허출원서, 요약서, 명세서 및 도면이다.
- 특허출원서는 특허출원의 본체로서 특허를 받고자 하는 의사표시를 나타낸 서면을 말하며, 특허출원인의 성명 및 주소, 대리인이 있는 경우 대리인의 성명 및 주소나 영업지의 소재지, 발명의 명칭, 발명자의 성명 및 주소를 기재한다.

- 요약서는 기술정보의 용도로 사용하기 위해 제출을 의무화한 것으로서 출원서에 첨부하도록 하고 있다.
- 명세서란, 특허를 받고자 하는 발명의 내용을 명확하고 상세하게 기재한 서면으로서 발명의 명칭, 도면의 간단한 설명, 발명의 상세한 설명, 특허청구 범위로 구성된다.
- 도면은 발명의 실시예를 구체적으로 표시하여 발명의 실체를 파악하는데 도움을 주기 위한 것으로 명세서의 보조수단으로 이용되며, 발명의 요점을 충분히 이해할 수 있도록 작성해야 한다.

1) 명세서의 작성 설명

(1) 발명의 명칭

막연하거나 장황한 기재를 피하고 발명의 내용에 따라 간단하고 명료하게 기재해야 한다. 개인명, 상표명, 상품의 애칭, 극히 추상적인 성능만을 나타내는 표현 또는 '특허'라는 용어를 발명의 명칭에 포함해서는 안 된다.

(2) 발명의 상세한 설명

원칙적으로 기술분야/배경기술/발명의 내용/발명을 실시를 위한 구체적인 내용(산업상 이용가능성)란으로 구분하여 기재하며, 그 내용은 해당 기술분야에서 통상의 지식을 가진 자가 그 발명을 쉽게 이해하고 실시할 수 있도록 명확하고 상세하게 기재되어야 한다.

- 기술분야 : 특허를 받고자 하는 발명의 기술분야를 명확하고 간결하게 기재한다.
- 배경기술 : 발명의 이해, 선행기술 조사 및 심사에 유용하다고 생각하는 종래의 기술을 기재하고, 종래기술의 문헌정보를 함께 기재한다.
- 발명의 내용 : 원칙적으로 해결하고자 하는 과제, 과제의 해결수단, 효과란으로 구분하여 기재한다.
  - 해결하고자 하는 과제 : 특허를 받고자 하는 별명이 과제로 하고 있는 종래기

술의 문제점 등을 기재한다.

– 과제의 해결수단 : 어떤 해결수단에 의해서 해당 과제가 해결되었는지를 기재한다. 일반적으로는 특허를 받고자 하는 발명이 해결수단 그 자체가 된다.

– 효과 : 특허를 받고자 하는 발명이 종래의 기술과 대비하여 우수하다고 인정되는 사항을 기재한다.

- 발명의 실시를 위한 구체적인 내용 : 그 발명이 속하는 기술분야에서 통상의 지식을 가진 자가 그 발명이 어떻게 실시되는지를 쉽게 알 수 있도록 그 발명의 실시를 위한 구체적인 내용을 적어도 하나 이상, 가급적 여러 형태로 기재한다. 필요한 경우에는 (실시예)란을 만들어 기재하고, 도면이 있는 경우에는 그 도면에 대한 설명을 기재한다.

(3) 특허청구 범위

- (발명에 상세한 설명)에 개시한 발명 중 출원인이 스스로의 의사에 의해 특허권으로 보호를 받고자 하는 사항을 선택하여 기재한다.
- 기재할 수 있는 발명의 범주에는 방법의 발명과 물건의 발명이 있다. 단계로서 표현할 수 있을 때 방법 발명으로 청구항에 기재할 수 있고, 발명을 이루는 기능들을 수행하는 하드웨어 결합체는 물건 발명으로 청구항에 기재할 수 있다.
- 특허청구 범위의 청구항은 발명이 명확하고 간결하게 기재되어야 한다. 내용이 간결하지 않은 발명에 대해 특허권이 부여되면 발명의 보호범위가 불명확하여 특허발명의 보호범위를 결정하는 권리서로서의 역할을 다할 수 없으며, 특허요건의 판단 등도 불가능하게 되기 때문이다.
- 2 이상의 항을 인용하는 청구항은 인용되는 항의 번호를 택일적으로 기재해야 한다.

(4) 도면의 간단한 설명

- 첨부한 도면이 있는 경우, 도면의 간단한 설명란에는 도면의 각각에 대해서 각 도면의 무엇을 표시하는가를 기재해야 한다.

2) 명세서 작성법

- 발명의 명칭 : 메모의 아이디어 타이틀을 넣는다.
- 요약 : 청구항 1항을 문장으로 풀어 작성하면 된다.
- 대표도 : 발명을 한눈에 볼 수 있는 그림으로 넣는다.
- 특허청구의 범위 : 위에서 작성한 청구항을 넣는다. 메모의 문제의 해결방법을 참고하여 청구항의 형태로 작성하면 된다.
- 기술분야 : 발명의 원리를 요약해서 적으면 된다.
- 배경기술 : 메모의 문제의 정의를 풀어서 작성하면 된다.
- 해결하고자 하는 과제 : 메모의 아이디어의 목적을 간단하게 풀어 작성하면 된다.
- 과제의 해결수단 : 청구항을 문장으로 풀어 작성하면 된다.
- 발명의 효과 : 메모의 아이디어의 목적을 달성했을 때 얻게 되는 장점을 작성하면 된다.
- 도면의 간단한 설명 : 메모에 있는 아이디어 구성도에 대한 설명을 간략하게 적는 부분이다.
- 발명을 실시하기 위한 구체적인 내용 : 메모의 문제의 해결방법을 상세히 풀어서 작성하면 된다. 작성한 청구항을 여기에 옮기고 최대한 상세하게 작성한다.
- 부호의 설명 : 메모의 아이디어 구성도에 있는 각 부분에 대한 이름을 넣으면 된다.
- 도면 : 메모의 아이디어 구성도 또는 사진이 여기에 해당된다.

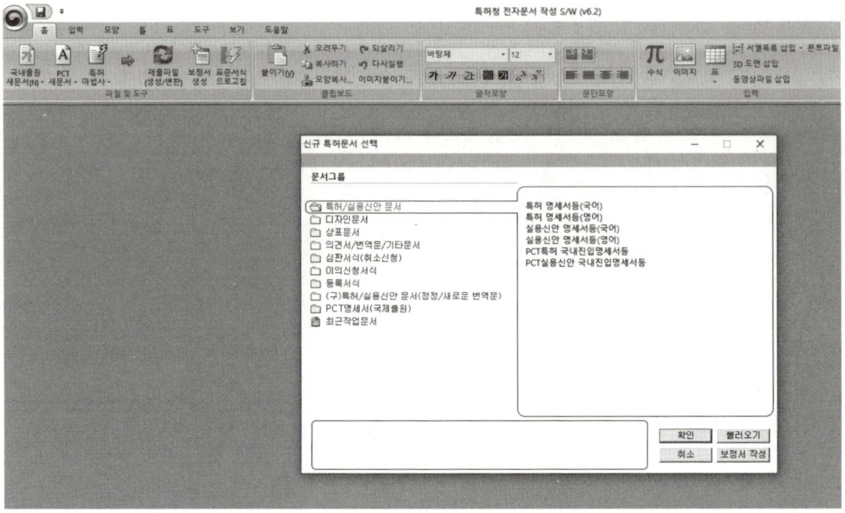

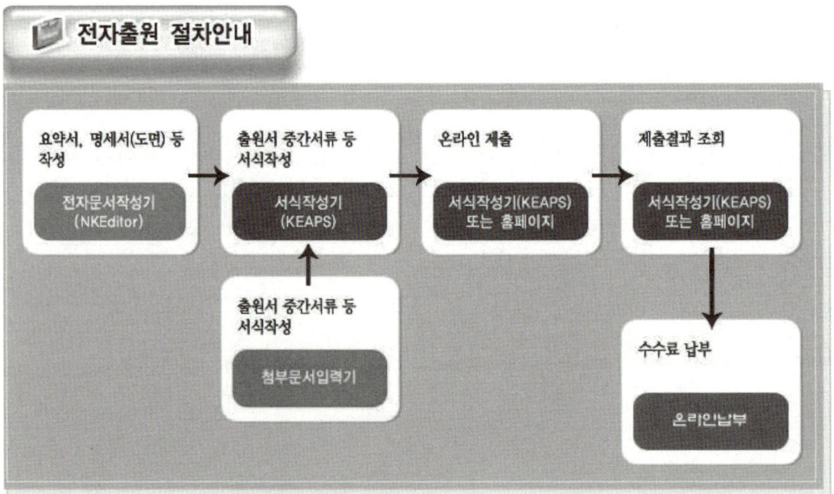

요약서, 명세서(도면) 등 작성방법

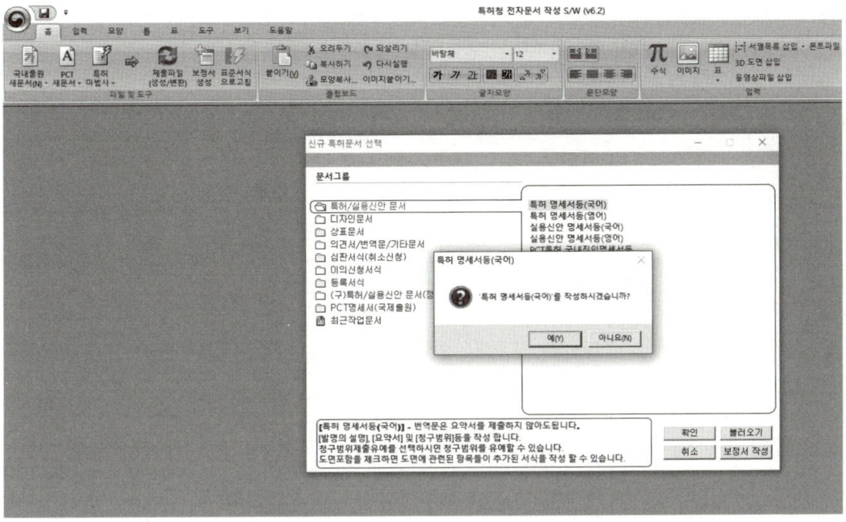
특허청 전자문서 작성 S/W (v6.2)
신규 특허문서 선택
문서그룹
특허 명세서등(국어)
'특허 명세서등(국어)'를 작성하시겠습니까?
예(Y)
아니요(N)
확인
불러오기
취소
보정서 작성

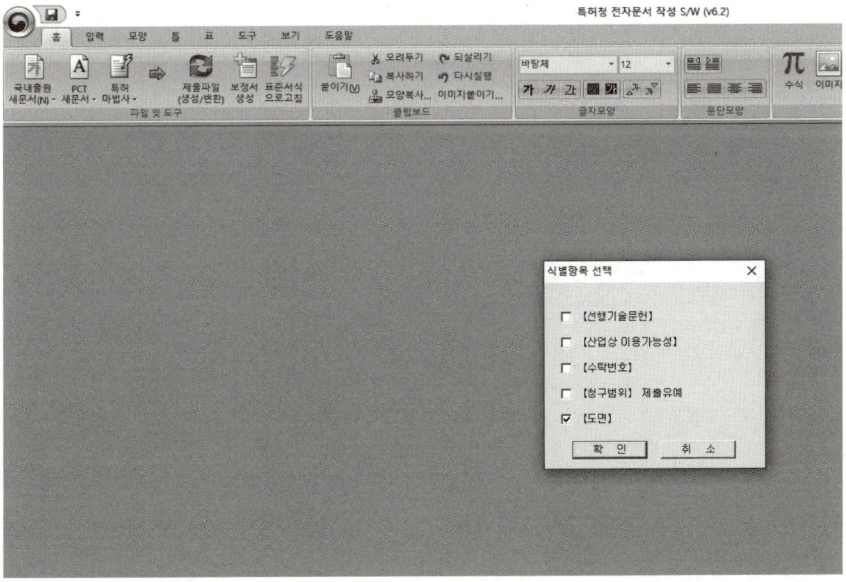
특허청 전자문서 작성 S/W (v6.2)
식별항목 선택
【선행기술문헌】
【산업상 이용가능성】
【수탁번호】
【청구범위】 제출유예
【도면】
확 인
취 소

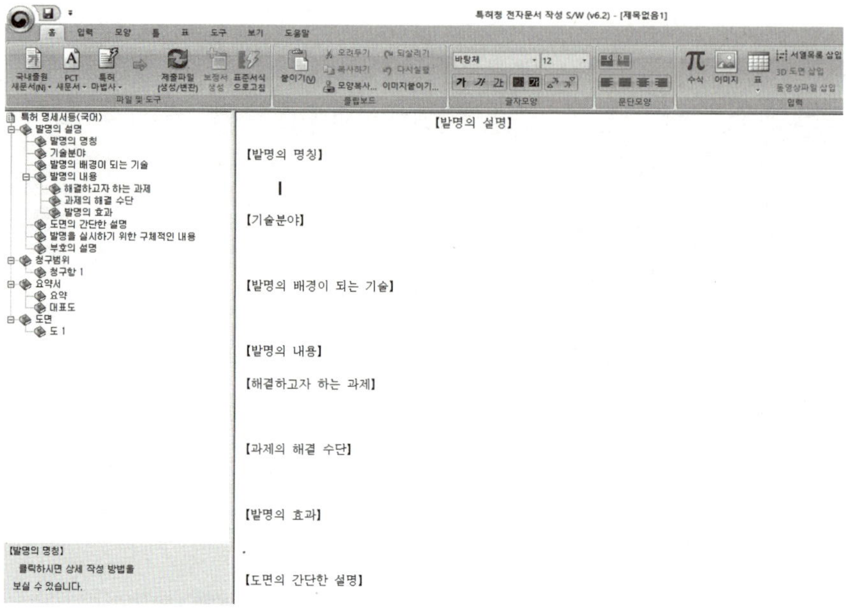

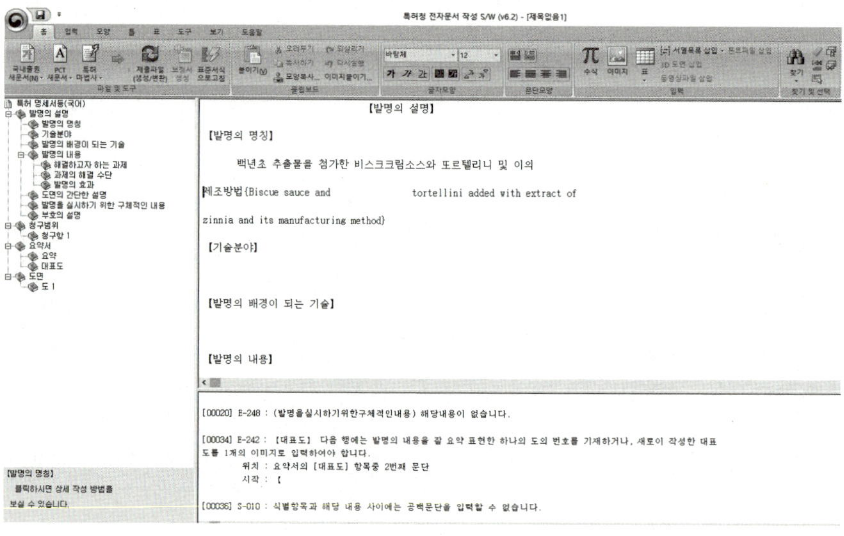

※오류가 났을 경우 카테고리별 내용을 수정해야 다음 단계로 넘어갈 수 있다.

【도면】

【도 1】

※도면의 경우 위와 같이 사진으로 대체한다.

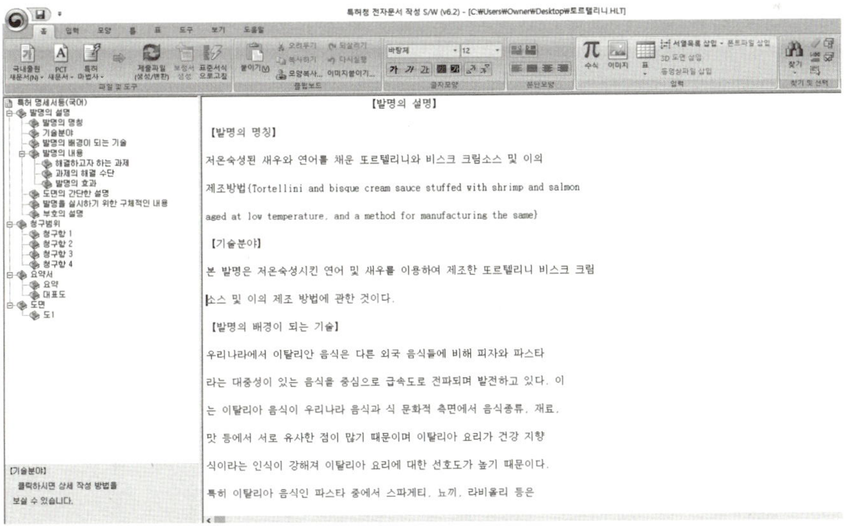

※현 상태 HLT에서 제출생성 파일을 눌러 HLZ로 변환해야 전자출원이 가능하다.

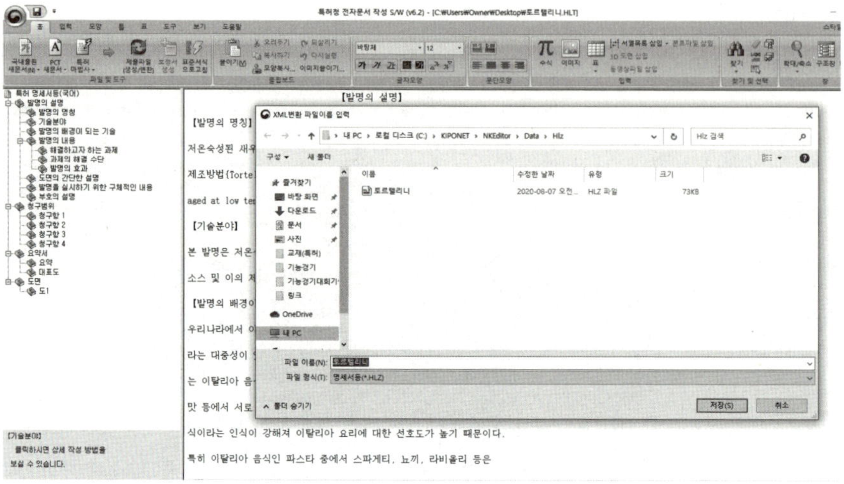

※서식 작성기에서 HLZ 상태로 최종 전자출원이 가능하다.

CHAPTER 10

특허 명세서의 의의 및 역할

김교수의
특허출원 따라하기

특허 명세서란?

특허 명세서란, 특허를 받고자 하는 발명의 기술적 내용을 문장을 통해 명백하고 상세하게 기재한 서면을 말하며, 발명자의 보호와 제3자의 이용이라는 특허제도의 목적을 달성하기 위해 요구된다.

명세서의 역할은 심사, 심판대상의 특정, 권리서로서의 역할, 기술문헌으로서의 역할이다.

특허권의 내용

1) 특허권의 발생 및 유지

특허출원한 후 실체심사를 통과하면 등록결정이 되고, 등록결정등본을 받은 날로부터 3개월 이내에 최초 3년분의 특허료를 납부하면 설정 등록되어 특허권이 발생한다. 특허권 발생 후 4년차부터는 특허료의 해당 연차분을 매년 납부해 특허권을 유지할 수 있다.

2) 특허권의 존속기간

특허권은 등록일로부터 출원일 후 20년이 되는 날까지 존속한다. 특허권의 존속기간의 기산점은 특허출원일이 된다.

3) 특허권의 소멸

특허권의 소멸이란, 유효하게 발생한 특허권이 일정한 법정사유에 해당되어 장래를 향하여 효력을 상실하거나 소급하여 처음부터 없었던 것으로 되는 것을 말한다. 또한 특허권자가 권리를 포기하거나 사정상 유지할 수 없을 때에도 특허권은 소멸된다.

특허권의 소멸 사유는 특허권 존속기간 만료, 특허료 불납, 상속인 부존재, 특허권의 포기, 특허무효심판에 의한 무효가 있다.

4) 특허권의 효력

특허권자는 업으로서 특허발명을 실시할 권리를 독점한다. 특허권에 의해 특허를 받는 발명이 적용된 제품 및 공정이 보호됨으로써 이로 인한 수익이 크게 증가할 수 있다. 특히, 해당 특허로 인한 수익을 발명자가 보상받을 수 있다는 점에서 발명자들에게 특허로 인한 수익이 상당히 매력적일 수 있다. 또한 특허권의 라이선싱 또는 크로스 라이선싱이 가능할 뿐만 아니라 경쟁사가 동일한 발명이 적용된 제품을 생산, 판매하거나 공정을 실시할 수 없도록 막을 수 있고, 특허로 인해 특허권자의 지명도가 상승하는 등의 이점이 있다.

5) 실시권 제도

실시권이란, 특허권자 이외의 자가 업으로서 특허발명을 실시할 수 있는 권리를 말한다. 실시권은 특허권의 침해가 되지 않는 정당한 권리 중 하나로서 특허권에 부수되는 권리이므로, 특허권이 존재해야 발생할 수 있고, 특허권이 소멸하면 실시권도 같이 소멸한다.

(1) 강한 특허의 전술 (뒤집기 기술)

특허는 기술이라고 하는 미개척 세계를 연구하여 기술의 영역에 자신의 깃발을 꽂고 바둑으로 표현하여 집을 만들어 간다. 특허에서는 누구에게나 동등하게 기회가 주어질 뿐 교대로 기회가 주어지는 것이 아니다. 어느 일방이 여러 번 돌을 둘 수도 있다. 그러므로 노력하기에 따라서 얼마든지 기술지도에 자신의 깃발들을 꽂을 수 있다.

제임스 와트는 뉴커먼의 증기기관 기술 위에 새로운 기술을 접목시켜서 새로운 기술영역을 창조해냈다. 타인이 만들어 놓은 집 위에 자신의 집을 지은 것이다. 당시의 지식으로는 제임스 와트의 증기기관 기술을 이용하지 않을 방법이 없었다. 새로운 기술이 종래의 기술에 접목되는 순간 주도세력의 뒤집기 현상이 발생한다. 마찬가지로 스티브 잡스도 노키아와 삼성, 블랙베리에 의해서 주도되던 스마트폰 시장에 새로운 영역을 창조해냈다. 우리도 강한 특허로 상대방의 집 위에 더 큰 집을 지어 판을 뒤집어도 된다.

(2) 분산 특허를 활용하자

한 개의 특허에 의존해서 사업을 운영하는 것은 매우 경제적일 수 있지만, 매우 위험한 전략일 수 있다. 특허 하나로 적의 심장을 명중시킬 가능성은 높지 않기 때문이다. 물론 특허 명세서를 설계하기에 따라서 특허의 권리범위를 좀 더 넓게 만들어 낼 수 있다. 그러나 언제나 적은 예상하지 못한 방식으로 침투하게 된다. 그러므로 경쟁사가 고안해 낼 회피 설계까지도 고려하여 강한 특허를 설계하는 것이 필요하다.

결론적으로, 하나의 핵심특허를 중심으로 다수의 특허들이 촘촘하게 그물을 이루도록 장벽을 치는 것이 분산 특허를 만드는 지혜로운 전략이다. 촘촘하면서도 적당한 거리를 두고 그물을 치듯이 특허로서 장벽을 형성할 때 경쟁자들은 특허 회피를 일찌감치 포기하고 로열티 협상에 임하게 될 것이다.

(3) 상생의 특허를 활용하자

우리는 외국의 기술에 대해서는 쉽게 로열티를 지불하는 경향이 있지만, 국내 기업에 로열티를 지불하는 것을 달가워하지 않는다. 차라리 무효심판소송을 통해서 문제를 해결하려고 하는 경향이 있다. 그러나 내가 먼저 경쟁기업의 특허를 인정하게 되면 경쟁기업도 나의 특허를 인정하게 된다. 그러므로 아무리 경쟁기업이라 하더라도 상대의 특허를 인정해 주고 특허기술을 사용하고 싶으면 합당한 사용료를 지불해야 한다. 그러면 대기업이든 중소기업이든 타인의 기술을 인정해주고 정당한 대가를 지불하고 사용하는 문화가 정착될 것이다.

(4) 직접기술에 집착하지 말자

스티브 잡스는 애플에서 개발한 기술보다는 타사에서 개발한 기술을 잘 찾아내서 유용하게 접목하여 성공하였다. 이처럼 회사에 필요한 기술을 직접 개발하는 것에만 집착하지 말고, 손해를 보지 않는 가격에 사오는 것도 좋은 전략이다. 한마디로 효율적으로 일하는 법을 터득하는 것이다.

- 강한 특허 : 특허를 통해 돈을 벌고자 한다면, 권리자는 돈 되는 특허를 창출할 수 있는 능력과 안목이 필요하다.
- 강한 특허 갖추어야 할 조건
  - 시장성 : 실제 제품에 적용될만한 아이디어나 기술에 대한 특허만이 시장성이 있는지 여부를 고려해야 한다.
  - 권리범위가 강력 : 내 발명을 특허 명세서에 어떻게 기재하느냐에 따라 권리가 넓은 강력한 특허가 될 수도 있고, 권리가 좁은 하찮은 특허가 될 수도 있다.
  - 침해 입증이 가능 : 타인이 자신의 발명을 모방했다는 사실을 입증하지 못하는 기술에 대해 특허를 획득하면, 자신의 기술은 타인의 모방으로부터 보호받지도 못하면서 자신의 기술만 타인에게 공개해 버리는 문제가 있기 때문에, 이러한 기술들은 특허를 통한 보호가 아닌, 기술의 비밀을 유지하면서 노하우로 보호하는 것이 바람직하다.
  - 특허 포토폴리오를 구축 : 특허 포트폴리오는 개인 또는 회사와 같은 단일 개체에 의한 소유된 특허의 집합을 말하는데, 이는 기업의 가치 중 아주 중요한 부분에 해당된다. 특허 포토폴리오를 통해 기업은 시장에서의 독점력을 확보할 수 있고, 라이선싱 등을 통해 수익을 창출하기도 한다.
  - 특허시장이 큰 국가의 특허 : 특허권은 각 국가마다 독립적으로 성립하고 그 효력도 독립적이다. 어떤 제품이 국내뿐만 아니라 해외에서도 판매되는 경우에는 각 국가마다 특허를 취득할 필요가 있다.

6) 특허청구 범위의 의미

- 출원 시 특허청구 범위의 법적 의미 : 출원 시 특허청구 범위는 특허요건을 판단하는 심사대상이 되지만 그 권리 범위가 아직 확정된 것은 아니다.

- 등록 시 특허청구 범위의 법적 의미 : 특허 등록되었을 때 특허청구 범위는 특허권의 보호범위를 결정하는 역할을 한다.

7) 특허침해의 유형

- 직접침해 : 특허청구 범위에 기재된 문언 자체와 침해 대상물을 비교했을 때, 침해 대상물이 특허청구 범위에 기재된 내용을 그대로 포함하는 경우 직접침해에 해당한다.
  - 판단방법(구성요소 완비의 법칙) : 특허청구 범위에서 발명을 이루는 각각의 요소를 구성요소라고 하는데, 특허청구 범위를 문헌적으로 침해하기 위해서는 특허청구 범위에 기재된 모든 구성요소를 포함해야 한다.
- 균등침해 : 특허청구 범위에 기재된 발명과 완전히 일치하지는 않지만, 구성요소 중 일부가 균등관계에 있는 경우에는 침해에 해당한다는 이론이다.
- 간접침해 : 현재로서는 특허권을 침해하지 않고 있으나, 그래도 방치하면 침해로 이어질 개연성이 높은 예비적 행위 그리고 특허발명의 구성부품만을 업으로서 판매하면서 개인이 최종조립을 유도하는 행위 등은 궁극적으로 특허권자에게 손해를 끼칠 가능성이 크다고 보여지는 경우가 포함된다.

김교수의
특허출원 따라하기

CHAPTER 11

특허심판 및 소송제도

김교수의
특허출원 따라하기

특허심판의 개요

(1) 특허심판제도

특허심판이란, 특허청의 결정이나 특허권의 분쟁에 대해 이의가 있는 경우, 이를 해결하기 위해 특허심판원의 심판관이 심리 결정하는 절차를 말한다. 특허심판제도는 특허법원에 연결되는 전심절차로서 「특허법」상의 분쟁을 심리 및 결정하는 쟁송제도의 일종이다.

(2) 특허심판원과 특허법원

- 특허심판원 : 특허청 내 기관으로서 특허 등 산업재산권과 관련된 분쟁을 1차적으로 심리판단 하는 기관
- 특허법원 : 특허심판원의 심결 또는 결정에 대한 불복의 소 전속관할

특허심판의 종류 및 절차

(1) 특허심판의 종류: 당사자의 구조에 따라 나뉨

- 당사자계 심판 : 특허권이 부여된 이후 당사자 간에 분쟁이 발생한 경우를 판단하는 심판(무효심판 및 권리범위확인심판 등이 해당)
- 결정계 심판 : 심판의 당사자로서 청구인만이 존재하며, 상대방은 특허청장인 심판(특허거절결정불복심판 및 정정심판 등이 해당)

특허침해에 대한 이해 및 사례

새로운 사업을 시작할 때 오래전부터 있던 제품 A를 그대로 생산하되, 가격경쟁력

으로 사업을 하는 경우에는 큰 문제가 생기지 않는다. 다만 오래된 제품 A도 자체적으로 무엇인가를 개량해서 새로운 시도 B를 부가하는 경우에는 자신도 모르게 타인의 특허를 침해할 수 있으니 주의할 필요가 있다. 그렇기 때문에 개선된 아이템으로 사업을 하는 경우 사전에 타인이 이와 관련하여 특허를 보유하고 있지는 않은지 조사해야 한다. 다만 타인의 특허를 발견했더라도 그 특허권이 이미 소멸된 것이거나 아직 소멸되지 않았더라도 특허무효가 확실한 것이라면 안심할 수 있다. 새로운 아이템으로 사업을 시작하더라도 보통 CEO들은 타인의 특허 존재에 대해서 무관심한 경우가 많다. 특허침해는 타인의 특허 존재에 대해서 사전에 인지했었는지 여부와는 무관하다. 그러므로 당신이 타인의 특허에 대해서 인지하지 못하고 있었다 하더라도 억울하다고 변명할 수 없는 것이다.

이처럼 사업을 하는 경영자는 신제품을 출시하기 전 신제품이 타인의 특허지뢰를 밟는 것이 아닌지를 꼼꼼하게 확인해야 한다. 특허지뢰를 밟고 나서는 특허가 있는지 몰랐다고 변명해도 소용이 없다. 침해금지판결을 받으면 생산제품 및 생산시설을 모두 폐기하고 특허권자에게 입힌 손해를 배상해야 할 수도 있다. 국내에서만 제조하고 유통하는 것이라면 국내에 타인의 특허권이 이미 존재하는지 확인하면 충분하고, 국내에서 제조하고 미국으로 수출하는 경우라면 국내와 미국에서 이미 타인의 특허권이 있는 것인지를 확인해야 한다.

▌특허침해에 대한 대응전략

특허공격의 위험으로부터 자신을 지킬 수 있다. 기업들은 항상 새로운 시장에 진입하고자 하지만, 동시에 특허권자로부터 경고장을 받게 되는 위험을 사전에 예측해야 한다. 새로운 사업을 시작해야 하는 기업경영자들은 항상 특허분쟁에 대비해야 한다. 특허 침해자에 대한 대응 방안은 특허출원 시와 특허등록 후로 나누어 고려할 수 있으며, 각 경우의 대응 방안을 정리하면 아래의 〈표〉와 같다.

<table>
<tr><th>번호</th><th colspan="2">대응 방안</th><th>대응 방안 설명</th></tr>
<tr><td>1</td><td rowspan="2">특허출원 중</td><td>보상금청구권 발생</td><td>• 경고장 발송에 의해 발생 가능
• 손해배상기간 증대</td></tr>
<tr><td>2</td><td>우선심사청구</td><td>• 특허등록을 빨리할 수 있음
• 제3자의 실시로 이유로 우선심사청구 가능</td></tr>
<tr><td>3</td><td rowspan="3">특허등록 후</td><td>침해여부 판단</td><td>• 특허권자의 침해입증 필요</td></tr>
<tr><td>4</td><td>경고장 발송</td><td>• 특허침해자 의도 파악
• 고의 입증</td></tr>
<tr><td>5</td><td>심사/소송/가처분</td><td>• 적극적 권리범위 확인 판단
• 특허침해금지청구의 소
• 손해배상청구의 소
• 특허침해금지 가처분</td></tr>
</table>

우선권제도

(1) 조약에 의한 우선권제도

국내에 선출원을 하고, 동일한 발명을 1년 이내에 타국에 후출원하는 경우, 조약에 의한 우선권주장출원이라고 한다. 선출원이 등록결정된 것이든 거절결정된 것이든 관계없이 선출원일로부터 1년 이내에 우선권주장출원을 하였다면 선출원과 같은 출원일소급을 받을 수 있다.

(2) 국내우선권제도

국내에 선출원을 하고, 1년 이내에 개량된 발명을 출원하면서 출원일의 소급을 인정받을 수 있도록 한 제도이다. 우선권주장출원 당시에 선출원이 이미 등록결정된 것이거나 거절결정된 것이라면, 출원일의 소급을 받을 수가 없다.

특허출원 전에는 아이디어를 절대로 공개하지 말자

종종 발명자들은 특허출원에 대한 생각을 하지 않은 상태에서 자신의 기발한 아이디어를 알리는 경우가 있다. 아마도 기가 막힌 아이디어를 말하지 않으면 입이 근질근질한 것 같다. 아이디어를 시제품으로 만들어서 판매하기도 하고, 박람회에 출품하기도 하며, 학회에 발표하기도 한다. 최근에는 인터넷이나 SNS 등에 올리는 경우가 많다. 그리고 뒤늦게 아이디어를 먼저 특허출원해야 했는데 하며 후회를 한다.

자신의 발명을 공개한 후에 특허출원하는 것은 매우 바람직하지 않은 상황이다. 물론 「특허법」에서는 출원 전 자신이 공개한 아이디어를 보호하는 제도가 운영되고 있지만, 이는 완전한 보호방법이 아니다. 가장 좋은 방법은 어떠한 이유에서든지 특허출원 전에는 결단코 먼저 공개하지 않는 것이다.

「특허법」에서는 '공지예외규정'이라고 하여 특허출원 전에 자신의 발명을 공개한 경우에 대해서도 일정 요건을 갖추기만 하면 '출원 전 공지가 아닌 것'으로 보아 특허를 받을 수 있도록 하고 있지만, 실제 이러한 제도적 보호를 받을 수 있다고 장담하기는 어렵다. 왜냐하면 이 '공지예외규정'은 자신이 출원 전에 공개한 행위에 대해서만 적용이 될 뿐, 다른 사람이 공개한 행위에 대해서는 적용되지 않기 때문이다. 경우에 따라서 쉽게 해결할 수 없는 상황에 이르게도 된다. 특허출원 전에 무의식적으로 한 공개 행위로 인해서 이후 크게 자신이 손해를 입을 수 있다는 것을 염두에 두어야 한다. 「특허법」의 '공지예외규정'은 이미 엎질러진 문제를 사후적으로 해결하는 수단으로 활용해야지, 특허출원을 미루는 핑계수단으로 활용하지 말라는 이야기다. 다만 이에 대한 지식이 없어서, 또는 자신의 부주의로 인해서 아이디어를 출원 전 공개해버렸다고 하더라도 미리 단정을 짓고 낙담하거나 출원을 포기해버릴 필요는 없다. 그럼, '공지예외규정'에 의해서 보호받을 수 있는 조건은 어떠한 것인가?

- 자신의 공개행위가 있었더라도 1년 내에 특허출원해야 한다.
- 특허출원서의 '공지예외적용'이라는 체크박스에 체크하는 것을 잊지 말아야 한다.
- 이와 함께 그 공개행위에 해당하는 증거자료를 첨부하여 함께 제출한다.
- 자신의 공개행위에 의해서 특허출원이 거절되지 않는다는 것을 뜻하는 것이지, 출원일을 자신의 공개시점으로 소급하여 인정해 주는 것은 아니다. 따라서 그 공개행위와 특허출원 사이에 누군가 동일한 발명을 공개했다면 그것까지 공지예외

로 인정해주는 것은 아니라는 점을 유념해야 한다.

이러한 '공지예외적용' 제도를 '신규성의제' 규정이라고도 부르는데, 공지가 되었지만 신규성이 있는 것과 같이 인정한다는 취지이다. 미국에서는 이러한 1년 기간을 '은혜의 기간Grace Period'이라고 부른다. 한마디로 발명을 공개한 실수가 있었지만 은혜로 봐주는 기간이라는 뜻이다. 이러한 제도는 모든 발명자가 현실적으로 자신의 발명에 대해서 완전하게 비밀로 유지했다가 특허로 출원하는 것이 어렵다는 점을 반영한 것이다. 이러한 예외를 인정하지 않을 경우 발명의 공개가 신속하게 이루어질 수 없고, 결과적으로 국가산업발전을 저해한다는 측면을 고려한 것이다.

특히, 최근에는 개인사업자나 발명가들이 자신의 사업 준비를 하면서, 또는 개인박람회 및 전시회 등에 발명을 출품하면서 불식간에 자신의 발명을 공개하는 경우가 있다. '공지예외적용' 제도를 통해서 이러한 우려를 어느 정도 해결할 수는 있다. 그렇지만 1년이 지나지 않았다고 하더라도 공개된 이후로 출원일까지 시간적으로 동떨어진 경우, 누군가에 의해서 발명이 공개되거나 출원될 가능성을 전혀 배제할 수는 없으므로 불찰로 인한 발명의 공개가 있은 이후라도 가능한 한 빨리 특허출원할 것을 권한다.

경쟁사의 원천특허 극복하기에 주목하자(신규성)

강한 특허를 이용하면 적게 일하고 많이 거둘 수 있다. 특허를 제대로 활용하기만 하면 경쟁기업에 비해 높은 생산성을 유지할 수 있게 되고, 결과적으로 적게 일하면서도 많이 거둘 수 있게 된다. 그토록 꿈꾸던 생산성 높은 기업, 부가가치가 높은 기업을 만들 수 있다는 이야기다.

우리가 잘 알고 있듯이, 우리나라 기업들이 진정한 의미의 연구개발을 시작한 것은 최근의 일이라고 생각한다. 그 전에는 기업의 이미지를 높이기 위한 하나의 실적 발표용 연구 결과들이었다. 그러나 이제 연구개발은 이미지용이 아닌 생존의 문제라는 인식이 확산되고 있다. 그럼에도 불구하고 기술 중심, 연구 중심으로 발전해 온 외국 선진기업들을 따라잡기는 쉽지 않은 일이다. 특히나 외국 기업이 관련 분야에서 원천특허를 가지고 있다면 더더욱 따라잡기 어렵다.

우리는 증기기관의 원조가 아니었던 제임스 와트가 마치 증기기관의 원조처럼 되었고, 스마트폰의 원조가 아닌 애플이 스마트폰의 원조격이 되어 버린 것을 알고 있다. 이를 볼 때 후발주자이더라도 혁신을 이루기만 하면 원천기술을 가지고 있는 세계 제1의 기업도 따라잡는 사실도 가능하다. 원조는 아니었지만 제임스 와트와 스티브 잡스는 공통적으로 세상이 떠받드는 혁신의 상징처럼 되어버렸다. 그 이유는 알고 보면 원천기술을 공략하는 방법에 있다. 제임스 와트와 스티브 잡스에게서 그러한 기술을 배워야 한다.

제임스 와트는 뉴커먼의 증기기관이 원천기술이라고 생각했을 것이다. 하지만 그가 자신만의 탁월한 관찰력으로 뉴커먼의 증기기관이 가지는 문제점을 파악하는 순간 원천기술을 따라잡을 수 있었을 뿐만 아니라, 새로운 원천기술을 탄생시킬 수 있었던 것이다. 그는 뉴커먼의 증기기관이 가지는 특유한 특성 때문에 에너지 효율이 낮을 수밖에 없다는 점을 발견했다. 그 발견이 그를 위대하게 한 것이다. 그 발견이 없었다면 제임스 와트의 증기기관도 탄생할 수 없었을 것이다. 이처럼 스티브 잡스도 이전의 스마트폰이 가지는 조잡스러움과 불편함에 대해서 인식하는 순간 그의 특유한 창의력이 발휘된 것이라고 할 수 있다.

그러므로 경쟁자가 원천기술을 가지고 있다는 것은 장애물이 아니라, 오히려 기회가 될 수 있는 것이다. 원천기술을 가지고 있는 특허권자나 그렇지 않은 제3자나 마찬가지로 동일한 입장에서 기술을 바라보게 된다. 특허권자가 특별히 유리한 입장이라고 볼 수는 없다.

스티브 잡스는 애플이 개발하여 획득한 멀티터치 특허로 모든 스마트폰의 원천기술을 포위할 수도 있었고, 혁신의 아이콘으로 인정받게 되었다. 이처럼 기존의 원천기술을 포위하기 위해서는 많은 특허들이 필요할 수도 있고, 경우에 따라서는 한 개의 특허만으로도 가능하기도 하다. 하지만 한 개의 특허는 언제든지 무효가 될 수도 있는 점을 감안하면, 많은 특허로 원천기술을 포위하는 전략을 구사하는 것이 바람직하다.

무조건 독자적인 새로운 영역의 기술을 개발하는 것만이 중요한 것은 아니다. 오히려 선진기업의 기술을 포위하는 전략을 통해서 나의 기술로 만드는 뒤집기 전략이 더 필요한 시점이다. 구체적으로 오늘부터 당장 선진기업들이 가지고 있는 핵심적인 기술들에 접근해보자. 앞에서 설명했듯이 경쟁사들의 특허공보를 들여다보자. 먼저 적을 알아야 하기 때문이다. 그들이 개발하고 있는 기술들을 보면, 강점을 볼 수 있는 동시에 약점 또한 보일 것이다.

예를 들어, 하이브리드 자동차를 연구하는 연구원이라면 도요타의 특허공보를 통해서 그들의 하이브리드 기술을 집중적으로 파고들어야 한다. 그러면 그 기술의 약점이 보인다. 도요타도 해결하지 못해서 고민하고 있는 문제가 반드시 있을 것이다. 이때 우리 연구원들이 그 문제점을 해결하는 기술을 개발하고 특허를 받아야 한다는 것이다. 그러면 도요타 하이브리드 기술에 우리의 집을 짓는 격이 된다. 그렇게만 된다면 역으로 특허권을 행사할 수 있다.

앞에서 설명한 것을 다시 정리하면, 경쟁기업 또는 명품을 생산하는 기업의 원천특허기술을 따돌리기 위해서는 두 가지 방법이 있다. 첫째, 탁월한 통찰력으로 원천기술의 문제점을 인식하고 이를 개선하는 새로운 해결수단을 찾아내어 이를 특허화하는 것이고, 둘째, 선진기업이 개발한 원천기술이라도 이를 둘러싼 기술들을 조기에 선제적으로 개발하고 또한 특허화 함으로써 주변 여건을 유리하게 만드는 것이다.

김교수의
특허출원 따라하기

CHAPTER 12

상표전쟁 사례

김교수의
특허출원 따라하기

▌동양제과와 롯데제과('초코파이' 사례)

우리나라에서 처음으로 초코파이를 만든 동양제과는 1974년에 '오리온 초코파이'로 상표를 출원했고, 1976년에 상표등록을 받았다. 그러다가 1979년, 롯데제과가 '롯데 초코파이'를 상표로 출원하여 등록받았다. 동양제과는 이 상표등록에 대해 최초에는 이의를 제기하지 않았으나, 롯데 초코파이가 무서운 속도로 성장하여 경쟁상대로 떠오르자, 1997년 롯데제과의 '롯데 초코파이' 상표등록을 무효로 해달라는 무효심판을 청구하였다. 대법원은 이 상고심에서 '초코파이'가 식별력을 잃었고 따라서 양 상표는 비유사하여 '롯데 초코파이' 상표등록이 유효하다고 판결하였다. 즉 '초코파이'가 누구나 쓸 수 있는 이름이 된 것이다. '초코파이' 브랜드를 최초로 가지고 있던 동양제과에게 이 결과는 마치 브랜드의 사형선고와 같았을 것이다. 이 사건으로 동양제과는 '초코파이'라는 브랜드를 상실했고, 수천억에 해당하는 손실을 입었다. 롯데제과는 이후 '롯데 초코파이'의 가격을 올리면서 소비자에게 일반명사가 되어버린 '초코파이'로 제품명을 바꾸었다.

위의 소송에서 대법원은 '초코파이'가 상표를 넘어 동그랗게 생긴 빵에 마시멜로를 넣고 초콜릿을 바른 과자를 지칭하는 명칭으로 이미 인식되고 있다고 말했다. '초코파이'가 특정상품을 지칭하는 명칭 이상으로 관용적인 표현이 되었다는 의미다. 이 경우 '초코파이'는 상표가 가지는 식별력이 상실되어, 상표로서 기능하지 못하게 되었다. 이 사례는 상표등록 후에도 상표를 지키기 위한 조치를 취해야 한다는 교훈을 남겨주었다.

▌명인제약과 애경그룹('이가탄' 사례)

재치 있는 광고 및 상표 덕분에 잇몸 치료제를 떠올리면 '이가탄'이 생각날 만큼 문구는 유명해졌고, 지금도 큰 인기를 누리고 있는 이 상품을 만든 명인제약은 설립 후 제약회사 중에서 순위권에 들만큼 성장했다.

이 상표가 효자상품이라는 것을 알게 된 명인제약은 1992년에 '이가탄'을 구강소독제 분야(05류)에 상표를 출원하여 상표등록을 받았다. 유명해지자 이 이름을 사용하고자 하는 경쟁기업인 애경그룹은 명인제약의 '이가탄가글Igatan Gargle'의 상표(03류)에 대해 불사용 취소심판을 청구하고, 바로 다음날인 2015년 4월 17일에 '이가탄Igatan' 상표를 치약 등 3류에 출원하였다. 불사용 취소심판은 상표권자가 상표등록 후 3년 이상 등록상표를 사용하지 않는 경우 제3자가 등록상표에 대해서 등록 취소를 구하는 심판이다. 즉 A라는 회사에서 'Z' 상표의 등록을 받은 후 3년 이상 해당 상표를 전혀 사용하지 않았다면, B라는 경쟁회사가 'Z' 상표의 등록을 취소시킬 수 있다는 점이다. 상표를 출원하여 상표권을 보유하고 있더라도 3년 이상 등록한 상표를 사용하지 않는다면 해당 상표가 소멸될 수 있는 것이다. 이 불사용 취소심판에 의해 명인제약이 보유하고 있던 '이가탄가글Igatan Gargle' 상표권이 2016년에 소멸되었다. 명인제약이 '이가탄가글Igatan Gargle' 상표를 등록한 후 양치액 및 치약 등에 사용한 적이 없었던 것으로 인정된 것이다.

명인제약은 애경그룹이 출원한 상표가 등록되면 일반소비자들이 상품의 출처를 오인 내지 혼동을 일으킬 염려가 있다며 애경그룹의 상표등록을 허용하면 안 된다고 주장했다. 결국, 특허청에서는 명인제약의 의견을 인정하여 위 3개 상표 모두에 대해 거절 결정을 내렸다. 만약 명인제약이 이의신청을 하지 않았다면, '이가탄탄' 브랜드와 '이가탄' 브랜드는 지금도 서로 공존하고 있을 가능성이 크다. 이런 점을 고려한다면 상표등록 후에 유사한 상표들을 모니터링 하여 등록을 저지하는 행위가 얼마나 중요한지를 알 수가 있다.

1) 상표전쟁의 시대, 꼭 알아야 하는 상표상식

(1) 브랜드와 상표의 차이

- 브랜드는 판매되는 제품이나 서비스가 경쟁자들의 것과 다르다는 출처를 표시하는 역할을 한다.
- 브랜드의 가장 중요하고 본질적인 기능이며, 또한 제품의 품질을 보증해 소비자가 제품을 신뢰하게 하고 제품의 성격과 특징도 쉽게 전달하는 기능을 한다.

- 상표등록은 제품이나 서비스의 출처를 식별하는 기호, 단호, 슬로건, 디자인, 색상 또는 로고를 상표로서 출원하여 등록받은 경우이다.
- 상표는 애플처럼 회사를 나타내거나 아이폰처럼 회사가 생산하는 제품이나 서비스를 나타낸다.
- 브랜드는 하나 또는 여러 개의 상표에 의해 보호되므로, 상표등록은 브랜드를 담는 그릇이다.
- 상표등록이 브랜드의 가치를 지키는 가장 중요한 수단이다.

(2) 상표등록이 중요한 이유

상표를 등록하지 않는다면 다양한 문제들이 발생한다.

첫째로, 브랜드를 창시한 사람이라도 그 브랜드에 대한 상표를 나중에는 등록받을 수가 없다. 상표는 먼저 쓰는 사람이 아니라, 먼저 출원한 사람에게 권리가 주어진다. 상표를 먼저 신청한 자에게 상표권이 주어지는 선착순 싸움이다. 브랜드를 만든 사람이 상표를 가질 수 없다는 것이 불공평하다고 생각할 수도 있다. 그러나 상표는 창작의 대가가 아닌 선택의 문제이다. 그래서 선출원주의를 취하고 있는 한국에서는 상표를 먼저 출원한 사람이 유리하다.

두 번째로, 유사 상표나 모방 경쟁사가 생길 우려가 있다. 브랜드가 유명해지면 모방하려는 자들이 있기 마련이다. 등록상표와 유사한 브랜드나 유사 상표를 타인이 사용하는 것을 발견하면 반드시 초기대응을 확실히 해야 한다. 등록상표를 이용한 경고장 등을 보내 유사 상표를 사용하는 것을 차단해야 한다. 그러나 등록상표가 없다면 타인에게 상표 사용을 금지할 방법을 찾기가 어렵다.

세 번째로, 브랜드를 타인에게 빼앗길 수도 있다. 이렇게 될 경우 자신이 만든 브랜드를 아예 사용하지 못할 수도 있는데, 상표등록을 하지 않은 채 브랜드를 사용하면 타인이 먼저 등록한 상표에 의해 사용을 금지당할 수도 있다. 예를 들어 '고봉민김밥'은 부산에서 고봉김밥으로 시작하여 수백 개의 가맹점을 냈지만, 가맹점주 중 먼저 '古捧(고봉)'을 상표로 등록한 사람에 의해 '고봉민김밥人'으로 브랜드 명을 바꿔야만 했다. 그리고 고봉김밥은 이 분쟁으로 모든 가맹점의 간판과 인테리어를 바꿀 수밖에 없었다.

네 번째로, 상표등록을 하지 않으면 상표분쟁이 일어날 위험이 있다. 국내 「상표법」상 상표권자는 자신의 상표를 독점적으로 사용할 권리를 가진다. 그러므로 자신이 사용하는 등록상표가 타인의 등록상표와 유사하다는 주장을 받더라도 상대방의 침해 주장을 방어할 수 있다는 의미다. 반면, 자신의 등록상표가 존재하지 않는 상태에서 다른 사람의 상표와 비슷한 상표를 사용하면 상대방의 침해 주장에 대처가 어려워진다. 이 경우 상표분쟁 사건으로 번질 위험이 있다.

(3) 상표권, 특허권, 디자인권, 저작권의 구별

• 상표권

상표는 브랜드를 보호하는 가장 중요한 수단이다. 상표등록은 제품이나 서비스의 출처를 식별하는 기호, 단호, 슬로건, 디자인, 색상 또는 로고를 상표로서 출원하여 등록받은 경우다. 상표는 등록이 승인되면 10년의 보호가 부여된다. 지식재산권 중 유일하게 계속해서 연장하여 영구적으로 소유할 수도 있다.

• 특허권/실용신안권

특허는 발명가가 자신이 만든 발명을 세상에 공개하는 대가로 국가는 그 발명을 독점할 권리를 일정기간 주는데 이것이 '특허'이고, 발명에 대해 특허를 받으면 해당 발명에 대해 20년간의 독점권을 부여받는다. 특허와 비슷한 형태인 '실용신안'은 극히 용이하게 발명할 수 없을 것을 요구한다. 발명이 얼마나 용이한지 그 정도로 판단하는 것이다. 따라서 발명의 난이도가 낮은 경우 실용신안으로 출원해야 등록될 가능성이 높다.

• 디자인권

디자인권은 제품의 외형을 보호하는 권리다. 특허가 기능성을 보호한다면, 디자인권은 심미성을 보호한다. 사실 미국의 '디자인특허'는 우리 법에서 '디자인권'에 해당한다.

• 저작권

저작권은 저작자의 권리를 보호하며, 모든 창작물은 「저작권법」의 보호를 받는다. 저작권으로 보호되는 저작물에는 예술작품을 포함해 컴퓨터 프로그램, 웹사이트 디자인, 건축 도면 및 제품 설명서와 같은 비즈니스 산출물도 해당된다.

(4) 표장의 유사

상표의 유사판단에 있어서는 경우에 따라 혹은 판단하는 주체에 따라 주관적 의견이 개입되어 전혀 다른 결과를 나올 수도 있다. 「상표법」, 판례 및 심사 기준은 이에 대한 가이드라인을 제시하고 있다.

• 동일한 상표

'완전히 동일하다'라는 의미의 물리적 동일뿐만 아니라, 거래 사회통념 상의 동일을 의미하기도 한다. 물리적으로 완전히 동일하지 않아도 수요자에게 동일한 상표로 인식될 수 있을 정도로 이해하면 된다. 단순히 상표 자체를 확대, 축소한 것뿐만 아니라 글씨체를 약간 변형하여 사용하는 것도 동일한 상표로 판단된다.

• 유사한 상표

두 개의 대비되는 상표가 동일한 것은 아니지만 외관, 칭호, 관념 중 어느 한 가지 이상이 비슷하게 보이는 것을 의미한다. 이로 인해 수요자가 상품의 출처에 대한 오인, 혼동을 일으킬 우려가 있는 경우를 가리킨다. 문자 상표의 경우, 광고매체의 광범위한 보급에 따라 호칭이 가장 중요한 판단 기준이 된다. 특히 짧은 음절로 구성된 문자 상표는 첫음절의 칭호가 비중이 가장 크다고 할 수 있다.

(5) 저명 상표

일반적으로 고가의 외국 명품 브랜드부터 아디다스, 나이키 등 대중적인 브랜드까지 주변에서 쉽게 찾아볼 수 있다. 저명 상표는 신용도나 주지도가 매우 높기 때문에 저명 상표와 동일하거나 유사한 상표를 사용하려는 시도가 많이 나타난다.

이에 「상표법」과 「부정경쟁방지법」은 저명 상표가 갖는 권리의 효력을 이중 업종까지 넓혀 광범위하게 보호하고 있으므로, 누군가 저명 상표를 등록된 업종이 아닌 전혀 다른 업종에 사용하더라도 침해에 해당할 수 있다는 점을 주의해야 한다.

• '버버리 노래방' 사건

지난 2009년, 영국의 패션 업체인 '버버리'사가 한국의 버버리 노래방을 상대로 2천만 원의 손해배상 소송을 낸 적이 있다. 1심에서는 "명성이 손상됐다는 객관적인 수치나 결과가 없어서 배상할 필요가 없다."며 재판부가 한국 노래방 측의 손을 들어줬으나, 2심에서는 "권리가 침해되었으니 노래방은 250만 원을 버버리 측에 배상하라." 라는 판결이 나왔다. 결국 노래방 측은 영국 버버리社에 250만 원을 배상해야만 했다.

(6) 유명인의 이름 상표

유명인의 이름을 상표등록 하는 것은 주의를 요한다. 살아있는 저명한 인물의 경우에는 그 사람의 동의를 얻지 않으면 상표등록이 불가능하다. 저명한 타인의 인격권을 보호하기 위함이다. 그 저명한 인물이란 국민 대다수가 그 이름을 인지하는 정도의 수준을 요구한다. 현행 「상표법」은 유명인의 이름의 경우 본인의 동의를 받아야 등록을 받을 수 있도록 하지만, 저명한 고인의 이름은 고인과의 관계를 허위로 표시하거나 고인을 비방, 모욕 또는 나쁜 평판을 받게 할 염려가 있는 경우가 아니라면 상표등록이 가능하도록 하고 있다.

(7) 상표 유효기간

일반적으로 등록된 상표권의 유효기간은 상표등록일로부터 10년이다. 즉 특허청에 상표를 등록한 뒤, 등록일로부터 10년이 지나면 상표권이 소멸한다. 다만 상표권은 다른 지식재산권과는 달리 갱신제도를 가진다. 이는 상표권 제도의 주요한 특징 중 하나이다. '존속기간 갱신등록 신청'을 통해 상표권의 존속기간이 만료되기 전 1년이나 존속기간 만료 후 6개월 이내에 갱신등록 신청서를 제출하는 경우, 상표권의 존속기간은 10년씩 갱신된다.

(8) 상표의 재산적 가치

기업이 브랜드를 내세워 자체적으로 생산하는 제품이나 서비스는 기업의 가장 큰 자산이 될 수 있다. 브랜드 가치를 높이면 동일한 브랜드를 공유하는 신제품의 성공 확률을 높일 수가 있다. 또한 브랜드는 유통시장에서 경쟁사보다 우위를 가지게 한다. 대형 백화점들이 명품브랜드를 앞 다퉈 입점 시키려는 것을 떠올리면 되는데, 이는 브랜드 가치가 시장에서 기업의 성공에 직접적인 영향을 끼친다는 것을 보여준다.

• 브랜딩

브랜드는 소비자가 제품을 인식하는 첫 단계이다. 제품 간 차별성을 부여하고 소비자들이 브랜드를 선택하게끔 유도한다. 그래서 브랜드의 이름을 정하는 것은 기업의 운명을 좌우하기도 한다. 브랜드의 이름을 정하는 것을 '브랜드 네이밍'이라 한다. 브랜드 네이밍을 위해서는 크게 마케팅적 적합성, 경쟁사와의 차별성, 디자인 적용성, 상표등록성을 고려해야 한다.

마케팅적 적합성을 판단하기 위해서는 수립된 마케팅 전략 방향에 적합한가, 발음하기 좋은가, 경험이나 감성에 호소하는 브랜드인가, 부정적 이미지 연상은 없는가 등을 고려하게 된다. 즉 일반적으로 부르기 쉽고, 좋은 이미지를 가지고, 기억하기 용이하여 오랫동안 기억에 남아야 한다. 경쟁사와의 차별화를 위해서는 타사 브랜드와 동일하거나 유사하지 않은가, 화제성이 있는가 등을 고려한다. 즉 다른 상표와 구별하기 쉽고, 광고 · 선전 등에 유용한 것이 바람직하다. 디자인 적용성을 위해서는 상표 이외에 로고 등이 디자인적으로 이루어졌는지, 혹은 디자인적 요소가 쉽게 고객에게 어필될 수 있는지 등을 고려한다. 즉 좀 더 세련된 이미지를 전달하기 위한 고민으로, 대부분의 회사에서 브랜드에 BI 작업 등을 통해 로고 작업을 하고 있는 이유이다.

브랜드를 선정할 때에는 상표등록이 가능한 브랜드를 골라야 한다. 상표등록을 받을 수 없다면 자신의 것으로 만들 수 없기 때문에 브랜드가 아무리 부르기 쉽거나 듣기 좋아도 소용이 없다. 「상표법」을 모르는 사람이 브랜딩을 하는 경우 대부분 이 부분에서 실수를 하여, 처음부터 상표등록이 불가능한 브랜드를 만드는 경우가 자주 있다.

• 식별력 있는 상표 고르기

어떤 상표를 보았을 때, 해당 상품이 누구의 것인지를 구분할 수 있게 하는 것이다. 자타 상품 식별력이 없는 상표는 동일하거나 유사 상표가 없어도 등록받을 수가 없다. 또한 「상표법」상 등록을 받을 수도 없다. 위와 같은 상표들을 특정인에게 독점하도록 하는 경우 관련 업계의 경쟁을 지나치게 제한할 우려가 있기 때문이다.

2) 식별력이 없는 상표의 사례

(1) 상품의 보통명칭을 그대로 표시한 경우

식당을 운영 중인 ○○○은 자신이 판매하는 '고구마'에 상표를 붙여 사용한다고 가정해보자. 고구마는 보통 명칭으로 누구든지 자유롭게 사용할 수 있는 것이 원칙이다. 그런데 ○○○은 '고구마'라는 명칭을 혼자만이 단독으로 사용하고 싶어 상표출원을 한다면 등록이 가능할까? 특허청은 상품의 보통명칭을 그대로 표시한 경우에 해당하여 식별력이 없다는 이유로 등록을 불허할 것이다.

(2) 상품의 관용적 명칭을 그대로 표시한 경우

비의 노래제목 '깡'과는 다른 의미지만, 과자업계에서 주로 사용하는 '깡'이라는 단어는 관용적으로 사용하는 표현이다. 주로 '새우깡', '양파깡', '감자깡', '고구마깡' 등을 떠올릴 수 있다. 따라서 이러한 단어들은 동종업자들에 의해 자유롭게 사용되는 상표이므로 식별력이 없어 상표등록이 불가능하다.

(3) 상품의 성질이나 원산지를 그대로 표시한 경우

'일품', 'KS', '청정', '유기농', '상', '중', 'A+++', '1등급' 역시 상품의 품질을 나타내는 단어이므로 식별력이 없다. 예를 들어, 우유에 대해서 유기농이라는 상표는 식별력이 없어 개인이 독점할 수 없는 단어이고, 가방에 Super라는 상표는 누구든지 사용 가능하지만 이 역시 독점할 수는 없다.

(4) 현저한 지리적 명칭을 그대로 표시한 경우

일반적으로 서울시, 부산시, 영등포구 등은 누가 어디에 쓰든 식별력이 없는 상표이다. 뉴욕이나 파리 등도 마찬가지다. 그래서 파리바게트는 중국에서 자사의 상표등록을 무효로 하는 판결을 받았다. 종로학원, 장충동왕족발 등 현저한 지리적 명칭에 업종을 그대로 추가한 경우도 마찬가지다.

(5) 흔히 있는 성 또는 명칭만으로 구성된 상표

'박상사', '김총장' 등 흔히 있는 성을 직위나 장소와 결합한 경우 등과 같이 개인의 성 뿐만 아니라 법인, 단체, 상호임을 표시하는 명칭은 등록이 어렵다. 우리 상표 심사기준은 현실적으로 다수가 존재하는 경우는 물론이고 관념상으로 다수가 존재하는 것으로 인식되고 있는 경우까지를 포괄한다.

(6) 간단하고 흔한 표장을 그대로 표시한 경우

'가, 나, 金'처럼 하나의 음운으로 이루어진 한글이나 한자는 식별력이 없다. 다만, LG, CJ, GS, NH, KT, SK' 등은 실제 오랜 사용에 의해 특정인의 출처 표시로 직감되므로 예외적으로 식별력이 인정된다.

남의 상표를 사용하고 싶다면?

「상표법」 제119조1항3호는 '상표권자 · 전용사용권자 또는 통상사용권자 중 어느 누구도 정당한 이유 없이 등록상표를 그 지정상품에 대해 취소심판청구일 전 계속하여 3년 이상 국내에서 사용하고 있지 아니한 경우' 상표등록의 취소심판을 청구할 수 있도록 하고 있다. 쉽게 말해서 상표등록 후 3년 이상 상표가 사용되지 않는 경우 누구든지 그 상표에 대해 취소심판을 제기해서 취소시킬 수 있다는 점이다.

상표의 사용 여부를 먼저, 포털 검색사이트에서 등록상표가 부착된 제품이 판매되고 있는지 상표명을 검색해 보자. 그러나 아무리 검색해도 해당 상표가 검색되지 않을 수도 있다. 그렇다면 상표권자를 검색해야 한다. 개인이라면 확인이 어렵겠지만, 법인이라면 회사 홈페이지가 별도로 있는지를 확인한다. 홈페이지에서 제품 판매가 과거에 이루어졌는지, 현재 사업이 진행 중인지 등을 파악한다. 만약 홈페이지를 통해서도 확인이 되지 않는다면 상표를 사용하지 않았을 가능성이 비교적 높다. 그러나 온라인상으로만 검색하는 것은 한계가 있다. 오프라인으로 판매할 가능성을 배제할 수 없기 때문이다. 이 경우 상표권자 이름으로 주소 및 연락처가 검색된다면 실제 해당 사업체가 있는지, 있다면 제품 판매가 이루어지고 있는지를 직접 전화해서 그 여부를 확인해 볼 수 있다.

내 상표등록, 이렇게 하자

사업 초기 또는 사업 진행 중 마음에 드는 상표를 결정했다면 이를 독점적으로 사용하기 위해 반드시 상표등록을 해야 한다. 우리나라는 상표를 먼저 사용하는 사람에게 상표권을 부여하는 것이 아닌, 상표 출원을 먼저 한 사람에게 상표권을 부여하는 선출원주의를 바탕으로 「상표법」을 운영한다.

우선심사를 활용하자

상표우선심사제도는 출원된 상표가 일정한 요건을 갖추면 다른 출원보다 우선적으로 심사를 해주는 제도를 말한다. 상표에 관한 심사는 출원 순서에 따라 행해지는 것이 원칙이다. 그러나 모든 출원에 대해 이러한 원칙을 적용하다보면 공익이나 출원인의 권리를 적절하게 보호할 수 없게 된다.

이에 따라, 「상표법」에서는 일정한 요건을 만족하는 출원에 대해서는 출원 순서와 관계없이 다른 출원보다 먼저 심사할 수 있도록 우선심사제도를 운영하고 있다. 일반 심사의 경우 상표등록까지 평균 8~10개월이 걸리지만, 우선심사를 하는 경우 등록까지의 기간이 약 4~5개월로 단축된다. 상표 출원인은 상표등록증을 보다 빨리 손에 쥘 수가 있다. 이처럼 상표 출원인 혹은 이해관계인이라면 우선심사를 신청할 수가 있다. 그러나 중요한 것은 상표를 현재 사용하고 있거나 사용예정 중인 경우에만 우선심사의 대상이 된다.

침해 경고장을 받은 경우 살펴볼 것들

(1) 등록된 상표인지 확인할 것

경고장에 표시된 등록번호를 특허청 상표 검색사이트인 키프리스에서 검색하는 것도 좋은 방법이다. 만약 등록번호로 검색되었을 때, 상표가 소멸했거나 거절되어 등록되지 않은 상태라면 상표 침해는 걱정할 필요가 없다.

(2) 보호범위 내의 사용인지를 확인할 것

해당 상표가 자신이 사용하는 상표와 유사한지를 살펴보고, 사용 중인 상품이나 서비스가 서로 일치하는지도 확인해야 한다. 사용 중인 상표를 등록상표와 비교하여 식별력이 있는 부분을 사용한 것인지를 따져보아야 한다.

(3) 상표로서의 사용인지를 확인할 것

상표로서의 등록된 상표가 존재하고, 이와 유사한 상표를 사용했다면, 다음으로 그 상표 사용이 단순히 성명 또는 상호적으로만 또는 디자인적으로만 사용한 것인지를 확인할 필요가 있다. 「상표법」은 성명이나 상호와 같은 인격권적인 성격의 표지를 통상적인 방법으로 사용한다면, 상표등록이 되어있을지라도 누구나 사용할 수 있도록 하고 있기 때문이다.

(4) 선사용권 여부를 확인할 것

등록상표의 출원 전부터 자신이 해당 상표를 먼저 사용하고 있었다면, 선사용권을 고려해 볼 수 있다. 「상표법」은 타인의 상표 출원 전에 이미 사용하여 국내에서 어느 정도 알려진 상표의 경우 해당 상표가 등록되더라도 계속하여 사용할 수 있는 권리를 부여하기 때문이다. 따라서 경고장에 표시된 등록상표의 출원 시점이 자신이 상표를 처음 사용하기 시작한 시점보다 전인지 후인지를 따져보아야 한다.

누군가 내 상표를 사용할 경우의 대응방법

(1) 우선 침해 사실여부를 확인

등록상표의 권리 범위는 그와 동일하거나 유사한 상표를 지정상품과 동일하거나 유사한 상품에 사용한 경우에 해당한다. 권리 범위 내에서 상표를 사용했다면 결과적으로 침해가 맞는다고 결론내릴 수 있다. 침해자가 상표를 상표로서 사용한 것인지 혹은 상호나 디자인으로서 사용한 것은 아닌지를 고려해야 하고, 선사용권이나 상표권의 효력제한 사유 등은 없는지도 고려해야 한다.

(2) 경고장을 발송

상표권자가 자신의 권리를 침해하는 것으로 판단되는 자에게 서면으로 '자신이 등록번호 ○○의 상표권자이며, 받는 이가 현재 특정 행위로 상표권을 침해하고 있으므로, 침해를 중지하고 손해를 배상하는 등의 행위를 하라'라고 요청하는 서신입니다. 요청사항에는 재발방지를 위한 각서 작성이나 합의금을 요구하기도 한다. 경고장 자체는 단순히 요청사항을 적은 문서에 지나지 않지만, 경고장을 내용증명으로 송달받은 후에도 상표권을 계속해서 침해하면 상대방은 추후에 고의가 아니었다는 주장을 할 수가 없다.

(3) 침해금지 소송을 청구

상표권자 또는 전용사용권자는 자기의 권리를 침해한 자 또는 침해할 우려가 있는 자에 대해 그 침해의 금지 또는 예방을 청구할 수 있으며, 이에 더하여 침해 행위를 조성한 물건의 폐기, 침해 행위에 제공된 설비의 제거나 그 밖에 필요한 조치를 청구할 수 있다.

(4) 침해금지 가처분을 신청

침해금지 청구소송을 제기한 후 확정 결과에 이르기까지는 장기간이 소요된다. 문제는 이 기간 동안 침해자가 증거를 인멸할 위험이 있다는 사실이다. 그러므로 상표 침해를 신속하게 금지하기 위해 법원에 침해금지 가처분 신청을 제기할 수 있다. 현실적으로 침해가 이루어지고 있는 경우는 물론, 침해의 우려가 있는 경우에도 추후에 일어날 일을 예방할 수가 있다. 이 경우, 금지 청구를 하면서 침해 행위를 조성한 물건의 폐기, 침해 행위에 제공된 설비의 제거 등 상표 침해를 방지하는 조치를 미리 청구할 수 있다. 가처분 신청이 인정되는 경우 피해를 최소화하기 위한 즉각적인 사용 중단의 효과가 생기게 된다.

(5) 손해배상을 청구

상표권이 공유인 경우에는 다른 공유자의 동의 없이 자신의 지분에 관한 손해배상 청구를 할 수 있다. 이 손해배상청구가 가능하려면 아래의 조건을 만족해야 한다.

- 제3자의 위법한 권리침해
- 침해행위에 고의 또는 과실
- 침해로 인해 손해가 발생
- 침해행위와 손해 발생 사이에 상당한 인과관계

김교수의
특허출원 따라하기

CHAPTER 13

창의적인
특허만이
살아남는 시대

김교수의
특허출원 따라하기

등록된 특허를 인수하기 전 살펴야 할 것들

특허기술에서 해결하고자 하는 과제가 무엇이고 그 과제를 얼마나 효과적으로 해결할 수 있는 기술인지를 파악하고, 향후 시장에서 얼마나 반응이 좋을지 등을 생각해야 한다. 특허가 무효로 될 가능성은 없는지에 대해서도 검토해야 한다. 불특허 대상에 해당하는 것인지, 실시 불가능한 기술이라든가, 또는 출원 전에 이미 공지된 기술이었는지 등도 검토해야 한다. 다만, 특허가 무효화될 가능성이 존재하더라도 특허의 정정에 의해서 충분히 문제를 해결할 수 있는 것이라면 상관이 없다.

경쟁자가 특허기술을 회피하는 것이 용이한 것인지에 대해서도 살펴야 한다. 만약 특허의 보호범위가 지극히 좁게 설정되어 있어서 특허를 매입하더라도 누구나 그 특허를 회피할 수 있는 것이라면 그 또한 무용지물의 특허가 될 것이기 때문이다.

해외 특허출원의 중요성

우리 기업이 외국에서 소를 제기하여 외국기업을 이기기 위해서는 먼저 해외특허권을 획득해야 한다. 우리의 독자기술로 획득한 탄탄한 해외특허권이 있어야 자신있게 소를 제기할 수 있다. 사실 이러한 경험이야 말로 특허를 기반으로 하는 기술개발과 경영전략의 밑거름이 될 것이다. 개인이든, 중소기업이든, 대학이든, 국책연구소나 대기업이든 관계없이 신기술을 개발했다면 특허로서 보호받을 만한 것인지에 대해서 결정을 해야 한다. 시장이 주로 어디에 형성될 것인지를 예측하고 국내시장을 위한 것이라면 국내특허출원으로 충분하겠지만 필요하다면 해외출원을 해야 한다. 일본, 중국, 미국, 유럽에 특허를 출원할 필요가 있는지를 검토해야 한다. 다만 비용이 만만치 않기 때문에 신중하게 결정해야 한다.

이제 우리나라는 미국과 일본, 유럽, 중국에 이어 해외출원을 많이 하는 나라이다. 그러나 해외출원 건수보다 더 중요한 것은 얼마나 강한 특허인가 하는 것이다. 정부와 대기업뿐만 아니라, 창의적인 활동을 하는 일반인들도 강한 특허에 대한 마인드를 가져야 할 때이다. 그래야만 다시는 좋은 기회를 놓치는 일이 생기지 않는다.

❚ 아이디어를 자신의 것으로 만들자

특허공보에는 종래 기술에 있는 문제점, 해결 과제, 그리고 창의적인 사고들이 자세하게 기재되어 있다. 여기에는 선진기업들이 어떻게 창의적인 사고를 해나가는지에 대한 훌륭한 사례들이 자세하게 기재되어 있다. 선행 기술문헌에는 특허문헌뿐만 아니라 학교교재, 간행물, 신문 등도 해당된다. 그중에서 특허공보는 아이디어의 보물창고이다.

다이슨社의 선풍기를 예로 들어보자. 지금까지 선풍기 시장은 레드오션이었다. 모두가 더 이상 새로운 기술이 나올 수 없다고 생각했기 때문이었다. 그럼에도 불구하고 다이슨은 '날개 없는 선풍기'라는 고부가가치 제품을 창출해 냈다. 어떻게 그것이 가능했을까? 어떻게 '날개 없는 선풍기'라는 개념을 새롭게 탄생시킬 수 있었을까? 물론 그게 불가능한 것은 아니지만, 알고 보면 다이슨社도 모든 창조적 아이디어를 스스로 만들어내지 않았다. 그들은 이미 특허공보에 공지된 창조적 아이디어들을 살짝 응용한 것뿐이다.

스티브 잡스가 특허문헌을 통해서 공지된 다른 사람의 창조적 아이디어를 채용하여 새로운 것을 창조해 낸 것처럼, 다이슨社도 오래 전에 발행된 일본 공개특허공보에서 '날개 없는 선풍기'의 개념을 발견했다. 더욱이 일본 출원인은 특허를 받지도 않았고 이미 20년 이상이 지났기 때문에 아무도 독점권을 행사할 수 없다는 것을 알았다. 다른 어떤 회사라도 이러한 아이디어에 기초해서 상품화시킬 수가 있었다. 그런데 오직 다이슨社만이 그 일본인의 독특한 아이디어를 자신의 것으로 만들었다. 단순히 채택한 것이 아니라, 차별화하여 특허등록을 받았을 뿐만 아니라, 디자인에 신경을 써서 차별화, 고급화를 시도했다. 즉 특허공보에 나타나 있는 '날개 없는 선풍기'의 원형 테두리에 공기역학적 노즐을 창조하여 장착하고 세련된 디자인으로 고급화를 지향했다.

다이슨은 종래의 선풍기에 새로운 옷을 입힌 것이다. 이것이 가능했던 것은 공지된 선풍기의 모든 아이디어를 다 꿰뚫고 있었기 때문이다. 연구원이라면 자신의 머리만 믿어서는 안 된다. 특허공보를 통해서 역사적인 천재들로부터 아이디어에 대한 힌트를 얻어낼 수 있다.

다이슨만의 창의적인 특허 적용사례

(1) 기존 기술의 틈새를 공략하자

다이슨社의 '날개 없는 선풍기'는 출시되자마자 세간의 큰 관심을 모았다. '날개 없는 선풍기'는 상품화된 적이 없었기 때문이다. 그러나 앞에서 보았듯이 '날개 없는 선풍기'는 이미 다른 발명가의 머릿속에서 착안된 적이 있었고, 이것이 특허공보를 통해 세상에 알려진 것이었다. 원형테두리에 공기틈새가 구비된 '날개 없는 선풍기'는 원래 공공의 영역에 속하던 것으로서 주인이 없던 것이었다.

대부분의 사람들은 이 특허공보를 발견조차 하지 못했을 뿐만 아니라, 이미 발견한 이들조차도 이를 상품화할 생각을 못했던 모양이다. 오직 다이슨만이 이를 보고 상품화하고자 결단하였다. 아마도 상품화 과정에서 문제점들이 드러났을 것이다. 바람이 너무 약해서 선풍기로 쓸 수 없다는 것이 가장 큰 문제점이었을 것이다. 하지만 다이슨社는 상품화 과정에서 바람의 세기를 강하게 할 수 있는 아이디어를 찾아내는데 집중하였다. 그리고 이제 다이슨은 그 기술의 주인이 되었다.

이처럼 누구나 공공 영역의 기술을 개량하면 맨땅에서 시작하는 것에 비해 어렵지 않게 기술을 자기 것으로 만들 수가 있다. 누구나 특허공보에서 금강석을 발견할 수 있으며, 가공하여 세계에서 가장 아름다운 다이아몬드를 탄생시킬 수 있다.

(2) 광고홍보 특허 전략

다이슨의 특허전략 중 특이한 점이 또 하나 있다. 광고를 이용한 특허 홍보 전략이다. 각종 미디어를 통해서 '날개 없는 선풍기'가 자신만의 특유한 특허기술임을 세계에 알리는 것이다. 그러면 소비자뿐만 아니라, 동종 업계의 경쟁자들도 이 기술에 대한 특허권자가 누구인가에 대해 의심을 하지 않게 된다. 다이슨의 광고를 유심히 보면 이 점에 포커스가 되어 있다는 것을 한눈에 알 수가 있다.

❚ 아이디어를 만드는 전략

1) 빅히트 아이디어

(1) LG 스타일러

'LG 스타일러'는 2011년 처음으로 등장한 이래로 현재까지 패셔니스타들의 호평을 받고 있는 혁신적인 제품이다. 수증기를 쐬면 옷의 주름이 펴지는 원리와 손으로 옷을 털어서 깨끗하게 하는 동작을 기계가 수행하도록 개발되었다. 옷의 먼지를 터는 동작은 옷걸이 부분을 좌 · 우로 흔드는 기계구조로 구현하고, 상자형 몸체 내부에 수증기를 뿜어내는 배출구를 구비하여 옷의 주름을 편다. 일상생활에서 발견한 원리를 기계적으로 결합해서 하나의 제품으로 만든 좋은 아이디어 상품으로 최근 몇 년 사이 판매량이 급격하게 증가하며 필수 가전의 자리를 넘보고 있다.

(2) 날개 없는 선풍기

2009년 다이슨에서 최초로 개발했고, 지금은 많은 회사에서 만들어 판매 중인 제품이다. 이 아이디어는 비행기에서 사용되는 주요 기술들을 적절하게 조합해 완전히 새로운 것을 만들어낸 경우에 속한다. '날개 없는 선풍기'는 소형 날개를 기둥 안에 내장한 제트엔진의 원리로, 공기를 흡입하여 상부의 원형 고리로 배출해서 바람을 만든다. 원형 고리 또한 비행기의 날개 모양을 응용한 단면구조로 되어 있어서 고리 내부에서 배출되는 바람의 속도가 빠르게 증가하여 강한 바람을 만들어낸다.

(3) 부착식 스마트폰 링

'부착식 스마트폰 링'은 손이 작은 사람은 한 손으로 들기가 버거운 경우도 있다.

이런 이유로 대부분 스마트폰의 가장자리를 잡게 되는데, 이 불안정함을 간단한 부착식 링 구조로 해결한 아이디어 제품이다. 스마트폰으로 영상을 보는 경우가 많은 점을 감안하여 일정 각도로 휴대폰을 세워 링을 유지할 수 있는 기능도 포함하고 있어 간단하면서도 상당히 실용적인 아이디어이다.

창의적인 생각을 한 환경의 필요

창조적 아이디어가 새로운 기업 환경에 있어서 핵심 키워드로 등장하고 있고, 창의적인 사고가 긴급하게 요구되고 있다. 그러나 창의적인 사고에 익숙하지 않았던 우리들로서는 중대한 도전이라고 할 수 있다. 바로 우리의 가정, 학교, 직장문화가 창의적인 생각을 제안하는 것에 익숙하지 않은 탓이다. 권위를 더 우선시하는 분위기 때문에 한 가지를 깊이 파는 사람보다, 넓고 얕은 지식을 가진 사람이 더 교양이 있다고 생각하기 때문이다.

그러나 이제 변화가 필요한 시점이다. 얕은 지식을 자랑하는 것을 벗어나서 한 가지라도 전문가가 되어야 한다. 또한 타인의 생각, 특히 아랫사람의 생각을 받아들이는 것에 대해서 익숙해져야 한다. 타인의 생각을 비난하는 행위를 경계해야 한다. 설령 타인의 생각이 합리적이지 않더라도 그 자체로 존중할 필요가 있다. 혁신적인 생각일수록 납득이 안 가는 경우가 많다. 서로 다른 생각을 가지고 있더라도 어떤 생각이 더 좋은지에 대해서 의견을 나누어야 한다. 시간이 걸리더라도 서로의 의견을 수렴하면서 가장 최선의 것에 도달하려고 애쓰는 배려가 필요하다.

이제 스스로 기술의 발전 방향을 결정해야 하기 때문에, 못한다면 결코 세계시장에서 일류기업으로서 인정받지 못할 뿐만 아니라, 지속적인 성장을 기대할 수 없게 된 것이다. 선두기업으로서 주도적으로 기술적 고민거리를 발견하고 먼저 해결함으로써 주도권을 굳혀야 한다. 만약 이러한 기술에 대해서 특허를 획득해 놓는다면 선두기업의 입지를 견고하게 할 수 있게 된다.

연구원의 창의력을 극대화하자

기술집약적인 산업일수록 이러한 경향이 강해져서 석 · 박사들로 이루어진 연구소에서 산업을 선도하는 핵심기술들이 개발되고 있다. 이렇게 사용자(회사)의 업무범위 내에서 종업원이 착안해 낸 발명을 '직무발명'이라고 부른다. 과거에는 개인발명이 많았다면, 이제는 직무발명이 많아진 셈이다.

그렇다면 기업은 세계시장에 경쟁력 있는 제품을 내놓기 위해 몰두하는 기업의 첨병들이다. 그럼에도 불구하고 연구원들은 혁신적인 기술들에 대해서 충분한 보상을 받지 못하고 있다. 개발동기를 부여한다는 차원에서 직무발명 보상금을 충분히 높여야 한다.

직무발명보상제도를 통해서 연구원들이 자발적으로 창의력을 발휘하여 기업에 유익을 제공하도록 유인하기 위함이다. 그럼에도 불구하고 기업에서는 충분한 재정적 여력이 없다는 이유로 직무발명보상제도를 적극적으로 활용하고 있지 못할 뿐만 아니라, 통상은 창의적인 연구원보다는 성실한 연구원에게 더 많은 보상을 한다. 비록 모든 연구원들에게 이런 대우를 할 수는 없을지라도, 특허로 대박을 터트린 연구원들에 대한 적절한 보상은 결국 기업의 수익증대라는 선순환으로 이어질 것이라는 확신을 가져야 한다.

아이디어의 보안

특허의 사업화 비율은 국가마다 다르지만, 한국에서 등록된 특허의 사업화 비율은 40% 정도이고, 성장률은 4%밖에 안 된다. 절반은 특허가 있어도 사업을 시작하지 못하며 시작해도 열의 하나만이 성공한다. 그러나 대학의 특허는 성공률이 더 높다. 중국의 경우, 대학에서 특허를 낸 이후 사업화되는 비율은 5%에 불과하지만, 미국 등 선진국에서 대학 보유 특허의 사업화 비율은 70% 이상이며, 한국 대학은 20%가 넘는다. 이렇게 비율에서 차이가 나는 원인은 개인의 경우 자본금 등 여건의 문제가 있고,

대학의 경우 산업 현장과의 협력이 얼마나 잘 이뤄지느냐에 따라 달라지기 때문이다. 달리 말해서 대학이 현장을 이해하는 정도가 다르다고 말할 수 있다. 한국은 개인이든 대학이든 지식재산권에 대해 아이디어의 시작 단계부터 인식전환과 홍보가 더 필요하다. 특히 아이디어 제안이 지식재산권 확보와 현실적인 사업화로 연결될 수 있는 산학협력과 지식융합의 체계를 더욱 튼튼하게 구축해야 한다.

그러나 대부분의 아이디어는 특허 받기가 어렵다. 그래서 자본금과 선점효과가 중요하다. 자본이 부족하면 사업을 선점해도 주도권을 빼앗긴다. 상표나 디자인특허로 진입장벽을 만들면 자본의 힘을 차단할 수도 있다. 그리고 요즘은 SNS가 있어서 자본보다는 선점효과가 더 큰 힘을 갖는다. 이런 상황에서는 아이디어를 잘 유지하면서 사업을 준비하는 것이 좋다. 자본이 많은 사람이 아이디어를 알게 되면 선점하는 시간이 짧아지기 때문에 영영 그 자본가에게 선점을 놓치고 만다. 만약 당신의 아이디어가 아이디어 경진대회 같은 곳에 노출이 됐고 특허가 없다면, 그 아이디어로 취직을 하거나 헐값에라도 파는 것이 유리하다. 먼저 실행한 회사에 가서 원래 그 아이디어가 자기 것이었다고 우겨도 특허가 없다면 보상받기가 어렵다. 그렇기 때문에 아이디어가 좋다면 어떤 지식재산권을 가질 수 있는지를 비밀리에 조사해야 한다. 변리사에게 의뢰하는 것이 가장 좋다.

아이디어맨들은 잘하는 것에 집중하자

대표적인 골리앗과 다윗의 싸움으로 알려진 삼성전자와 천지인 휴대폰 자판을 개발한 B씨의 사례에서 당시 B씨와 같이 삼성전자 직원이었던 A씨는 문자입력코드 발생방법 및 장치에 관한 아이디어를 직무발명으로 회사에 신고했고, 회사는 이를 기초로 1995년 출원하여 특허1, 특허2를 획득하게 되었다.

한편, 동 회사 직원이었던 B씨 또한 1996년 콤팩트 키보드의 한글코드 입력장치에 관한 아이디어를 직무발명으로 신고하였다. 그러나 삼성전자는 이미 직원 A씨로부터 관련 발명을 승계 받아서 특허출원했기 때문에 굳이 유사한 기술을 다시 승계 받아 직무발명으로서 출원할 필요를 느끼지 못해 승계를 거부하였고, B씨는 자신의 이름으로 출원하여 특허등록(특허3, 특허4)을 받게 되었다.

그 후 2002년 B씨는 재직 중에 삼성전자를 상대로 특허침해소송을 제기하면서 900억 원의 손해배상을 요구하였다. B씨의 배포와 용기는 하였다. 그러나 삼성전자는 특허1, 2에 기하여 B씨의 특허3, 4의 무효를 주장하였고, 처음에 특허심판원은 이들이 서로 다른 기술이라는 이유로 특허 3, 4를 유효로 판단하였으나, 오랜 시간에 걸친 법정공방 끝에 대법원은 특허3, 4가 특허1, 2와 실질적으로 동일하므로 무효라고 보고 특허심판원의 심결을 취소하는 판결을 하였다.(2008.3.13. 판결, 2006후1469, 2006후2196 등록무효(특)) 이에 따라서 특허심판원은 대법원 판결에 따라서 무효확정심결의 절차만을 남겨두게 되었다.

결국 B씨는 삼성전자와의 특허소송에서 완패하고 말았다. 하지만 B씨의 특허가 특허심판원에서 무효로 확정되는 절차만 남겨둔 상태에서 삼성전자와 B씨가 소를 취하에 합의함으로써 B씨의 특허는 파리 목숨처럼 명맥이 유지되는 형태가 되었다.

이렇게 숨만 쉬고 있는 B씨의 천지인 특허에 대해 2010년 C씨가 다시 B씨의 천지인 특허에 무효심판을 청구하였고, 이에 따라서 특허심판원은 천지인 특허를 무효로 심결하였다. B씨는 이번에도 자신의 특허가 무효로 특허원부에 올라가기 전에 특허연차료(특허를 유지하기 위해서는 매년 납부해야 한다)를 납부하지 않음으로써 특허를 소멸(2013년)시켰다. 결국 B씨는 이 특허소송으로 인해 전국적으로 유명해지기는 했지만 자신의 인생 중 10년을 허비했다고 볼 수도 있다. 결국 삼성전자와 B씨 사이의 합의 내용에 따라 골리앗과 다윗의 승부가 갈리는 것이지만, 후반상황이 절대적으로 다윗에게 불리한 상황이었던 점을 감안하면 다윗은 골리앗에게 패배한 것이라고 볼 수 있다.

대법원의 판결과 달리 필자의 사견으로는 특허 3, 4는 특허 1, 2와 다르다고 본다. B씨가 이겼어야 한다고 생각한다. 지나간 일에 대해서 '만약'이라는 상황을 고려하는 것은 부질없는 일일 수 있으나, 필자는 대법원에서 대기업이 아닌 B씨에 유리한 판결을 냈어야 한다고 생각한다. 그럼 우리나라는 분명 달라질 수 있었다. 대기업 삼성은 작지 않은 돈을 잃을 수 있었겠지만, 그로 인해서 기업 안에 죽어 있는 아이디어맨들의 심장을 뛰게 했을 것이고 거대한 삼성의 생산성을 더 높이는 계기가 되었을 것이다.

아이디어맨인 개인들이 직접 특허소송을 하기에는 여전히 위험부담이 크다. 아이디어맨들은 소송전문가가 아니므로 직접 소송을 하기보다는 특허괴물NPE에 특허를 팔아버린다. 발명가는 아이디어맨이고 혁신가이지 소송전문가가 아니다. 소송에서 이긴다는 보장이 없고, 법률의 비전문가인 아이디어맨들은 패배할 가능성이 높다.

아이디어맨들은 어렵지 않게 새로운 아이디어가 머리에서 솟아난다. 또한 아이디어맨들은 새로운 아이디어를 만들어낼 때 행복을 더 느낀다. 물론 이런 아이디어맨들이 직접 벤처기업을 만들어 회사를 경영한다면 굳이 NPE에 특허를 팔 이유가 없다. 직접 제조하거나 서비스를 시작함으로써 얻는 유익이 더 크기 때문이다.

아이디어맨들은 자신의 아이디어를 특별하게 생각하는 경우가 많다. 만약 NPE에서 전혀 관심을 가지지 않는 특허라면, 스스로 자신의 아이디어를 과대평가하고 있을 수 있다. NPE들은 철저하게 특허의 가치를 분석하는데 있어서 전문가들이다. 그러므로 그들이 그 가치를 인정하지 않는 것이라면 자기고집 때문에 특허만 붙들고 있지 않기를 권한다. NPE의 시각에서 좀 더 객관적으로 자신의 특허를 바라볼 필요가 있다.

REAMS 아이디어 도출방법

특허 관련 경험을 바탕으로 최대한 간단하게 적용이 가능한 아이디어 도출 방법을 개발한다.

(1) Remove : 불필요한 부분은 과감하게 제거하자

구성품들을 하나씩 제거해 보면 원래의 속성을 유지하면서도 무게나 부피가 줄어 구성이 단순해져 내구성의 증가로 이어질 수 있다.

(2) Exchange : 좋아 보이는 다른 것과 바꾸자

발명품들이 가지고 있는 장점과 핵심적인 부분을 지금의 아이디어로 만들려고 하는 아이템의 일부분으로 대체해 보는 방법이다.

(3) Add : 상상을 더하자

이전에 없던 새로운 기능을 개발하거나 새로운 환경과 목적에 사용할 수 있는 아이디어를 만드는 방법 중 하나이며, 현장에서 가장 많이 사용되는 발명원리이다.

(4) Change Material : 재료를 바꾸자

바꾼 재료에 따라서 이전보다 무게가 감소하거나, 내구성이 증가하거나, 또는 예상하지 못했던 새로운 기능이 생기기도 한다.

(5) Change Shape : 모양을 바꾸자

모양을 바꾸면 원래의 복잡하던 것이 단순해져서 내구성이 증가하거나 휴대성이 높아지며 새로운 기능이 생겨 상품의 가치도 올라간다.

(6) 문제 해결과정 만들기

먼저 문제를 정의하고 이 문제의 근본 원인을 파악한 후 아이디어 도출방법을 적용한다.

- 문제 : 지우개를 찾기가 어렵다.
- 목표 : 지우개를 쉽게 찾을 수 있는 방법이 필요하다.
- 근본원인 : 지우개와 연필은 따로 떨어져 있다.

(Sample)

- Remove : 지우개는 부분으로 나눠지 않기 때문에, 이 방법은 적용하기가 어렵다.
- Exchange : 지우개 대신 수정테이프, 연필 대신 볼펜으로 대체할 수 있다. 하지만 이것은 근본적인 문제 해결이 아니다.
- Add : 다양한 방법을 생각할 수 있다. 지우개에 위치추적기 달기, 지우개에서 향이 나게 하기 등 상상하기 나름이다. 잘 알려진 대로 연필 끝에 지우개를 붙이는 방법은 이 원리를 적용한 것이다.
- Change Material : 재료가 바뀌면 지우개 본래의 기능을 할 수 없기 때문에 이 방법도 적용하기 어렵다. 하지만 최근 연필과 지우개를 대체하는 볼펜과 볼펜지우개가 상용화되었다.
- Change Shape : 지우개를 눈에 잘 띄는 모양으로 바꾸는 것도 하나의 방법이 될 것이다. 큰 인형 모양이나 도넛 같은 모양으로 손에 끼우는 아이디어도 가능하다.

▌특허 달인의 공통점(반짝이는 아이디어)

(1) 그냥 넘기지 말자

스티브 잡스는 물건을 담고 꺼내는 과정까지 의식을 치르는 것처럼 느끼게 디자인했다. 사물에도 영혼이 있어서 그것의 얘기를 들으며 디자인한 포장지와 박스는 사용자의 눈에도 흡족한 모습으로 완성된다. 집에도 영혼이 있으므로 적재적소 가장 좋은 재료를 쓰다보면 저절로 지진과 폭풍 같은 자연해도 잘 견딘다.

세계적인 히트상품인 '찍찍이 벨크로'는 개와 산책을 하던 스위스와 공학자가 자기 개에게 붙은 '도꼬마리'를 대충 보아 넘기지 않으면서 개발되었다. 확대해보면 '도꼬마리'와 '찍찍이'는 구조가 거의 같다.

개썰매를 타고 5년 동안 북극을 여행했던 생물학자 클래런스 버즈아이는 이누이트족이 낚시를 하는 모습을 보았다. 물고기는 밖으로 나오면 매우 짧은 시간에 냉동되었다. 그런데 냉동된 고기를 요리하려고 집으로 가져가면 다시 살아나는 고기가 있었다. 그는 서서히 냉동되는 것과는 달리, 갑자기 냉동되면 얼었다가 다시 살아날 정도로 신선도가 유지된다는 것을 발견했다. 얼었다가 되살아나는 물고기를 본지 10년 후 그는 식품을 금속판 사이에 놓고 급속히 냉동시키는 방법을 개발했다. 그리고 다시 7년 후 급속냉동으로 싱싱한 생선을 포장해서 파는 회사를 차렸다. 그의 말에서 사업 성공의 비결이 잘 드러난다.

(2) 우선 시도하자

360도로 돌아가며 주변을 살피는 레이더 개발자 로봇 왓슨와트는 다음과 같은 발명 철학을 가지고 있었다.

"마음에 들지 않더라도 일단 한 번 활용해 봐야 한다. 조금 더 좋게 만든 후에 써봐야지 하면 너무 늦다. 최고가 아니면 내보이지 않겠다고 생각하면 실제 쓰일 기회는 절대 오지 않는다."라고 했다.

1964년 스펜서 실버는 접착력이 약한 본드를 만들면서 계획했던 잘 붙는 본드 개발에 실패했다. 하지만 그는 잘 떨어지는 본드를 일단 직원들에게 한 번 써보라고 말했다. 당시 그곳 직원이었던 아트 프라이는 종이에 그 접착제를 바르면 종이를 옮기기 전에는 잘 떨어지지 않는다는 것을 알게 되었다. 이후 10년 만에 제품화에 성공했으며, 현재 우리가 유용하게 사용하고 있다. 만약 그 접착제를 여러 사람이 써보지 않았다면 그 접착제는 오래된 창고에서 썩었을 것이다.

이처럼 자신이 있는 자리에서 뭐든 시도해보고 만들어보는 열정은 발명가들의 공통점이다. 그러나 늘 시도를 해볼 수 있는 것은 아니다. 상황이 불가피할 때는 잠시 뒤로 미뤘다가 다시 기회를 잡는 경우도 있다.

좋은 아이디어 획득방법

(1) 일상을 자세히 보는 관찰력

동일한 현상이라도 바라보는 각자 다른 사람들의 시각, 즉 관찰력에 따라 문제를 정의하는 기준이 달라진다. 기업에서 고객에게 제공하고자 하는 상품이나 서비스를 기획하는 일은 고객의 니즈를 파악하기 위해 타깃 소비자의 생활을 관찰하는 것에서부터 시작된다.

(2) 새로운 것에 대한 호기심

호기심이란, 새롭고 신기한 것을 좋아하거나 모르는 것을 알고 싶어 하는 마음으로 이러한 경험들은 당신의 시야를 넓혀주는 데에 도움이 된다.

(3) 현재를 벗어난 상상력

상상력은 실존하지 않거나 경험해보지 않은 것을 머릿속으로 그려내는 능력으로 고정관념에 얽매이지 않는다는 것을 뜻한다.

(4) 구체적으로 설명하는 표현력

표현력은 방식에 따라 다양하게 나눌 수 있는데, 말로 설명하는 것, 글로 설명하는 것, 그림을 활용하는 것이 있다. 이 표현법 모두 연습으로 충분히 향상시킬 수 있다.

(5) 지금부터 실천하는 실행력

실행력은 오늘날 기업에서 가장 중요시 여기는 역량으로, 아이디어를 만드는 과정에서도 실행력이 동반되지 않는다면 아무리 좋은 아이디어가 내 머릿속에서 번뜩이더라도 사라지는 것은 순간이다.

(6) 오픈 마인드를 가지기 위해 노력하자

동일한 문제에 대해서도 그들이 처한 환경과 입장에 따라서 바라보는 시선이나 생각이 너무나도 다르다.

(7) 불편함을 다르게 바라보자

인간의 기억력은 휘발성이 강해 불편함으로 인지되는 순간 어딘가에 기록해 두지 않으면 단순히 불편한 순간으로 지나가 버리고 당신의 기억 속에서도 영원히 사라질 가능성이 높기 때문에, 불편함을 인정하고 메모하는 습관이 중요하다.

(8) 새로운 경험을 나눠줄 수 있는 사람들을 만나자

하루아침에 좋은 친구나 좋은 파트너를 만들기는 어렵기 때문에, 다양한 사람들이 속해있고 활동하는 모임에 나가는 것을 추천한다. 조금만 시선을 돌려 다른 환경의 집단에 나가게 되면 다른 자극과 다른 정보를 쉽게 얻을 수 있고, 기존에 관심조차 가지지 못했던 문제를 발견할 수 있을 것이다.

특허를 만드는 아이디어 메모

(1) 아이디어 타이틀

무엇이든 제목이 중요하다. 제목만으로 무엇인지 곧바로 떠올릴 수 있는 것이 좋다.

(2) 문제의 정의

문제를 정의하는 과정은 아이디어가 만들어지게 된 배경이라 할 수 있다. 따라서 어디에 사용하는 아이디어인지 정확하게 이해하기 위해서는 문제의 정의를 기록해 둘 필요가 있다.

(3) 아이디어의 목적

아이디어의 목적 또한 이 아이디어를 어디에서 어떻게 사용하는지 이해하는데 도움이 된다.

(4) 문제의 해결방법

아이디어의 핵심을 기록하는 부분으로 아이디어를 만들기 위해 필요한 구조와 원리 등을 메모하면 된다. 그리고 각 부분을 간단한 단어로 정리해서 이 단어들의 사이에 더하기 기호인 +를 넣으면 하나의 발명품으로 이해하는데 도움이 된다.

(5) 아이디어 스케치

아이디어를 구성하는데 필요한 그림을 넣는 부분이다. 가능하면 아이디어를 구성하는데 필요한 모든 부분의 그림들을 다 포함하는 것이 좋다.

음식 레시피도 특허받을 수 있다

우리나라에는 다양한 프라이드치킨이 존재한다. '양념치킨'을 키워드로 해서 특허정보를 검색해 보더라도 수많은 아이디어들이 특허출원 된 사실을 알 수가 있다. 그만큼 매우 많은 사람들이 새로운 조리법의 치킨을 개발해 낸다. 그럼 이러한 새로운 치킨도 특허를 받을 수 있을까?

1990년대 이전만 하더라도 음식물은 자연법칙을 이용한 발명이 아니라는 점, 산업상 이용이 가능하지 않다는 점, 서민들의 식생활을 보호해야 한다는 점에서 특허 대상에서 제외되어 왔으나, 세계적인 특허 대상의 확대 추세에 따라 1990년 「특허법」의 개정으로 음식물이 물질 특허의 한 유형으로 보호받을 수 있게 되었다. 음식물 조리법에 관한 특허를 받기 위해서는 이러한 과학적 지식보다는 조리에 대한 숙련된 경험이나 관심만 있으면 충분하다.

음식물 특허는 누구든지 창의력을 발휘하여 특허받을 수 있는 것이라는 점에서 매우 흥미롭다. 한 예로서, 스파게티요리에 관심을 가지는 사람이라면 검색을 통해서 '오븐스파게티의 제조 방법'(등록번호 10-0358674)이 등록되어 있다는 사실을 쉽게 확인할 수 있을 것이다.

이와 같이 새로운 조리법을 개발하여 독특한 맛과 향을 가지는 치킨을 개발하게 되었다면, 식품 자체 및 그 조리방법에 대해서 특허 획득도 가능하다. 그러나 음식물 특허에서도 마찬가지로 일정한 등록요건이 요구된다. 음식물 자체는 알려져 있었어도 그 제조 방법이 비밀로 유지되어 왔거나 동일한 음식에 대해서 새로운 제조(조리) 방법이 개발된 경우에는 그 방법에 대해서도 특허를 받을 수 있다. 일례로써 식혜라는 음식은 전통음식이지만, 새로운 식혜의 제조 방법에 대해서는 특허등록이 가능하다.

❙ 창조적 생각이 경쟁력의 원천이다

한 개인이라고 하더라도 지식을 만들어 낼 수 있다면 하나의 거대한 기업이 될 수 있다. 조앤 케이 롤링Joan K, Rowling은 우리가 잘 알고 있는 '해리포터' 하나로 벌어들인 인세소득만 1조 원이 넘었고, 그녀의 작품으로 인한 파급효과는 수백 조 원에 이른다고 한다. 누구나 자신의 방 안에서 차별화된 아름다운 스마트폰을 생각해 낼 수 있다면 세계 제1의 기업 애플도 꺾을 수 있는 시대가 된 것이다. 어렵긴 하지만 그렇다고 전혀 불가능한 것도 아니다. 설령 혼자서 어렵다면 몇 명이 모이면 가능성은 훨씬 높아진다.

10여 년 전만 하더라도 CD, MP3플레이어가 주름잡던 시절이었다. 당시 국내기업

아이리버는 정말 대단했다. 파나소닉, 소니를 제치고 가장 얇고 가장 아름다운 멀티 코덱 CD플레이어를 만들어냈고, 미국 시장에서 최고의 시장 점유율을 기록했었다. 거대 일본 기업들을 제치고 혁신적인 제품을 만들어 낸 것이다. 창조적인 부분은 조직의 영역이 아니라, 개개인의 영역이기 때문이다.

첫째, 엉뚱한 상상을 받아들여라!

새로운 가지라는 것이 분명해지고, 이처럼 새로운 기술들도 기존 기술의 한 부분처럼 보인다. 그냥 방향만 살짝 바꾼 것뿐이다. 처음에는 대수롭지 않게 보이던 기술이 연구를 거듭할수록 출중해지게 된다.

3D 프린터를 생각해 보자. 1983년 찰스 헐Charles W. Hull은 자외선을 이용하여 테이블 위에 경화코팅을 하다가 처음으로 입체적인 3D 프린터에 대해서 착안하게 되었다고 한다. 그는 대학에서 물리학을 전공했기 때문에 이론적 배경을 가지고 있었고, 실제 이러한 장치가 가능할 것이라는 것을 인식하게 되었다.

외부에서 제기되는 반대뿐만 아니라, 내부에서 일어나는 부정적인 생각은 새로운 시도를 가로막게 된다. 하지만 새로운 기술이란 처음부터 완벽한 기술로 탄생하는 것이 아니라, 점진적으로 개선되는 것이다.

위대한 발명은 대부분 당장에는 엉뚱하게 보이는 생각들이다. 엉뚱한 생각들이 위대한 발명으로 탈바꿈하기 위해서는 초기 단계에서 결코 무시하지 말고 받아들여져야 한다. 특히 새로운 생각을 제안하는 이들이 조직 내에서 아랫사람일수록 더욱 그러하다. 일본 기업들도 여전히 미국이나 유럽의 기술에 많이 의존하고 있는 것이 사실이지만, 그래도 매우 혁신적인 기술들을 많이 만들어낸다. 특허출원 된 발명들을 보면, 상당히 엉뚱한 것들을 많이 발견하게 된다.

만약 정전식 터치스크린의 아이디어가 제아무리 훌륭했다고 하더라도 터치 감도의 완성도를 높이지 못했다면 감압식을 이기지는 못했을 것이다. 그만큼 좋은 아이디어에 시간과 노력을 투입해서 완성도를 높여야만 성장가능성이 생기게 된다.

둘째, 3D 프린터를 통한 생산수단을 이용하라!

전주 한옥마을에서 한지를 이용한 인형을 만들고 있는 박금숙 대표는 3D 프린터를 이용하여 새로운 시대를 열어가고 있다. 그녀는 원래 한지만으로 인형을 만들거나 비싼 금형으로 일률적으로 만들어진 플라스틱 인형 위에 한지를 덧씌워서 한지인형을 만들었다. 하지만 이제 그녀는 3D 프린터로 다양한 인형 모양들을 만들어 내고 한지를 덧씌워 그만의 독특한 한지 인형으로 탈바꿈시키고 있다. 이처럼 3D 프린터는 기존의 지식산업과 맞물려 제2의 제조업 혁명을 일으키고 있는 것이다.

아이디어맨의 핵심서치

특허등록원부를 참조하면 발명자가 누구인지 알 수 있으며, 현재 누가 특허권을 소유하고 있는지, 어떤 권리관계가 형성되어 있는지 등을 알 수가 있다. 이처럼 출원 전에 존재하는 선행기술을 살펴보는 것은 언제나 중요하다. 자신의 머리만 믿지 말고 타인의 머릿속에 어떤 아이디어들이 있는지도 관심을 가져야 한다. 종전의 특허공보를 살펴보는 것을 선행기술조사라고 한다.

- 착상한 아이디어를 특허출원하기 전에 누군가 동일한 아이디어를 생각하지 않았는지 선행기술을 찾아보자.
- 경쟁사가 특허출원한 아이디어와 동일 유사한 선행기술을 찾아서 특허등록을 차단해보자.
- 경쟁사의 아이디어가 이미 특허 등록된 경우라도 이를 무효화시킬 수 있는 선행기술을 찾아보자.
- 경쟁사의 특허를 회피해서 실시품을 만들고자 할 경우, 유사한 대체 아이디어가 공지되어 있는지 선행기술을 찾아보자.
- 원천기술과 개량기술의 흐름을 파악하고 향후 기술개발 방향을 설정하기 위해 선행기술을 찾아보자.

연구원이나 기술자들이 자신의 관련 분야 선행기술들에 대해서 파악하지 못하고 있는 것이 정당화될 수 없다. 그렇기 위해서 회사는 이들에게 연구만 하도록 할 것이 아니라 반드시 선행기술조사를 위한 시간을 보장해 주어야 한다. 새로운 아이디어를 낸다고 머리를 쥐어짜고 있는 것보다는, 선행기술을 잘 찾아보면 아주 근사한 아이디어들을 얻을 수 있다.

❙ 초보 아이디어, 특허가 된다

(1) 초보 아이디어를 보완하자

대부분의 아이디어는 특허받기가 어렵다. 그래서 자본금과 선점 효과가 중요하다. 자본이 부족하면 사업을 선점해도 주도권을 빼앗긴다. 상표나 디자인 특허로 진입장벽을 만들면 자본의 힘을 차단할 수도 있다. 그리고 요즘은 SNS가 있어서 자본보다는 선점 효과가 더 큰 힘을 갖는다. 이런 상황에서는 아이디어를 잘 유지하면서 사업을 준비하는 것이 좋다.

(2) 특허 전략을 세우자

제임스 다이슨은 특허를 중시하는 CEO로서 특허기술을 회사의 혁신 이미지와 연결시키는데 탁월한 재능을 가진 사람임에 틀림없다. 다이슨社의 TV광고를 보면 감탄이 절로 나온다. 다이슨社의 제품은 어떠한 점에서 경쟁사의 제품과 기술적 차이가 있는지를 시각적으로 보여주기 때문이다. 날개 없는 선풍기의 광고, 무선청소기 광고를 보고 있노라면 기술에 문외한인 소비자들조차도 이 기술이 다이슨社의 것이라고 확신하게 된다. 이러한 광고는 단순 기업이미지 광고가 아닌, 기업을 새로운 기술의 개척자로서 인식하게 한다. 또한 자신이 사용하는 청소기에 대한 소비자들의 이해를 높여서 사용만족도를 높인다고 할 수 있다.

(3) 특허 비즈니스 트렌드

기업에서 특허가 많이 나온다면 다른 기업보다 확실히 앞서가고 있는 것이다. 후발주자를 의식하지 않아도 되고, 투자들이 줄어들까 걱정하지 않아도 된다. 요즘에는 개미 주식투자자도 기업이 개발하거나 인수한 특허까지 분석하는 시대이다. 기업이 도산한 업체의 특허를 가능한 많이 인수하는 이유도 투자유치를 위해서이기도 하지만, 개발시간을 줄여 앞서가기 위해서다. 기업에서 새로운 특허가 나오는 속도가 늦어지면 소송을 통해 후발업체의 속도를 늦추려 하고, 경쟁업체의 고급인력을 빼내 자기 회사로 영입하려는 욕구가 생기기도 한다.

그런데 생태계의 중력인 플랫폼을 장악하는 가장 큰 힘이 바로 사람들에게 편의를 제공하는 특허의 확보에서 나온다. 버튼을 없애고 터치를 쓰게 한 특허는 더 쉽고 인간적이라는 생각을 했기에 사람들이 많이 모인 것이다. 사람들이 모이니 광고도 모여들고, 뭔가 팔고 싶은 기업도 모여들어 생태계를 만든다. 플랫폼이라는 생태계가 커질수록 따라오는 이익은 더하기가 아닌 곱하기로 커진다. 그리고 네트워크를 유지하는 비용은 급격히 줄어든다.

삼성은 어떻게 보면 구글과 애플이라는 두 고래싸움에 상어가 끼어 대신 싸우는 중이라 할 수 있다. 삼성뿐만 아니라 현대자동차도 스마트카의 소프트웨어 운영체제 사용을 구글과 계약함으로써 구글을 응원할 수밖에 없다. 한국의 두 대기업 삼성과 현대는 구글이 플랫폼 전쟁에서 이겨야만 더 큰 이익이 생기게 되었다.

커뮤니티와 문화적 연대로 권력의 이동이 생긴다고 했는데, 구글은 커뮤니티와 문화적 연대로 권력이동이 생긴다고 했는데, 구글은 커뮤니티와 문화적 연대 두 가지를 검색과 메일 서비스, 블로그와 유튜브로 모두 확보해 두었다.

애플과의 전쟁에서 먼저 공격당한 삼성은 고래싸움의 전사가 된 덕분에 관중들에게 주목을 받으며 브랜드 인지도를 엄청나게 올렸다. 애플과 어깨를 겨룬다는 이미지를 전 세계에 확인시켜줬으니 명실상부한 일류기업이 된 것이다. 이런 싸움에서 안타까운 점은 한국기업이 안드로이드 운영체계라는 구글의 원천 특허를 선점하지 못했다는 현실이다. 현대자동차도 스마트카를 만들기 위해 구글과 손을 잡았으니 이제 한국경제의 구글 의존도는 갈수록 커지고 마진율은 줄어들 것이다.

(4) 새로운 특허경쟁

애플이 마이크로소프트의 모망에 대한 소송에서 이길 수 없었던 근본적인 이유가 있다. 원래는 애플 마우스를 이용한 GUI도 제록스 것이었는데, 제록스는 자신이 개발했던 컴퓨터 알토의 값어치를 알아보지 못했다. 그래서 스티브 잡스가 제록스 직원을 스카우트해서 애플 운영체제와 매킨토시를 먼저 완성해 버렸다. 파산 위기를 맞이한 지 오래인 제록스는 오래전 황금알을 낳는 거위를 알아보지 못한 대가를 지금도 치르고 있다. 애플이 GUI 방식을 만들 무렵, 마이크로소프트도 그 방식을 알고 있었다. 그런데 애플이 지나친 욕심으로 특허를 독식하려 하자, 마이크로소프트는 그 방식을 널리 쓰고자 개발에 들어갔다. 이런 갈등은 요즘도 계속되고 있다. 특허권자나 투자자가 특허의 가치와 활용법에 대해 합의를 보지 못해 다른 업체에 시장선점을 놓치는 사례가 대표적이다.

지금 정보통신기술분야에서의 특허전쟁은 사람들의 관심을 끌어 편의를 제공한 후, 경로 의존성을 만들어 영원히 자사 고객으로 묶어두려는 싸움이다. 삼성과 마찬가지로 구글 운영체제를 쓰는 안드로이드폰 제조사 HCT가 거금을 들여 그래픽카드 솔루션 전문업체 S3그래픽을 3억 달러에 인수한 S3그래픽스가 애플과의 특허소송에서 승소한 전력이 있어서다. 애플도 다른 기업과 손을 잡고 캐나다 통신장비업체 노텔 네트웍스가 보유한 특허 6,000건을 45억 달러에 인수했는데, 특허 한 건당 평균가격은 8억 원이다. 6,000개의 특허 중 전혀 쓸모없는 특허가 있더라도 애플 입장에서는 특허 하나하나가 구글과 싸우는 무기이며 갑옷이기에 큰돈을 지불한 것이다.

애플은 스티브 잡스의 영감과 독선에 의존하면서 조직 전체를 닫혀 있도록 만들어 왔다. 그런 이유로 컴퓨터 운영체제의 우위는 마이크로소프트에게 빼앗겼고, 스마트폰 운영체제의 우위는 구글이 차지했다. 앞으로 독선과 폐쇄가 조직을 약하게 만드는 현상은 더욱 심해질 것이다. 애플은 창의적 발명가로 자란 스티브 잡스의 온몸에 쌓여 있던 체험을 그의 죽음과 함께 잃었지만, 그의 체험을 바탕으로 영감을 얻던 방식을 전설처럼 경전에 기록했다. 그런데 과거의 성공법을 담은 경전은 현실에선 대화와 소통으로 이루어지기가 어렵다. 애플은 곧 아이디어를 선도하는 리더십과 시장으로서의 확장성이 약해졌다. 기나긴 세월동안 체험한 성장의 지혜는 책을 통해 전달할 수 없기 때문이다.

지혜가 현장감 없는 말과 글로 전달되면 살아 있는 시장과의 소통이 약해진다. 애플은 이제 조직 자체의 창의적, 개방적 혁명 없이 기업 체질을 바꾸고 돌파구를 찾기에는 구글은 페이스북, 아마존 등이 이미 많은 영역과 플랫폼을 차지해 버렸다. 원천특허를 많이 보유한 애플과 구글 두 기업이 협상으로 특허전쟁을 끝낸다 하더라도, 결국 고객을 많이 확보한 기업이 훨씬 유리하게 마무리된다. 그래서 일종의 지분확보 전쟁처럼 한국전쟁 때 정전협정 직전에 군사분계선을 더 차지하기 위해 백마고지 전투를 벌인 것처럼 두 기업의 특허전쟁은 휴전 전까지 점점 더 치열해진다.

(5) 중소기업에게 닥친 특허전쟁(1인 1개 발명, 한 가정의 특허등록은 창조경제)

한국 내에서도 중소기업을 직접 공격하는 특허소송이 점점 늘고 있다. 특허괴물이 국내 대기업의 방어가 점점 철저해지자 중소기업으로 눈을 돌리기 시작한 것이다. 한국의 중소기업은 기술을 도용한 대기업과 싸우면서 해외 특허괴물에도 대처해야 하는 이중고를 겪고 있다. 한국에서 중소기업이 대기업을 상대로 특허침해 소송을 걸 경우, 이길 확률은 20%대로 선진국의 절반 수준이다. 그 이유는 소송비용 부족과 대기업에 더 유리한 판결 문제가 동시에 존재하기 때문이다. 그래서 중소기업일수록 특허를 관리하면서 소송에 대비할 필요가 있다.

이처럼 중소기업이 불리한 상황에서 특허괴물이 제조업체에 건 특허소송 건수는 2011년 이후 10년 만에 9배를 넘기고 있다. 소송당하는 제조사 중에는 대기업 하청업체도 있고 독립 중소기업도 있다. 업체의 종류도 다양하다. 주방용품 제조회사, IT전자업체, 가구회사, 반도체 업체, 바이오 업체 등 온 나라가 총성 없는 특허 전쟁터가 되어가고 있다. 더 안타까운 것은 희망을 품고 해외에 수출하자마자, 또는 배에 제품을 싣자마자 소송을 하는 경우이다. 한국은 내수시장이 작기 때문에 우리 중소기업은 세계를 대상으로 해야 지속적인 성장이 가능하다. 그런데 대기업이든 중소기업이든 특허소송을 당하면 주가하락과 배상금 지불보다 훨씬 심각한 피해를 입는다.

(6) 모든 기업의 비즈니스는 특허로 통한다

오늘날 먹고사는 문제는 점점 특허를 중심으로 모이고 있다. 국제적으로 브랜드가 잘 알려진 기업의 순위와 미국특허 등록 순위가 거의 일치한다는 것이 그것을 증명해준다. 제조업의 경우에는 특허 숫자가 기업의 경쟁력과 거의 일치한다. 비제조업의 경우 예외가 있다 해도 콘텐츠의 저작권이나 특허가 어려운 비즈니스 방식까지 본다면, 대부분의 기업은 지식재산권이 기업의 가치를 좌우하는 환경 속에서 경쟁하고 있는 것이다.

삼성전자와 구글이 현재 가지고 있는 특허는 물론 앞으로 10년 동안 등록될 특허까지 공유하기로 한 이유도 서로 특허를 쥐고 있으면 사업 자체를 할 수 없기 때문이다. 앞에서 말한 대로 애플의 IOS와 안드로이드의 플랫폼 패권 전쟁에서 삼성과 구글은 협력을 통해 살아남는 쪽을 선택했다. 이처럼 특허제도가 우리에게 주는 혜택은 아이디어를 가진 자가 힘이 부족해도 거대한 기업과 협상을 할 힘을 갖게 한다는 것이다. 한마디로 특허는 아주 멀리 날아가서 매우 결정적인 한방을 먹이는 도구이다.

REFERENCES

【논 문】

- 김주환(2015). 특허분석을 이용한 애플의 기술혁신 전략에 관한 연구. 고려대학교 기술경영전문대학원 TM 658-15-1259 학위논문(석사).
- 송명원(2019). 가치가 높은 특허 창출을 위한 TRIZ 활용방안 연구. 성균관대학교 대학원 TD 658-19-827 학위논문(박사).
- 손수경(2019). 들깨소스 포장디자인 개발연구. 『조형미디어학회지』, 22(3), 107~116.

【단행본】

- 구정민 외(2019). 문득 떠오른 내 아이디어 돈이 될 수 있을까?, 포르체.
- 문춘오(2015). 특허는 어떻게 돈이 되는가, 미래지식.
- 신무연 외(2020). 상표전쟁, 한국한술정보(주).
- 신무연(2020). 특허로 말하라, 한국학술정보(주).
- 이원일 외(2018). 지식재산의 이해, ㈜박문각출판.
- 특허청(2015). BM특허 길라잡이, 진한엠앤비.
- 정경훈(2017). 아이디어맨이여! 강한 특허로 판을 뒤집어라, 행복에너지(오피엠에스).

【웹사이트】

- http://www.kocw.net/home/login.do
- http://www.ipdaily.co.kr
- https://moleg.tistory.com/5291

김교수의
특허출원 따라하기